L'appétit des géants

Blogollection, autres titres :

surveillance:// Les libertés au défi du numérique : comprendre et agir
Tristan Nitot, octobre 2016 – ISBN 978-2-915825-65-7

La tête dans la toile, chroniques
Xavier de La Porte, mars 2016 – ISBN 978-2-915825-62-6

En communs, une introduction aux communs de la connaissance
Hervé Le Crosnier, nov. 2015 – ISBN 978-2-915825-60-2

Collection les enfants du numérique :

Grandir connectés, les adolescents et la recherche d'information
Anne Cordier, oct. 2015 – ISBN 978-2-915825-49-7

C'est compliqué, les vies numériques des adolescents
danah boyd, mai 2016 – ISBN 978-2-915825-58-9

Catalogue complet : http://cfeditions.com

Du même auteur chez d'autres éditeurs :

Les classiques connectés
chez Publie.net, décembre 2016 – ISBN 978-2-37177-473-5

Qu'est-ce que l'identité numérique ?
chez OpenEdition Press, mars 2013 – ISBN 978-2-82181-337-3

ISBN 978-2-915825-70-1
Blogollection ISSN 2492-0258
C&F éditions, mai 2017
35 C rue des rosiers, 14000 Caen
http://cfeditions.com

Olivier Ertzscheid

L'appétit des géants

Pouvoir des algorithmes, ambitions des plateformes

Préface par Antonio A. Casilli

C&F éditions
Blog*ollection*

2017

La valeur d'un réseau social n'est pas seulement définie par ceux qui sont dedans mais par ceux qui en sont exclus.

Paul Saffo[1].

En 2010, interrogé par le quotidien *Die Zeit*, Apostolos Gerasoulis, fondateur du moteur de recherche Ask Jeeves, regardant défiler les 10 millions de requêtes quotidiennes du moteur, formulait l'interrogation suivante : « *Je me dis parfois que je peux sentir les sentiments du monde, ce qui peut aussi être un fardeau. Qu'arrivera-t-il si nous répondons mal à des requêtes comme "amour" ou "ouragan" ?* »[2]

---

1 « The value of a social network is defined not only by who's on it, but by who's excluded », Paul Saffo cité dans « Social graph-iti », *The economist*, 18 octobre 2007. http://www.economist.com/node/9990635.

2 « David vs. Google », Heike Faller, *Die Zeit*, 2005, vol. 41. http://www.zeit.de/online/2005/41/suchmaschinen_en/komplettansicht.

Table des matières

Préface

par Antonio A. Casilli

Antonio A. Casilli est enseignant chercheur à Télécom Paristech et chercheur associé à l'EHESS. Ses recherches portent principalement sur les droits fondamentaux à l'heure du numérique (vie privée, travail, liberté d'expression, santé). Derniers ouvrages parus : *Le phénomène pro-ana* (avec P. Tubaro), *Qu'est-ce que le digital labor ?* (avec D. Cardon), *Against the Hypothesis of the End of Privacy* (avec P. Tubaro & Y. Sarabi) et *Les liaisons numériques*.

Il n'y a pas d'algorithme

Le livre d'Olivier Ertzscheid que vous tenez entre vos mains est un chasseur qui traque deux proies : l'une est la généalogie des grandes plateformes, l'autre cet attracteur d'inquiétudes politiques connu sous le nom d'« algorithme ». Les deux thèmes de sa quête intellectuelle sont on ne peut plus différents. Le premier est par trop sur le devant de la scène, l'autre furtif.

Les grandes plateformes recherchent activement des occasions de visibilité. Leur communication luxuriante, leur *storytelling* désinhibé façonnent l'esprit du temps. Même le choix d'un acronyme pour les désigner est pléthorique : GAFA ? GAFAM ? Ou alors AFAMA (Apple, Facebook, Amazon, Microsoft et Alphabet ex-Google) ? Les plateformes numériques sont multiples parce qu'elles sont partout. L'algorithme, au contraire, n'est nulle part. Il n'est pas situé à un endroit précis, pas gardé en un lieu sûr, pas circonscrit à une seule page ou à une seule communauté.

Quand l'algorithme fonctionne comme il faut, on ne le distingue pas de la décision humaine : « je vais me rendre d'A à B et c'est mon choix, pas celui du GPS » ; « je vais acheter un produit, parce que je le veux et non pas parce que la publicité ciblée me le suggère » ; « je vais regarder ce film de policiers héroïques parce que je l'aime bien, non pas parce que les films sur la brutalité policière ont été déréférencés par le filtrage de contenus ».

Qu'elle soit envisagée dans la littérature universitaire de référence comme un dispositif producteur d'opacité[1], ou comme un jeu d'opinions et de croyances cristallisées[2], ou encore comme la énième manifestation de l'idéal-type weberien de la bureaucratie impersonnelle et impénétrable[3], une entité algorithmique est surtout un simulacre. En la poursuivant, chacun se trompe.

La deuxième proie d'Olivier Ertzscheid est l'ombre même. Ainsi, pour être certain d'en saisir les traits distinctifs, l'auteur se doit de multiplier les prises de vue en adoptant un double regard, de chercheur et de blogueur militant. Ni florilège ni abrégé, son ouvrage constitue, par rapport au blog affordance.info qu'il anime avec succès depuis plus d'une décennie, une sorte de propriété émergente – une synthèse qui offre davantage que la somme des billets. L'arbitrage qui a régi la logique de composition et le passage du site web au livre, fournit aux lecteurs un outil analytique

---

1 *The Black Box Society, les algorithmes secrets qui contrôlent l'économie et l'information*, Frank Pasquale, FYP Éditions, 2015.

2 *Weapons of Math Destruction. How Big Data Increases Inequality and Threatens Democracy*, Cathy O'Neil, Crown Publishing, 2016.

3 « Rule by Nobody. Algorithms update bureaucracy's long-standing strategy for evasion », Adam Clair, *Real Life Magazine*, 21 février 2017.

original. Le parti pris est ici de montrer le côté sombre du numérique, mais avec la fière intention de fournir une alternative, d'esquiver les embouteillages du sens et les torsions du vivre ensemble qui pourraient se manifester dans le monde qui s'annonce.

Le bloggeur affordance.info et l'auteur Olivier Ertzscheid ont cela en commun. Tous les deux cherchent à rendre digeste et vivante la matière de leur entreprise intellectuelle. Mais ils le font en la mettant en résonance avec les préoccupations quotidiennes des lecteurs, non pas avec les rêves (ou les cauchemars) des ténors du barreau du tribunal populaire des technologies. Dans ces pages, pas de robots géants, ni d'intelligences artificielles surpuissantes qui exterminent les êtres vivants. Pas de voitures volantes non plus, ni de big data qui adoucissent les mœurs et transforment l'existence en une villégiature perpétuelle. Ertzscheid appartient à une confrérie d'auteurs qui a fait surface au début du XXIe siècle, et qui refuse les dualismes simplistes entre technophobie primaire et pur discours d'accompagnement des producteurs de gadget. Sa réflexion se situe aux antipodes du catastrophisme facile d'Éric Sadin ou de l'indignation routinière d'Evgeny Morozov, tout comme de l'optimisme turbochargé de Joël de Rosnay, ou du nihilisme technocrate de Nicolas Colin. Ses compagnonnages théoriques sont ailleurs. La lecture de cet ouvrage est suffisante pour comprendre que les auteurs avec lesquels il entre en résonance, parfois jusqu'au mimétisme, sont autres.

Deux enjeux s'avèrent ici centraux : celui de la régulation de l'innovation et celui de la capacité d'agir des citoyens-usagers. La question des régimes de régulation traverse toute la première partie de l'ouvrage, où le lecteur aperçoit, puis admet, et enfin obtient la preuve que la régulation est consubstantielle à l'émergence de tout objet technologique. Pour les plateformes numériques, la régulation est une condition d'existence. Elles ne vivent que dans une dialectique d'alignement inquiet et toujours renouvelé avec l'environnement normatif auquel elles appartiennent. Croire qu'elles sont « disruptives », voire libératrices ou porteuses de désordre créateur, est un fantasme libertarien qui fait fi de l'importance des cadres légaux, des interlocuteurs sociaux, des services étatiques et des institutions économiques. Ces instances sont nécessaires non seulement à la naissance, mais à la conservation et à la survie des entreprises plateformisées. Le fait que ces dernières se représentent comme des appareils de capture agressifs et nomades (alors qu'elles sont tout au plus des îlots pavillonnaires entourés de gardes surarmés et payés par les contribuables) est la plus grande de leurs hypocrisies.

Si elles ont beau jeu d'afficher leur insouciance pour les règles régissant les collectivités humaines qui constituent leurs bases d'utilisateurs, c'est parce que leurs produits s'inscrivent au plus près de l'intimité de ces derniers. L'usager intériorise la présence des plateformes, de leurs dispositifs qui collent au corps, de leurs applications qui assouvissent les besoins, de leurs services qui entérinent les désirs en temps réel. Il en vient à croire que tout cela se fait *sans résistance* et sans une activité laborieuse de recherche d'un accord préalable. C'est la mystification d'une société *frictionless* qui gomme la régulation et qui dissimule la nature collective des plateformes. Chaque utilisateur se croit seul face à des milliards d'autres utilisateurs qui, paraît-il, ne protestent pas auprès des autorités préposées, ne disputent pas les abus devant les cours de justice, ne contestent pas les comportements de prédation auprès d'agences étatiques. Pourtant la réalité des résistances et des conflits qui émaillent la vie des plateformes est différente, et tourne autour de négociations collectives qui constituent, elles aussi, des mécanismes de régulation.

Comme dans la célèbre couverture de l'édition de 1651 du *Léviathan* de Hobbes, le corps du géant numérique contemporain est constitué d'une myriade de corps individuels. Même si chaque individu se croit impuissant face à l'entier, l'entier dérive son pouvoir des parties et se trouve contraint par les règles qui les régissent. Le niveau d'analyse adopté par l'auteur de *L'Appétit des Géants* reflète cette exigence : rendre compte du trouble du particulier face à l'internet tout entier, la difficulté d'emboîter le vécu micro-social de l'usager et l'aménagement macro-social que les plateformes engendrent. C'est à ce moment-là que le deuxième questionnement central de l'ouvrage est posé : tiraillé entre régulation collective et gouvernementalité algorithmique, quel est le degré d'agentivité de l'internaute ? Où réside sa capacité d'agir ?

Olivier Ertzscheid ne risque pas de nous entraîner, comme d'autres auteurs l'ont fait, dans la réédition d'une stérile querelle du libre arbitre à l'heure des plateformes. Certes, l'usager collabore par sa volonté à son salut, pour ainsi dire. Mais cela ne revient pas à négliger le rôle des plateformes ni leurs efforts reconnus de « mise en obéissance » des publics. Finalement la posture épistémique adoptée dans cet ouvrage consiste à ne pas circonscrire explicitement le périmètre de la capacité d'agir des usagers, mais de le donner à voir en creux, en s'attardant sur son négatif – les tentatives de surdétermination par les plateformes. Leur volonté de désamorcer l'autonomie de leurs usagers, de stigmatiser leurs comportements les plus libres, d'envisager toute expérimentation comme une forme de sabotage refrène l'individu et complexifie tout essai d'émancipation. C'est sur cette volonté que l'ouvrage s'attarde pour définir la portion congrue (ou pas) des formes diverses de déterminisme algorithmique. Quelle est la latitude de la gestion algorithmique des actions humaines ? Quelles sont ses temporalités spécifiques ? Quelle est sa nature qualitative ? Si ces questions se posent avec une acuité croissante, c'est parce que les contraintes imposées par les plateformes actuelles sur leurs publics deviennent de plus en plus importantes. C'est aux géants du numérique que les gouvernements délèguent, pour des raisons d'opportunisme politique et économique, de nombreuses responsabilités, telle celles de trier l'information accessible, de vérifier la disponibilité des services, d'établir l'architecture des prix, de surveiller les comportements en ligne, etc.

La fonction du chercheur est alors de dévoiler les mécanismes d'invisibilisation de ces contraintes – dont l'exemple principal est la rhétorique de « l'algorithme ». La conséquence de ce dévoilement est l'exposition de l'inconsistance ontologique de ce dernier. L'algorithme n'existe pas, parce qu'il n'est que le prétexte pour un ensemble de décisions directes des acteurs des plateformes ciblant les communautés des usagers. Dissimulés derrière un apparat de bases de données et de modèles mathématiques, on retrouve le choix humain effectué par les concepteurs des interfaces, la règle de fonctionnement établie par les ingénieurs, la norme implémentée par les services de sécurité, et le référentiel de tarifs adopté par les commerciaux de chaque plateforme.

Force est d'admettre que la croyance collective de nos contemporains en un processus automatique objectif, efficace, exact, à la fois intelligible et imperscrutable, n'est qu'une superstition. Cet ouvrage est alors un rappel utile des problèmes qui surgissent quand on considère « l'algorithme » comme un être surpuissant et transcendant la décision humaine. Et son auteur de montrer que les dévotions envers cette entité abstraite ne sont que des rituels de reconnaissance des pouvoirs ô combien tangibles de ses propriétaires. Les instances publiques et privées qui se servent aujourd'hui de prétextes algorithmiques pour gouverner les conduites humaines participent de cette énorme imposture. Il n'y a pas d'algorithme, il n'y a que la décision de quelqu'un d'autre.

Mais si l'on peut affirmer que les algorithmes n'existent pas c'est aussi pour une autre raison : pour fonctionner, ils ont besoin de l'intervention humaine. Qui plus est, ils ne peuvent pas s'en passer. Au fond, ils ne sont que du travail humain dissimulé. Mais quel type de travail ? Le travail expert et créatif des « sublimes » du numérique (les informaticiens, les designers, les innovateurs), ou celui humble et répétitif des « galériens » qui fatiguent dans des fermes à clics ? Il faut aller plus loin dans l'analyse, abonder dans le sens de la dénonciation du mensonge algorithmique en inscrivant la réflexion actuelle dans le contexte plus vaste de l'étude du *digital labor* sur les plateformes. Pour ce faire, il faut se positionner du côté de l'usager pour observer à quel point les procédés qui brident sa capacité d'agir au travers de prescriptions (« cliquer sur ce lien »), de suggestions (« vous allez adorer ce livre »), de pressions sociales (« vos amis ont partagé cette vidéo »), sont d'abord et avant tout des systèmes de mise au travail. Bien que – nous l'avons déjà annoncé – ce constat n'implique pas l'adhésion d'Ertzscheid à une vision du « serf arbitre » des utilisateurs des plateformes, il dénonce néanmoins la *servicialisation*, c'est-à-dire la transformation de leurs usages en services rendus aux propriétaires des plateformes. Les contenus générés par les utilisateurs sont monétisés ; les données personnelles servent pour entraîner et calibrer les processus d'apprentissage automatique ; les comportements de tri, filtrage, sélection, annotation, partage et qualification de l'information sont transformés en autant de micro-tâches réalisées par les humains, et non pas par les algorithmes. Ces services contribuent à la valorisation gargantuesque des géants d'internet et des licornes.

La servicialisation ne sera freinée que par une action collective visant à garantir les droits des usagers sur leurs informations. Cette démarche coordonnée se concrétise initialement dans la construction de répertoires politiques cohérents avec la prise de conscience de la part du travail humain dans les fonctionnements algorithmiques. «*Le modèle économique des GAFAM*», affirme Ertzscheid, «*va obliger à repenser l'articulation du monde entre une forme clivante et extrême de capitalisme et une forme renouvelée de marxisme à l'heure du* digital labor, *des intelligences artificielles, de la singularité, du transhumanisme, de l'automatisation et des biotechs*». Mais ceci n'est pas suffisant au rétablissement de l'exercice démocratique, qui passe forcément par des initiatives concrètes de régulation: «*par le déploiement d'un index indépendant du web et la convocation d'États généraux. La réponse à l'automatisation, au* digital labor *et à l'éclatement de l'ensemble des repères qui fondaient jusqu'ici le marché de l'emploi passe par une réflexion sur le revenu universel. La réponse aux biotechs passe par un moratoire, couplé à un soutien clair et fort à la recherche publique sur ces questions.*»

L'importance d'étudier les algorithmes, surtout après avoir apporté la preuve de leur nature chimérique, réside alors dans leur potentiel à représenter une ligne de fuite vers d'autres sujets encore plus pertinents. C'est un peu comme dans ce navet de science-fiction, où le protagoniste se rend chez un personnage énigmatique appelé, sans imagination, «l'Oracle». On lui montre un ustensile de cuisine avec lequel on pratique un vieux tour de magie qui consiste à la tordre sans la toucher. Mais, lui explique-t-on, la manipulation cache une vérité surprenante : « *La cuillère n'existe pas. Et là, tu sauras que la seule chose qui se plie ce n'est pas la cuillère : c'est seulement ton reflet* ». Au-delà de la métaphore, la découverte de l'inexistence d'un objet qui occupe notre champ de vision – dans notre cas, les algorithmes – n'est pas une posture défaitiste. Il s'agit, au contraire, d'une manière d'apprendre à nous reconnaître nous-mêmes dans sa réfraction.

Avant-propos

par Olivier Ertzscheid

Olivier Ertzscheid est maître de conférences en sciences de l'information et de la communication à l'IUT de La Roche-sur-Yon, responsable d'une formation de *community manager*. Observateur rapide et futé des médias numériques, il suit en temps réel les évolutions du web sur son blog affordance.info.

Je me suis inscrit sur Facebook en 2007. J'avais alors consigné par écrit sur mon blog affordance.info mes premières impressions :

Primo, l'expérience immersive et addictive que propose Facebook (ledit service n'ayant effectivement d'intérêt que s'il reste ouvert en tâche de fond pour y autoriser de fréquents allers-retours) me semble relever d'une sociabilité ambiante (de la même manière que l'on parle « d'informatique ambiante »). Il abolit en effet une frontière, une distance dans l'établissement de contacts, et au-delà, dans une certaine forme de relations interpersonnelles. J'ai actuellement une quarantaine de « contacts » dans Facebook. Des amis, des collègues, des connaissances, des stars de la blogosphère. Et la fonctionnalité que j'utilise le plus souvent, c'est celle me permettant de leur poser une question directement, à ces quarante-là, de manière instantanée, sans l'entrave du forum, de la liste de diffusion ou du mail.

Je suis aussi surpris par le haut niveau des fonctionnalités proposées par les nombreuses micro-applications associées à Facebook. Qu'il s'agisse de faire circuler du texte, de l'image, de la vidéo, on se retrouve avec en main des interfaces que ne renieraient pas la plupart des applications bureautiques haut de gamme.

Presque dix ans plus tard, cette plateforme occupe l'essentiel de nos vies connectées. « Cette » ou plutôt « ces » plateformes. Car Google, Apple, Amazon, qui forment le reste des GAFA, ont achevé de transformer l'utopie première du web et son idéal de décentralisation en une verticalité qui donne le vertige et du haut de laquelle le moindre faux pas ressemble à une chute infinie. Notre rapport à ces plateformes est de l'ordre de la schizophrénie, ou du *pharmakon* comme l'écrirait Bernard Stiegler : elles sont à la fois le poison et le remède. Nous connaissons leurs limites, les entraves qu'elles font peser sur notre vie privée, leur poids économique considérable, mais nous reconnaissons aussi leur formidable capacité à nous donner accès à des informations et des documents qui auparavant auraient été impossibles à retrouver et lire, nous savons leur formidable potentiel de facilitation, de mise en relation.

Voilà désormais plus de quinze années qu'en tant que chercheur je fréquente autant que j'observe ces plateformes. Une chose essentielle a changé : il ne s'agit plus aujourd'hui d'acteurs économiques, de moteurs de recherche, de réseaux sociaux ou de gigantesques entrepôts de vente en ligne. Ces plateformes jouent un rôle de plus en plus déterminant dans l'ensemble des processus qui fondent ce que l'on nomme démocratie, dans l'ensemble des logiques de « rendu public ». Car il n'est pas de démocratie sans cette capacité à rendre public. Ceci est le premier changement. Le second bouleversement est un corollaire du premier : oui il n'a jamais été aussi facile de trouver de l'information, d'acheter un ouvrage jusqu'ici introuvable, de retrouver une personne que l'on croyait perdue. Mais jamais, jamais les règles qui guident cette apparente facilité n'ont été aussi opaques. Ces règles, ce sont celles du code, des algorithmes. Celui d'Amazon est à la base de l'ensemble des systèmes de recommandation ; celui de Google, le PageRank, (qui n'est que l'une des facettes algorithmiques de l'hydre de Mountain View), conditionne l'accès à l'information des centaines de millions de citoyens chaque jour dans le monde, et que dire de celui de Facebook, l'EdgeRank, qui décide de ce qui s'affiche sur notre mur et des gens que nous pourrions avoir envie de fréquenter.

Un article avait un jour titré sur « les dix algorithmes qui contrôlent le monde »[4]. La question qui guide la réflexion que je mène depuis quinze ans est assez simple : elle revient à savoir qui contrôle ces algorithmes, comment impactent-ils notre vie, et surtout, comment parvenir à rendre public la partie de ces algorithmes qui relève d'un travail d'éditorialisation classique. Les informations traitées par *Le Figaro* ou par *L'Humanité* peuvent parfois être les mêmes mais l'éditorialisation ne sera jamais semblable. Nous savons cela. Mais à l'échelle du lectorat de Facebook ou de Google il est désormais manifeste que les règles algorithmiques procèdent, dans le choix et dans l'ordre d'affichage, d'un processus d'éditorialisation. Dans des contextes de crise, d'élections majeures ou d'attaques et de propagandes terroristes, ces algorithmes, parfois couplés à une armée de modérateurs anonymes, jouent un rôle qu'il serait criminel de considérer comme insignifiant. Choisir de diffuser ou de ne pas diffuser la Une de *Charlie Hebdo* avec une caricature du prophète Mahomet, choisir de diffuser ou de ne pas diffuser une vidéo de décapitation, choisir de soutenir Donald Trump en favorisant l'affichage de certains articles ou choisir tout au contraire de

---

4 « Ces 10 algorithmes qui dominent le monde », Flo Corvisier, *Übergizmo*, 23 mai 2014. http://fr.ubergizmo.com/2014/05/23/algorithmes-dominent-monde.html.

faire obstacle à son élection, choisir d'installer un « cheval de Troie » permettant d'accéder à l'ensemble des données privées de plus d'un milliard de smartphones sur la planète pour le cas où ils seraient utilisés dans le cadre d'un acte terroriste, tout cela fait partie des choix qui sont chaque jour effectués par ces plateformes. Parfois un seul homme choisit. C'est le cas de Tim Cook, PDG d'Apple qui refuse de livrer au FBI les données d'un iPhone utilisé pour la tuerie de San Bernardino. Mais le plus souvent ces choix sont effectués par l'algorithme, et donc par ceux qui programment ledit algorithme. Mais, précisément parce que c'est là le rôle et l'intérêt principal d'un algorithme, les « valeurs » qui sont prévues par les programmeurs pour présider aux choix algorithmiques ne peuvent épuiser l'étendue du possible. Quand l'inattendu survient, quand l'improbable ou l'impensable advient, l'algorithme continue, imperturbable, d'appliquer les règles sur lesquelles on l'a bâti et entraîné chaque jour. Ces règles qui n'ont pas été nécessairement pensées pour la situation inédite à laquelle il s'agit de faire face. En inventant le PageRank, Serguei Brin et Larry Page n'avaient pas prévu qu'il serait possible à un petit groupe d'activistes et de farceurs de rediriger l'ensemble des requêtes « trou du cul » vers la page de l'Élysée présentant la biographie de Nicolas Sarkozy. Mais que faire lorsque cela advient : laisser tourner l'algorithme, le modifier, intervenir « manuellement » ? En mettant au point l'EdgeRank pour permettre aux étudiants d'un campus de noter et de rencontrer les plus jolies filles de l'université, Mark Zuckerberg n'avait probablement pas prévu qu'un jour des employés de Facebook lui poseraient directement la question de savoir si Facebook – et son algorithme – avait ou non un rôle à jouer pour empêcher l'élection de Donald Trump. Chaque choix algorithmique influence et impacte à son tour le comportement des citoyens, des électeurs. Or de ces choix-là nous ne savons rien. Ou trop peu de choses.

En refermant cet ouvrage certains d'entre vous penseront peut-être que je ne présente que la version sombre, le côté obscur du monde numérique qui nous accompagne depuis la naissance du web en 1989. C'est mal me connaître. L'observation critique de ces plateformes et de ces dispositifs ne parviendra jamais à gommer le formidable enthousiasme qu'elles m'ont procuré pendant toutes ces années. Mais je crois comme l'écrivait Frederik Pohl, grand auteur de science-fiction, «*qu'une bonne histoire de science-fiction ne prédit pas l'automobile mais l'embouteillage*». C'est l'histoire de ces embouteillages possibles que je veux ici tenter de raconter en rassemblant des articles parus sur mon blog au cours de ces années. À l'aide d'un peu de science. Mais sans aucune fiction.

Prologue

Les sept textes qui suivent, écrits entre 2007 et 2014, tentent de décrire à la fois l'évolution du web depuis les premiers moteurs de recherche (World Wide Web) jusqu'à l'avènement des réseaux sociaux (World Life Web) et d'aborder les prochaines révolutions de l'internet des objets, des algorithmes décisionnels mais également les interfaces à même le corps comme les vêtements connectés (World Wide Wear). Né en 1989 le web fêtera dans quelques années son trentième anniversaire. Ces six textes sont aussi l'occasion de revenir brièvement sur les désillusions, la normalisation, la chute des utopies et la bascule toujours possible vers une dystopie de ce média parvenu à l'âge d'Homme.

Bienvenue dans le World Life Web

Affordance.info – novembre 2007

En 1994, suite aux travaux de Tim Berners Lee, naissait officiellement le World Wide Web. Une toile, mondiale, « large » dans sa dimension au moins autant que dans ses contenus. Avec le temps, ces derniers explosèrent littéralement, imposant à tous l'usage des moteurs de recherche pour mettre un semblant d'ordre dans ce chaos fertile et fécond, sur la base d'un principe de classement « par pertinence ». Le principal problème qu'eut à gérer le web, dans sa phase initiale de déploiement, fut celui de l'adressage des documents. Pour les trouver, pour les retrouver, il fallait que ceux-ci disposent d'une adresse physique sur le réseau. La réponse fut apportée par la conjonction du protocole http (*hypertext transfer protocol*) et du système de nommage par URL qui permet d'identifier et de classer les sites sur la base du nom de domaine qu'ils ont choisi. Ce processus d'adressage pose encore aujourd'hui quelques problèmes et doit notamment faire face à l'explosion constante des contenus, d'où l'apparition de nouvelles extensions (.mobi pour les sites dédiés à la téléphonie mobile, .museum pour les sites de musées, etc.) et la question ouverte d'élargir ce protocole à l'ensemble des langues de la planète.

Ce fut là le premier âge documentaire du web.

Puis vint le World Live Web. Un web instantané, un web donnant en temps réel l'état des dernières informations publiées. Le service Google News fut à ce titre l'un des pionniers de ce deuxième âge documentaire, qui désigne également ce que l'on appelle des microcontenus (billets de blogs par exemple). Le critère de pertinence utilisé par les moteurs reste naturellement essentiel, mais un second critère tout aussi important vient s'y ajouter, celui de la capacité à rendre compte en temps réel de l'évolution des documents publiés sur le web, et ce quelle que soit leur « granularité ». Là où les moteurs de recherche classiques n'indexaient que des « pages », les moteurs de recherche de la blogosphère se mettent à indexer des « billets », comme autant de fragments documentaires sitôt publiés, sitôt indexés, sitôt accessibles.

Nous sommes depuis quelque temps, notamment avec l'essor extraordinaire des « réseaux sociaux » (Facebook, MySpace) et celui des mondes virtuels (Second Life), entrés dans un troisième âge documentaire, celui du *World Life Web*. Après l'adressage des documents, après leur granularité de plus en plus fine, la principale question que pose ce nouvel âge est celle de la sociabilité et du caractère indexable, remixable, de notre identité numérique et des traces qu'elle laisse sur le réseau. Dans ces mondes et ces réseaux virtuels, chacun peut donner les informations qu'il souhaite. Et ces informations peuvent indistinctement relever de notre sphère publique (notre métier par exemple), de notre sphère privée (nos relations, nos amis), enfin et surtout de notre sphère intime (nos préférences politiques, sexuelles ou religieuses).

De plus en plus de sites de réseaux sociaux « ouvrent » l'immense catalogue des individualités humaines qui les composent à l'indexation par les moteurs de recherche. Cela pose nécessairement la question de la pertinence des profils humains. Une question qui n'en est encore qu'à ses balbutiements mais dont l'étendue des problèmes qu'elle pose peut à juste titre faire frémir. Il est en effet établi que chacun des utilisateurs de ces systèmes, loin de disposer d'un profil unique librement consenti et ne contenant que des informations à caractère public (un peu à la manière de nos « cartes d'identité »), dispose de plusieurs profils différents, sur différents sites, dans différentes sphères (publiques, privées ou intimes). Beaucoup d'utilisateurs « entrent » dans ces réseaux sociaux sous la forme de pseudonymats (pseudonymes masquant l'identité réelle) ou d'avatars, s'inventant ainsi des identités parfois ludiques, parfois recomposées, parfois mensongères, souvent idéalisées, toujours fragmentaires. La politique de confidentialité des sites récoltant ces informations, généralement de manière librement consentie, a déjà fait l'objet de nombreuses critiques, mobilisant institutions et associations sur le créneau de la défense d'un droit à l'oubli numérique. Or, s'il est possible de sensibiliser les gens à la logique d'industrialisation de l'intime qui sous-tend ces univers, s'il est possible d'en appeler à leur vigilance et à leur responsabilité, il demeure impossible de contrôler ce que deviendra le remixage de ces traces, une fois affichées, par exemple, dans un moteur de recherche.

La question qui se pose donc aujourd'hui est celle du caractère indexable de l'être humain. Celle de savoir si l'Homme est, ou non, un document comme les autres. La question est enfin, pour chacun d'entre nous, de se voir doté d'une identité numérique globale et non maîtrisée. Mon identité sera définie (elle l'est déjà pour une large part) via mes parcours sur le net, mes actes d'achat, les expressions (maîtrisées ou non) de mon affichage identitaire, ainsi que par le reflet de l'ensemble tel qu'il apparaîtra « remixé » dans les moteurs de recherche, les réseaux sociaux ou les mondes virtuels. L'urgence de cette question en appelle une autre : celle du pourquoi ? Les documents, les mots-clés ont acquis une dimension marchande. Ils se vendent et s'achètent sur la grande place de marché d'internet, que régule pour une large part le seul moteur Google. Nos traces identitaires numériques seront-elles demain également marchandisables ? Bienvenue dans le World Life Web.

Choisir le web que nous voulons : l'exploration ou la prison ?

Affordance.info – novembre 2010

Pourquoi le web, pourtant si bifurquant, si rhizomatique, si sensiblement épars, nous semble-t-il si aisément abordable, si facilement traversable, embarqués que nous sommes, équipage de moussaillons mal dégrossis derrière leur navigateur (*browser*), vaisseau amiral en haute mer des hyperliens possibles ? Est-ce là la seule grâce et le seul fait d'une formidable et trans-maritime écluse répondant au nom de Google ? Est-ce là l'inaliénable mérite de moteurs de recherche fixant eux-mêmes le cap, listant par défaut les routes qui seront ouvertes et traversables parce que par eux-mêmes balisées (indexées), et les voies qui resteront inaccessibles sauf à quelques rares mais essentiels navigateurs chevronnés ? Non. Si le web, malgré l'immensité de ses contenus donc, nous est rendu appropriable, si le sentiment d'être *lost in hyperspace* s'efface souvent au profit d'une découverte hasardeuse, heureuse (sérendipité) et rassurante, c'est pour une raison simple.

C'est parce que le web est un graphe. Mais un graphe particulier. Un graphe à invariance d'échelle[1], c'est-à-dire avec de la redondance, beaucoup de redondance ; c'est-à-dire un graphe ni vraiment aléatoire ni vraiment hiérarchique. Un graphe dont l'immensité relationnelle, dont l'extraordinaire densité n'oblitère pas la possibilité offerte à chacun d'entre nous d'en mesurer le diamètre ; mieux, de faire l'expérience de cette mesure, de faire le tour du web.

Le diamètre d'un graphe, c'est la plus longue distance entre deux nœuds. Le diamètre du web, c'est le nombre de liens le plus élevé pour relier deux pages. Le chercheur Laszlo Barabasi, a mesuré ce que nous ne faisons la plupart du temps que ressentir en naviguant, c'est-à-dire cette impression d'avoir fait le tour, de revenir à notre point de départ ou à quelque chose qui lui ressemble étrangement. Laszlo Barabasi a mesuré le diamètre du web. C'était en 1999. Et il était de 19 liens[2].

Cela signifie, que quelles que soient les unités d'information choisies (en l'occurrence des pages web), elles se trouvent connectées par une chaîne d'au plus dix-neuf liens. Au-delà de chiffres qui, du fait de la nature même du web ne sauraient être stabilisés, ces études ont surtout permis de construire une topologie de l'espace informationnel tel qu'il se déploie sur les réseaux, en faisant émerger certaines zones « obscures » (web invisible), déconnectées d'autres zones mais tout aussi connectées entre elles, et en ce sens homogènes.

---

1 Sur la théorie des graphes en général et sur ce graphe à invariance d'échelle qu'est le web en particulier, voir le remarquable « Introduction à l'exploration du web par la théorie des graphes » de Mathieu Jacomy. http://www.slideshare.net/medialabSciencesPo/thorie-des-graphes-mathieu-jacomy.

2 « The Diameter of the World Wide Web », Barabasi, A.-L, Jeong H., Albert R., *Nature*, 401, 1999, pp.130-131. http://barabasi.com/f/65.pdf.

D'où ce sentiment de proximité, de complétude, de confort de navigation (plutôt que d'errance), de communauté, de «village global» que nous ressentons devant ce qui devrait pourtant nous apparaître comme une immensité par définition non-traversable puisqu'impossible à cartographier parce qu'en perpétuel mouvement.

Car tel est le web. Tout au moins celui des premiers temps. Et puis sont apparus des graphes dans le graphe. Ils ont pour nom Flickr, YouTube, LiveJournal (plate-forme de blogs ayant eu son heure de gloire au début des années deux-mille) et tant d'autres. Des chercheurs en ont également établi les diamètres respectifs[3]: pour Flickr il est de 5,67, pour YouTube de 5,10. De petits web dans le web. Du genre des petits ruisseaux qui font les grandes rivières. Sur un mode fractal, c'est-à-dire partageant les mêmes propriétés de graphes invariants d'échelle. Jusqu'à un certain point.

Si ces études permettent d'attester de la navigabilité réelle du web, d'autres projets, d'autres environnements, d'autres plateformes ont pour objet et pour projet d'abaisser significativement le diamètre dudit graphe jusqu'à idéalement le réduire à un point, c'est-à-dire – heureusement – une aporie. Mais c'est également le cauchemar d'un monde où tout serait univoquement connecté à tout, un monde dans lequel chacun serait simultanément en contact avec les autres, avec tous les autres, en permanence.

Le projet politique de ces plateformes est de bâtir des environnements en apparence semblables à des graphes

---

3 «Measurement and analysis of online social networks», Alan Mislove, Massimiliano Marcon, Krishna P. Gummadi, Peter Druschel, et Bobby Bhattacharjee, In *Proceedings of the 7th ACM SIGCOMM conference on Internet measurement (IMC '07)*. ACM, New York, NY, USA, 29-42. DOI=10.1145/1298306.1298311 [pdf en ligne].

invariants d'échelle mais dont la dimension, c'est-à-dire le spectre de ce qui est observable et/ou navigable, se réduit au fur et à mesure que l'observateur se rapproche. Soit une forme paradoxale de panoptique. Facebook, YouTube et tant d'autres sont, chacun à leur manière, des projets qui tendent à abolir le fractal. Le projet de Facebook est de nature politique (= nous sommes tous amis), celui de YouTube est idéologique (= aimons tous les mêmes vidéos rigolotes). Tous ont en commun de tendre vers l'abolition du fractal, c'est-à-dire d'une certaine forme d'inépuisable. Faire du web un simple nœud. Un seul nœud. *Leur nœud*. L'isolement du graphe. L'avènement du point.

Plus que le web lui-même, plus que l'infrastructure qui le porte (et que ces plateformes utilisent de moins en moins, préférant déployer leurs propres infrastructures), c'est une certaine idée du web comme « ressource naturelle » et comme « commun » qui est en danger. Danger d'une concentration, d'une contraction des liens qui le structurent et le forment ; danger d'une surexploitation de cette ressource naturelle (le web) d'un écosystème informationnel (internet) qui pourrait conduire à son épuisement, à son tarissement au seul profit d'immenses et finalement pauvrement réticulés supermarchés relationnels dont Facebook ou YouTube sont aujourd'hui les emblèmes par l'homogénéité des ressources qu'ils proposent, et les motifs (*patterns*) qu'ils propagent et auto-alimentent.

Or en deçà d'une certaine granularité, en deçà d'un certain diamètre, ce sur quoi nous passons chaque jour davantage l'essentiel de nos navigations et de notre temps connecté n'a pas plus à voir avec le web des origines que le couteau de cuisine n'a à voir avec l'écriture. L'approche qu'ils proposent, une approche fermée, propriétaire, compartimentée, concurrentielle, épuisable, de l'économie du lien hypertexte ne peut mener qu'à des systèmes de nature concentrationnaire. Des écosystèmes de l'enfermement consenti, en parfaite contradiction avec la vision fondatrice de Vannevar Bush et selon laquelle le parcours, le « chemin » (*trail*) importe au moins autant que le lien[4].

De l'ensemble de mes données personnelles récupérées sur Facebook ne se dégage aucun chemin : seulement la litanie de la liste de mes « amis ». Les liens, la totalité des liens qui dessinent mon « vrai » profil social, mon véritable cheminement, ceux-là restent la propriété – et à la discrétion – du seul Facebook. Dans l'usage quotidien de Facebook, de YouTube et de tant d'autres, je ne parcours aucun chemin, je n'effectue aucun autre cheminement que celui qui place mes propres pas dans ceux déjà les plus visibles ou pré-visibles, dans ceux déjà tracés pour moi par d'autres qui m'ont en ces lieux précédés. Ce chemin-là, tant il est à l'avance tracé et déterminé, tant il est en permanence scruté et monitoré par d'autres « au-dessus » de moi, ce chemin-là ressemble davantage à une promenade carcérale qu'à une navigation affranchie.

À ce web presque carcéral fait écho le discours politique d'une criminalisation des pratiques (Hadopi), alibi commode pour porter atteinte à sa neutralité au seul profit d'intérêts marchands et sans égard pour ce qui fut un jour une *terra incognita* pleine de promesses. Qui l'est encore aujourd'hui. Mais pour combien de temps ?

Le web fut et doit demeurer le lieu d'un décalage, d'une altérité. La territorialisation est le plus grand risque qu'il encourt. S'il ne doit plus avoir vocation qu'à singer

---

4 « As we may think », Vannevar Bush, *The Atlantic*, juillet 1945. http://www.theatlantic.com/magazine/archive/1945/07/as-we-may-think/303881/.

numériquement la trame de nos sociabilités ou de nos déambulations dans le monde physique, il cessera alors d'être ce qu'il promettait de devenir : un lieu d'exploration inépuisable, à l'abri du pesant carcan de nos consubstantielles matérialités.

Et si on enseignait vraiment le numérique

Affordance.info – avril 2012

Ils sont nés en 1996. Ils ont aujourd'hui seize ans. L'ensemble de leur scolarité s'est faite dans l'ombre et la lumière du numérique. À leur naissance, le web est âgé d'à peine sept ans. John Perry Barlow rédige et publie la *Déclaration d'indépendance du cyberespace*, un texte qui reste emblématique de l'idéologie des « pionniers » et qui fut structurant pour toute une génération de primo-internautes. On peut notamment y lire ceci : « *Nous sommes en train de créer un monde où chacun, où qu'il soit, peut exprimer ses convictions, aussi singulières qu'elles puissent être, sans craindre d'être réduit au silence ou contraint de se conformer à une norme. Vos notions juridiques de propriété, d'expression, d'identité, de mouvement et de circonstance ne s'appliquent pas à nous. Elles sont fondées sur la matière, et il n'y a pas de matière ici.* »

Seize ans plus tard, pour ces natifs du numérique, il ne reste plus rien de cette déclaration d'indépendance. Bien au contraire la plus grande partie du cyberespace est un monde fermé, propriétaire, contrôlé par le marketing, régi par un carcan de normes arbitraires, de lois liberticides et de technologies « privatives ». Un monde hyperterritorialisé sous le contrôle de quelques multinationales.

Apple, Facebook et Google décident seuls et en fonction de leurs seuls critères ce qui est publiable et ce qui ne l'est pas, invoquant le plus souvent le motif de « nudité » ou de « pornographie », et l'appliquant, par exemple, à la fermeture du compte d'un internaute ayant osé choisir le tableau *l'Origine du monde* de Gustave Courbet comme photo de profil. Les mêmes refusent aux internautes la possibilité de s'inscrire sous un pseudonyme mais, par le jeu d'un régime d'exception, « tolèrent » que Salman Rushdie reste inscrit sous son nom de plume après avoir dans un premier temps fermé son compte.

La formidable chambre d'écho que Facebook ou Twitter constituèrent à l'occasion du soulèvement des peuples du printemps arabe ne doit pas faire oublier la systématisation de politiques qui, pour ces mêmes sites, vont du filtrage à la censure technique, amenant un collectif de chercheurs de l'université d'Harvard à parler de l'entrée, depuis les années 2010, dans une « *quatrième phase de contrôle du cyberespace* »[5].

Combien de collégiens, de lycéens et d'étudiants, combien de ceux qui sont nés en 1996 sont-ils au courant de cette histoire, de ces pratiques, de cette évolution ? Combien d'entre eux connaissent le fonctionnement – même schématique – des algorithmes qui, dans Facebook ou dans Google, leur proposent aujourd'hui des réponses avant même qu'ils n'aient

---

5 *Access Contested: Toward the Fourth Phase of Cyberspace Controls*, Ronald Deibert, John Palfrey, Rafal Rohozinski et Jonathan Zittrain, MIT Press, août 2013.

formulé leurs questions? Combien d'entre eux peuvent expliquer pourquoi cette vidéo apparaît toujours classée première sur YouTube? Combien d'entre eux sont capables de comprendre ce qu'est un DRM lorsqu'ils achètent un livre numérique? Et combien d'entre eux savent qu'il existe des alternatives moins contraintes et tout aussi respectueuses du droit d'auteur, au travers de formats interopérables? Combien d'entre eux sont conscients, en s'inscrivant sur Facebook dès l'âge de treize ans, que commence alors un long processus d'entrée en documentation de soi, qui ne cessera probablement même pas avec leur décès? Combien d'entre eux sont aujourd'hui capables de faire la distinction entre la simple rediffusion de contenus déjà plébiscités par d'autres et ce qui relève du partage authentique, c'est-à-dire d'une appropriation et d'une rediffusion choisie?

En revanche, tous ont généreusement été exposés au discours stigmatisant et stérilisateur de la «recrudescence du plagiat», de la «mort des autorités et des encyclopédies de référence», et autres billevesées qui rappellent le discours des fabricants de chandelle réclamant l'interdiction de la lumière du soleil[6]. Mais combien d'entre eux ont déjà participé, sous la conduite d'un enseignant, à l'amélioration de l'encyclopédie Wikipédia, à la compréhension des mécanismes de production et de régulation de cet outil dont même ses plus farouches détracteurs sont aujourd'hui incapables de se passer?

---

6 La «Pétition des fabricants de chandelles» est un texte de l'économiste français Frédéric Bastiat écrit en 1845 pour dénoncer le protectionnisme et la «théorie de la disette» des producteurs. Il fut publié dans *Les Sophismes économiques*. https://fr.wikipedia.org/wiki/P%C3%A9tition_des_fabricants_de_chandelles.

Face à cet ensemble de bouleversements, l'école, le collège, le lycée et l'université doivent être les garants d'une citoyenneté numérique et dépasser l'ère de la didactique des Lego, celle d'une unique approche « par compétence » comme le proposent le B2i[7] et autres « certificats informatiques et internet »[8]. On n'apprend pas la citoyenneté numérique comme on apprend le code de la route. À tout le moins, l'obtention dudit code de la route ne saurait se dispenser de cours de... conduite accompagnée.

Former à Facebook, à Google, à Twitter est certes encore utile mais lorsque ces outils disparaîtront ou seront remplacés par d'autres, à quoi cela aura-t-il servi ? Il existe pourtant une solution simple : il faut enseigner la publication. De sa naissance jusqu'à sa mort, le web fut et demeurera un média de la publication.

Enseigner l'activité de publication et en faire le pivot de l'apprentissage de l'ensemble des savoirs et des connaissances. Avec la même importance et le même soin que l'on prend, dès le cours préparatoire, à enseigner la lecture et l'écriture. Apprendre à renseigner et à documenter l'activité de publication dans son contexte, dans différents environnements. Comprendre enfin que l'incapacité à maîtriser un « savoir publier », sera demain un obstacle et créera une inégalité aussi clivante que l'est aujourd'hui celle de la non-maîtrise de la lecture et de l'écriture, un nouvel analphabétisme numérique hélas déjà observable. Cet enjeu est essentiel pour que chaque individu puisse trouver sa place dans le monde

---

7 Brevet Informatique et internet, délivré au niveau des collèges.

8 Les divers C2i (certificat informatique et internet) sont attribués dans les universités.

mouvant du numérique, mais il concerne également notre devenir collectif, car comme le rappelait Bernard Stiegler[9] :

> *La démocratie est toujours liée à un processus de publication – c'est-à-dire de rendu public – qui rend possible un espace public : alphabet, imprimerie, audiovisuel, numérique.*

L'axe de rotation du web a changé !

Affordance.info – septembre 2013

Au cours des quinze premières années du développement d'internet, les « documents » (forums, courriels, pages web) étaient au centre de cet écosystème complexe constitué à la fois de tuyaux (le net), de contenus (le web), et d'opérateurs permettant de gérer le trafic des premiers et d'accéder aux seconds.

La tête : le web documentaire. Que l'on parle du web des pionniers, du web 2.0 ou bien encore du tout récent web sémantique, la fonction principale de cet écosystème fut pendant quinze ans de permettre à des individus de relier des documents entre eux et de faciliter ainsi le partage et la dissémination d'informations et de connaissances. Conformément

9 « Bernard Stiegler : l'open data est "un événement d'une ampleur comparable à l'apparition de l'alphabet" », *Microsoft RSLN*, 15 mars 2011. https://rslnmag.fr/cite/bernard-stiegler-lopen-data-est-un-evenement-dune-ampleur-comparable-a-lapparition-de-lalphabet/.

aux rêves de pionniers comme H. G. Wells quand il imagina à la fin des années trente une encyclopédie mondiale mise à jour par l'ensemble des citoyens, ou comme Paul Otlet et son Mundaneum qui visait dès 1910 à bâtir une nouvelle bibliothèque d'Alexandrie moderne, la nature d'internet est primitivement documentaire. L'accès aux documents, leur repérage, leur indexation, leur collection, leur diffusion en est à la fois le centre et la périphérie. Les documents, incarnés dans les « pages web » reliées entre elles, ont pendant plus de quinze ans constitué l'axe de rotation de la planète web.

Et les jambes : le web des profils. L'arrivée des réseaux sociaux, et de Facebook en particulier, a introduit une rupture dont nous commençons à peine à mesurer les conséquences. Ce sont désormais les individus, les « profils » qui sont au centre de l'ensemble des interactions permises par les biotopes aux allures de mastodontes qui accaparent l'essentiel des usages connectés (Amazon, Apple, Google, Facebook, etc.). L'homme est devenu « un document comme les autres ». Comme on le ferait de documents, de LinkedIn à Facebook on constitue des collections de « profils » ; comme on le ferait de documents, on « indexe » la nature et le contenu de ces profils avec un niveau de finesse qui ravit autant les agences gouvernementales que les aficionados du marketing ; comme l'industrie de l'information le fit jadis avec les banques de données spécialisées, on édifie un marché sur les besoins et les comportements d'achat réels ou supposés que révèlent nos profils et derrière eux la traçabilité de nos moindres activités connectées.

L'axe de rotation du web a définitivement changé : les individus ont remplacé les documents. L'essentiel du web n'a plus pour fonction principale de permettre à des hommes de publier et de relier des documents, mais de permettre à quelques multinationales de collecter de l'information sur chacun de nous. De faire de chacun de nous les nœuds d'un réseau jadis constitué de documents.

Les premiers effets de ce bouleversement sont visibles au travers d'un ensemble de conséquences présentées souvent à tort comme les causes d'une mutation de nos comportements connectés.

Quand les documents constituaient l'axe de rotation du web, la métaphore d'internet en tant que promesse d'une intelligence collective à venir restait à tout le moins un idéal motivant et trouvait à s'incarner dans des services comme l'emblématique Wikipédia. Le web documentaire rendait possible des mouvements de dé-territorialisation et de re-territorialisation qui facilitèrent le déploiement de services en accord avec les logiques propres au cyberespace. Ils firent évoluer notre perception de l'espace et du temps connecté et obligèrent des pans entiers de certaines industries à s'y adapter ou à en subir le contrecoup économique.

Maintenant que le web tourne autour des individus, la question d'un hypercortex planétaire cède la place à un retour en force du corps, et de la territorialité qui lui est attachée. Sur les deux milliards d'internautes que compte la planète, la socialisation du milliard d'individus disposant d'un compte Facebook met constamment en avant l'exposition de notre corps ou de celui des autres, de photos de vacances en photos de profil, de la narration de nos menus à l'exposition du nombre de kilomètres parcourus lors de notre dernier jogging. Nos téléphones portables sont investis comme de presque authentiques extensions de notre corps. Le mouvement du *quantified self*, qui consiste à mesurer – et à afficher – en permanence un ensemble de paramètres relatifs à notre activité physique, à notre rythme cardiaque, etc. est l'une des premières conséquences du changement d'axe de rotation du web. Sur les moteurs de recherche, le fait que les requêtes de nature transactionnelles (c'est-à-dire permettant de réaliser un acte d'achat) aient explosé et très largement surclassé les requêtes informationnelles ou navigationnelles est là encore une résultante de ce même phénomène : nos profils étant au centre, ils exercent une force gravitationnelle qui oriente progressivement et presque « naturellement » l'ensemble des interactions périphériques vers des recherches ou des stratégies permettant de nourrir, d'habiller, de véhiculer, de transporter, de valoriser, de soigner ou « d'augmenter » le corps auquel renvoie chacun de ces profils connectés.

Mind is Free, Body is Money. Dans un environnement documentaire distant, ouvert, fait de proximités naturelles en mouvement permanent, et dont le partage et la dissémination sont les principaux vecteurs, impossible de générer des bénéfices comme on le faisait avec les modèles de consommation et les plans marketing du XXe siècle. Et comme le marché se moque de notre esprit (la première bulle spéculative d'internet lui ayant servi de leçon), il réclame notre corps comme Harpagon sa cassette. Les nouveaux industriels qui ont organisé ce bouleversement radical, ceux qui ont eu l'intelligence de s'y adapter, peuvent commencer à se frotter les mains et à retirer tout le bénéfice de ce retour en force et au premier plan de notre corporéité numérique et de l'hyper-territorialisation qu'elle oblige à réinstaurer à l'échelle du web. L'essor et l'engouement autour de ce que Tim Berners Lee nomme les « jardins fermés » du web l'illustre hélas magnifiquement. On va pouvoir consommer dans le cyberespace encore davantage que dans les millions d'hectares des zones commerciales de la planète.

L'intelligence collective suivra. Ou pas.

Le web : promesse tenue ?

Affordance.info – novembre 2012

Le web, « mon » web, est d'abord, depuis plus de quinze ans que je le fréquente, une source perpétuelle de découverte, d'enrichissement (symbolique s'entend), et d'émerveillement, y compris devant les choses pourtant les plus triviales, les plus inessentielles en apparence. Si le web est cela, s'il peut encore l'être, c'est parce que, au prix d'une acculturation somme toute minimale qui tiendrait en quelques lignes de code HTML, chacun a la possibilité de partager, c'est-à-dire de « présenter aux autres » en autorisant toutes les réappropriations possibles ; chacun à la possibilité de partager ses opinions, ses réflexions, ses créations. Ou celles des autres. Et les autres. Et réciproquement.

Le web, « le » web n'est plus aujourd'hui ce réseau de réseau, non-propriétaire, sans droits d'accès. Le dire et le répéter n'y changera peut-être rien, mais la plus grande partie du cyberespace est un monde fermé, devenu propriété privée, contrôlé par le marketing, régi par un carcan de normes arbitraires, de lois liberticides et de technologies privatives. Un monde hyperterritorialisé sous le contrôle de quelques multinationales. La question n'est pas que le web soit devenu un média de masse ; la question n'est pas non plus celle de la concentration dans ce secteur ; la question n'est même pas celle de la neutralité des tuyaux (quoique) ; la question n'est surtout pas de savoir s'il faut avoir peur du web ou d'internet comme d'autres avant nous avaient eu peur de la musique, du jazz, du rock'n'roll, de la télé, du noir, des noirs, de l'étranger, d'étrangers noirs jouant du jazz à la télé.

La question c'est de savoir ce qui change dans un monde de deux milliards de personnes connectées, lorsque la moitié d'entre elles sont inscrites sur un site qui décide seul de ce qui est ou non conforme à « sa » morale. La question est de savoir ce que devient la culture quand deux marchands, à la lettre A de l'annuaire, décident seuls des restrictions d'usage que nous devrons subir pour des biens culturels pourtant dûment acquittés. La question est de savoir ce que devient l'imaginaire d'un collectif de deux milliards d'individus connectés lorsqu'un seul acteur est en capacité de formuler des réponses à des questions qui ne sont même pas posées.

La question est de savoir si l'utopie du web peut basculer vers une dystopie. Le simple fait de se poser une telle question devrait permettre d'enclencher un processus permettant qu'on y réponde par la négative. Mais la question est aujourd'hui de savoir qui sont ceux qui se posent cette question. La question est de savoir s'ils sont suffisamment audibles.

Dystopie. « *Une dystopie, également appelée contre-utopie, est un récit de fiction peignant une société imaginaire organisée de telle façon qu'elle empêche ses membres d'atteindre le bonheur et contre l'avènement de laquelle l'auteur entend mettre en garde le lecteur. La dystopie s'oppose à l'utopie : au lieu de présenter un monde parfait, la dystopie en propose un des pires qui puisse être envisagé.* » Wikipédia.

C'est l'histoire d'une utopie. Réunir l'ensemble des connaissances de l'humanité en un lieu unique, et les rendre accessibles à tous. Alexandrie. La bibliothèque. Il y a si longtemps déjà. Ce projet fondateur qui traverse les siècles et structure le rapport que l'humanité entretient avec elle-même dans le miroir des connaissances qu'elle produit. Ce projet utopique. Cette utopie incarnée que fut le web. Qu'il est encore. Le web serait ce lieu.

C'est l'histoire d'une dystopie. Une torsion de l'histoire dans laquelle ne se donne plus à lire que le côté obscur des promesses que contenait l'utopie originelle.

Le web contenait la promesse de l'abolition des filtres éditoriaux. La promesse que chacun puisse écrire, partager, produire, publier. Promesse tenue. Un temps bousculées, les industries du filtre (presse et télévision) y ont finalement retrouvé leurs repères, réinstallé leur savoir-faire, cohabitant parfois difficilement, parfois harmonieusement avec l'ensemble des ex-filtrés que sont les internautes. Mais de nouvelles corporations du filtre ont vu le jour, qui n'ont ni l'histoire ni la culture des médias. Ces nouveaux filtres deviennent trop souvent nos seuls référents, nos seuls cadres, nos seuls repères. Ils ont pour nom Google, Facebook, Apple ou encore Amazon.

Fake-checking. Google, Facebook, Apple et Amazon devaient nous donner la possibilité de chercher. Ils nous disent quoi ou qui trouver et nous affichent des réponses sans même nous laisser le temps de poser des questions.

Google, Facebook, Apple et Amazon étaient la promesse de l'Autre. De la rencontre. De l'ouverture. Sur le monde. Sur la culture. Sur d'autres mondes. Sur d'autres cultures. Ils classent aujourd'hui l'œuvre de Courbet au rayon « pornographie », ils font de la visibilité du téton l'indépassable frontière entre une représentation nourricière autorisée et une nudité interdite. Le principal risque de ce web pudibond est qu'il rende le web moribond.

Ils étaient la promesse offerte à la voix des peuples. La promesse de révolutions relayées. La promesse de chambres d'écho planétaires. Mais ils savent aussi se faire les alliés des pires régimes totalitaires quand leurs intérêts marchands sont en jeu.

Ils ne sont pas le web. Le web n'est pas la pseudo-démocratie du PageRank. Le web n'est pas le totalitarisme de pacotille de Facebook. Le web n'est pas un supermarché d'applications. Le web n'est pas un algorithme. Le web n'est pas un programme. Le web n'est pas une application.

Un Homme. Une page. Une adresse. Tous ces exemples, toutes ces promesses non tenues, ne peuvent plus être considérés comme autant d'exceptions venant confirmer la promesse originelle du web. Parce que la promesse originelle du web est autre chose. C'est la promesse du « tous propriétaires », « tous copropriétaires ». Que nous puissions tous devenir propriétaires de notre espace (d'hébergement), que nous parlions tous le même langage (HTML) et que si nous en ressentons le besoin, nous soyons capables, toujours, de nous en servir pour y porter notre voix, comme nous seuls entendons pouvoir le faire. Un Homme. Une page. Une adresse. Je me souviens que c'était cela, la promesse originale du web.

Aujourd'hui chaque Homme connecté dispose de plein de pages. De plein d'adresses. Promoteurs et offices HLM en concurrence libre et parfaitement faussée peuvent à tout moment faire de nous des SDF. Mais le web n'est pas la vraie vie. Chacun peut et pourra encore y (re)bâtir sa maison, y avoir son adresse, y faire entendre sa voix.

Lorsque Google s'effondrera, lorsque Facebook tombera, lorsque Twitter se taira, nous comprendrons que la chance offerte par l'invention du web, que le cadeau de Sir Tim Berners Lee, fut de nous y associer, tous, comme autant de ses bâtisseurs, comme autant de ses bailleurs sociaux. Que nous sommes aujourd'hui deux milliards et que quatre milliards d'autres nous rejoindront demain. Ensemble alors, peut-être, tiendrons-nous de nouveau, la promesse du web.

Bienvenue dans le World Wide Wear

Affordance.info, novembre 2013

Après avoir relevé les « Like » qu'il aura déposé sur des pages de produits alimentaires, son réfrigérateur tweeta au supermarché la liste de ses courses préalablement validée par l'algorithme diététique calé dans le capteur de sa montre connectée analysant en temps réel le nombre de calories consommées dans la semaine écoulée et dans celle à venir en fonction de la synchronisation des événements et activités figurant à son agenda Google : pas de jogging prévu ou effectué depuis quinze jours, ce seront autant de plats à basses calories qui débarqueront dans son frigo ; sa Google Car (voiture sans conducteur), après l'avoir déposé à sa réunion, ira faire les courses toute seule, et passera au passage prendre ses enfants à l'école ; sur le chemin du retour ils visionneront sur leurs lunettes connectées (Google Glass) un programme télé coupé par une publicité dans laquelle sera reproduite et insérée l'image de leur mère vantant les mérites d'un site web éducatif sur l'époque romaine parce qu'ils ont justement dans quelques jours une interrogation d'histoire dans leur collège. Comme pour tout le reste, l'algorithme est déjà au courant.

World Wild Wear. À force d'être omniprésents, les écrans auront disparu : ils seront intégrés aux murs de nos maisons, aux pare-brise de nos voitures, aux verres de nos lunettes, aux cadrans de nos montres, aux surfaces de nos tables, et même à celle de notre peau. Google Glass, montres connectées, vêtements intelligent : bienvenue dans le World Wide Wear.

De la même manière que les profils ont remplacé les pages personnelles dans le fonctionnement de la planète web, ce ne sont désormais plus les écrans mais nos corps qui servent d'interface. Des corps bardés de capteurs, cernés de miroirs publicitaires déformants, mesurés (*quantified self*), affichés, scrutés, optimisés. Ceci explose au moment où Google X, laboratoire « secret » de Google, accueille le transhumaniste Ray Kurtzweil. Le choix d'une intelligence « augmentée » plutôt que le projet de l'intelligence collective.

L'algorithmie est partout, ambiante, diffuse, dans chaque choix, chaque requête déposée sur un moteur, chaque demande d'ami sur un réseau social, chaque décision, dans l'intervalle d'une microseconde. La calculabilité du monde rendue possible par le projet, habilement marketé, de nous convaincre d'être à la fois le produit, l'interface et la monnaie d'échange. En perpective, un crash, non plus boursier mais sociétal devient probable.

Primates du numérique. À l'échelle de la milliseconde, avec la puissance de calcul des industries du cloud, avec plus de trente milliards d'objets connectés à l'horizon 2020, avec la base de données actuelle d'un milliard de profils et du milliard de données que chacun d'eux laisse derrière lui, avec l'arrivée du « *next big thing* », qui sera le *next billion* (le prochain milliard d'internautes), nous sommes aujourd'hui semblables aux primates découvrant la station debout et observant qu'ils perdent l'usage de leurs mains comme organes de portage mais qui n'ont pas encore découvert qu'ils y gagneront un organe de préhension, un organe à tout faire, une interface universelle.

Outerweb et Infranet. Le cyberespace n'est plus. Il est l'espace. L'outerweb c'est le web « retourné comme un gant », c'est l'autre côté du miroir-écran : les contenus qui font corps avec le monde, que nous portons « sur », « dans » notre corps. L'infranet c'est celui des objets connectés, extérieurs à nous-mêmes ou arborés comme autant de nouveaux oripeaux. Dans l'outerweb et dans l'infranet, l'essentiel des interactions s'effectue en deçà de notre seuil de perception, « à l'insu de notre plein gré ». Les algorithmes en pilotage automatique. L'internet de l'hypertexte s'était construit sur de l'écrit réagissant au clic d'une souris. Un texte et son périphérique. L'outerweb et l'infranet se bâtissent dès aujourd'hui sur des gestuelles mobiles adaptées aux nouveaux terminaux (tablettes, montres, lunettes...) et correspondant au taux d'équipement du prochain milliard d'internautes connectés (mobiles). Ils utilisent des interfaces vocales qui préparent la disparition complète des claviers et peut-être même de l'écrit, des objets connectés rendus autonomes par la volumétrie des données que nous acceptons de leur confier, par l'intermédiaire d'interfaces « à même la peau » qui nous permettent de le faire à un coût cognitif nul. Un ensemble qui représentera pour l'historien des techniques du siècle prochain un passage certainement comparable à celui du *volumen* au *codex*, de la lecture à voix haute à la lecture silencieuse. Nul ne peut dire si nous en tirerons autant de bénéfices.

Bienvenue dans le World Wide Orwell (et comment on en sort)

Affordance.info, mai 2014

Suite à un imprévu, votre voiture sans chauffeur pilotée par un algorithme, a le choix entre se jeter du haut d'une falaise et entraîner la mort de ses occupants ou percuter ce bus scolaire transportant cinquante enfants en l'envoyant au bas de la même falaise. Quel choix fera-t-elle ? Serai-je au courant, en y embarquant le matin, de l'existence de ce choix ? Aurai-je la possibilité de le désactiver ? Ce problème, et l'ensemble de ses variantes, est connu sous le nom du « dilemme du tramway ». Il renvoie à l'histoire de ce vieux fantasme de l'intelligence artificielle, des robots en guerre contre l'humanité, des sociétés dystopiques. Une histoire que la science-fiction a déjà parfaitement documentée et qui est en passe aujourd'hui de devenir notre histoire.

Aujourd'hui les algorithmes définissent le cours des bourses mondiales. Aujourd'hui les pays les plus peuplés sont en réalité aux mains de quelques holdings numériques qui ont pour nom Facebook ou Google, qui scannent et documentent en permanence chaque partie de nos vies ; qui nous fournissent des réponses avant que nous n'ayons formulé de question. Des pays qui nous livrent de l'information toujours plus contextuelle, toujours plus « sur-mesure » au risque de nous conforter dans nos propres certitudes, choisissant à notre place ce qui vaut d'être lu, ce qui vaut d'être compris, ce qui vaut d'être su.

Aujourd'hui ordinateurs et programmes nous battent aux échecs, au Jeopardy, demain ils seront capables de débattre, d'argumenter. Ils conduisent nos voitures mieux que nous ne pourrions le faire nous-mêmes. Ils réalisent des opérations médicales. Ils séquencent notre génome dont ils ont fait un particularisme marchand comme les autres, après avoir fait du vocabulaire un nouveau capitalisme linguistique où les mots se vendent aux enchères contre le pétrole de notre attention.

NBIC. Nano-Bio-Info-Cogno technologies. Robotique, apprentissage profond, casques neuronaux, voitures sans chauffeur, puces mémorielles implantées à même notre cerveau, améliorations et corrections génétiques diverses… Autant de projets développés par ces mêmes géants de la mise en coupe réglée algorithmique du monde.

Nous ne disposons que de deux certitudes : ces technologies seront testées, et nous ignorons le contexte qui présidera à ces tests. Nous sommes à la fois les ingénieurs crédules et les bêtatesteurs bénévoles d'un nouveau projet Manhattan. En attendant un Hiroshima technologique, génétique, boursier, qui n'a jamais été aussi probable.

Le numérique est une technologie littéralement nucléaire. Une technologie de noyau. Au « cœur fissible » d'un éventail de possibles aussi prometteurs qu'angoissants et pour certains, incontrôlables. Qui réfléchit aujourd'hui sur les conséquences de cet inéluctable ? Qui est aujourd'hui en capacité de proposer des régulations efficaces ? Faudra-t-il attendre les premières dérives, les premiers accidents pour s'atteler à la tâche ?

D'un côté, de grands esprits scientifiques, dont Stephen Hawking, commencent à dénoncer fortement les risques d'une intelligence artificielle dont la réussite « *serait le plus grand événement dans l'histoire humaine mais malheureusement, pourrait aussi être le dernier*». De l'autre, de nouveaux luddites commencent à s'en prendre physiquement à ceux qu'ils jugent responsables sous le slogan «*la vie privée n'est pas morte, elle est assassinée. Et nous connaissons le nom et l'adresse des assassins*». Slogan que l'on pouvait lire sur les pancartes d'activistes s'en prenant aux résidences d'ingénieurs de Google ayant développé Google Maps. L'espace de débat public entre ces deux postures est immense et reste entièrement à construire.

Après nous être interrogés pendant des années sur l'externalisation de nos mémoires documentaires et la numérisation de nos relations sociales, les progrès de l'ingénierie algorithmique, les possibilités d'automatisation qu'elle ouvre dans le champ social, sa prégnance dans des domaines allant de la santé à l'éducation en passant par les transports, nous obligent à construire dès maintenant un corpus d'analyse et de réflexion qui seul pourra nous laisser en situation de comprendre les enjeux de cette deuxième vague d'externalisation, l'externalisation de nos stratégies décisionnelles, émotionnelles, affectives.

En d'autres termes, bâtir une «éthique de l'automatisation» pour éviter, dès demain, de n'avoir comme autre choix que celui de se reposer sur la croyance en une «éthique algorithmique» et les dogmes qui y seront liés. Refuser aujourd'hui de penser ces problèmes, ou en laisser le soin à quelques lobbys, ONG ou prix Nobel, c'est se condamner demain à les subir.

Le choix est simple: *1984* demeurera-t-il un livre de science-fiction ou sommes-nous prêts à ce qu'il devienne un ouvrage d'Histoire?

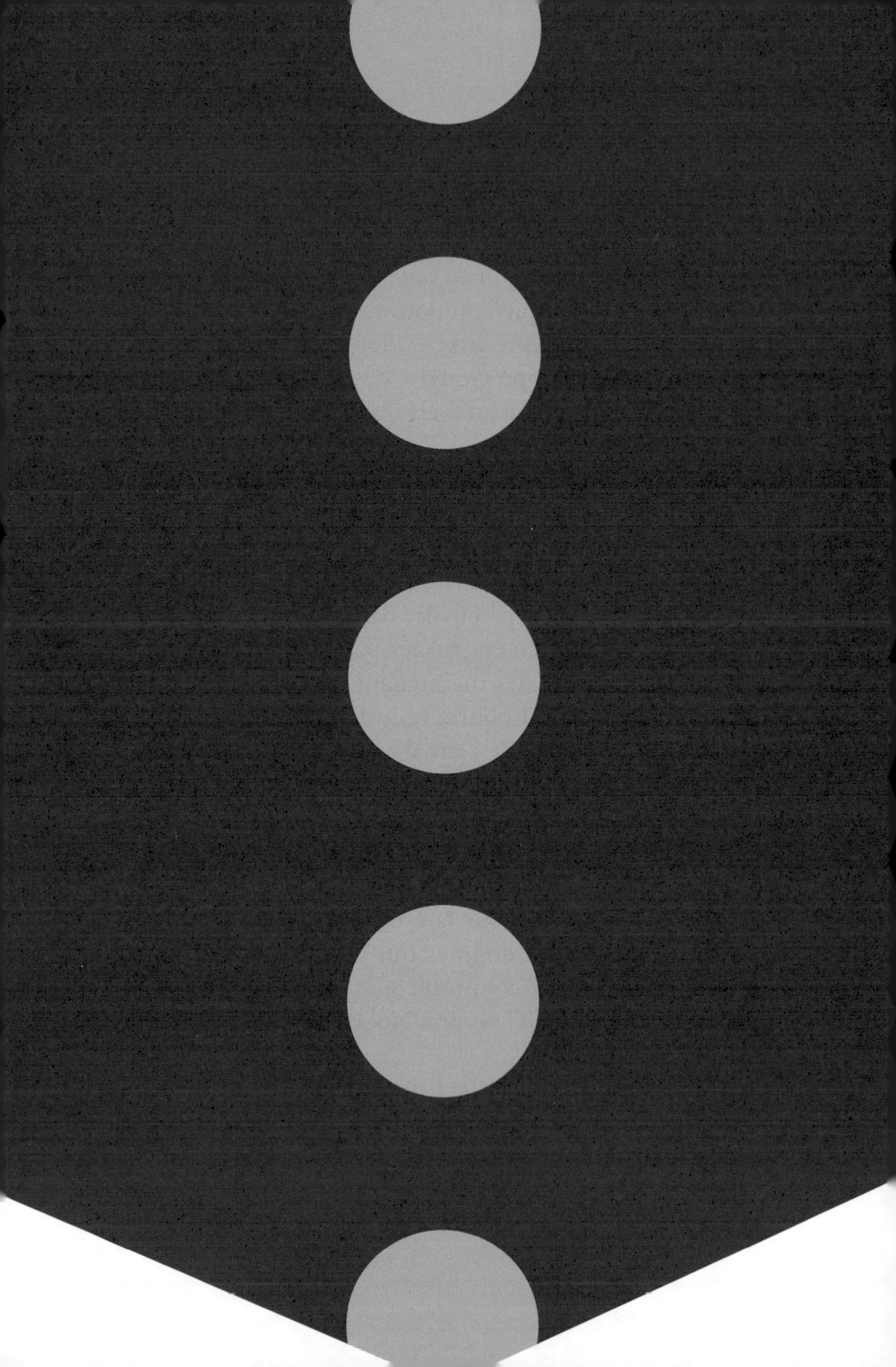

Les plateformes et la loi

Les grandes plateformes que nous connaissons sont régies par une double régulation qui est aussi une sorte de double contrainte : d'un côté la loi du pays dans lequel elles sont implantées et qu'elles se doivent de respecter, et de l'autre leurs propres CGU (Conditions Générales d'Utilisation) qui définissent les règles que tout utilisateur doit accepter avant de bénéficier des services proposés. Dans l'intervalle entre le temps législatif et les hoquets réguliers de mise à jour et d'évolution des CGU se glisse souvent… la réalité. Celle des faits divers, celle des évolutions de la société ; une réalité faite d'imprévisible mais aussi de normes sociales et comportementales, tacites ou explicites, avec lesquelles les CGU sont souvent dans une logique de concurrence directe, en ceci qu'elles sont également des outils de normalisation dans la capacité qu'elles ont, à l'échelle des usages qui s'y déploient, de décider de ce qui appartient à l'ordre du publiable ou du non-publiable. Ici un tableau de Courbet jugé « pornographique », là une campagne de lutte contre le cancer du sein censurée parce que l'on y voyait des tétons, les exemples sont légion.

Mais à force de croire qu'il ne s'agit là que d'une forme de puritanisme culturel très américain, on se trouve fort dépourvu lorsque ce n'est plus d'art ou de campagnes publicitaires dont on parle mais de faits politiques (les caricatures du prophète), de discours d'incitation à la haine (des vidéos de décapitation) ou de différents types de discours prosélytes. Là encore la question est simple : est-ce aux seuls algorithmes ou aux quelques *top-engineers* de ces plateformes de décider de ce qui peut être vu par des milliards de personnes chaque jour ? De ce que peuvent publier des milliards d'individus ? Et puisqu'il est impossible de répondre « oui » à cette question, quelles sont alors les alternatives raisonnables possibles ? Et à quelle échelle doivent-elles être déployées ?

Le code c'est la loi. Et la liberté c'est le choix

Affordance.info – mai 2010

L'Electronic Frontier Fondation (EFF), qui milite pour la défense des libertés numériques, a publié un document remarquable, *Facebook's Eroding Privacy Policy: A Timeline*, qui retrace les étapes clés de l'évolution de la politique de confidentialité (*privacy policy*) de Facebook.

En 2005, un an après le lancement du site aux États-Unis, alors qu'il ne comptait « que » 5,5 millions d'utilisateurs actifs, aucune information personnelle n'était accessible sauf à ceux que vous aviez choisis dans le réglage de vos paramètres de confidentialité pour faire partie de l'un de vos groupes d'amis. La plateforme était alors encore fermée sur elle-même et l'information n'était partagée que dans le premier cercle, qu'entre « moi et les miens », uniquement avec celles et ceux que j'avais choisis.

Quatre ans plus tard, en novembre 2009, alors qu'il compte un peu plus de 300 millions d'utilisateurs, Facebook fait le choix d'abolir toute frontière de « l'intime » ou de la « vie privée ». Concrètement, les paramètres de confidentialité par défaut sont réglés sur « zéro », c'est-à-dire que toute information publiée est alors publique et ce même en dehors de la plateforme puisque les moteurs de recherche peuvent désormais indexer ces nouveaux profils publics et chacun peut y avoir accès, qu'il dispose ou non d'un compte Facebook. À compter de ce moment, la gestion des identités numériques laisse entrevoir la constitution d'un pan-catalogue des individualités humaines, ouvert à l'indexation par et pour les moteurs de recherche. Se pose ainsi la question de la *pertinence* des profils humains comme s'était hier posée celle de la pertinence des documents affichés dans les pages de résultat d'un moteur de recherche.

Entre 2004 et 2009, Facebook a progressivement mais systématiquement fait sauter tous les verrous qui permettaient de garantir un relatif contrôle de l'utilisateur sur l'information et les données publiées. On relèvera notamment l'année 2007 (Facebook compte alors cinquante millions d'utilisateurs) où il devint possible pour la première fois, pour tout membre du réseau, de rechercher et d'accéder à des informations minimales sur l'ensemble des cinquante millions d'autres.

Pendant ces cinq années durant lesquelles Facebook a construit son propre régime de vie privée (*privacy*), les critiques furent parfois virulentes et les menaces, parfois même judiciaires, nombreuses. Mais la courbe des utilisateurs adoptant la plateforme étant exponentielle (celle-ci compte aujourd'hui plus d'un milliard et demi d'utilisateurs actifs, soit la moitié de l'humanité connectée…) et le niveau de satisfaction des services de mise en relation offerts compensant largement les critiques adressées à la gestion de la vie privée, Mark Zuckerberg a continué de faire en sorte d'étendre et d'ouvrir toujours davantage les logiques de captation et de monétisation des données personnelles des utilisateurs de sa plateforme.

Au final, qui est en capacité de trancher et de dire où est la limite ? Est-ce au législateur de définir des règles de droit *a minima* capables de s'appliquer à une plateforme présente dans presque tous les pays de la planète ? Est-ce à Facebook et à Mark Zuckerberg de s'astreindre à respecter une loi et des règles qui ont le plus souvent été rédigées à l'époque de la machine à vapeur ? Ou sont-ce les CGU qui doivent avoir valeur de loi à l'intérieur de ce qui reste non pas un espace public mais bien une plateforme privée ?

Il existe en fait une quatrième réponse qui semble être la seule valable et sur laquelle nous aurons l'occasion de souvent revenir dans l'article « Code Is Law »[1]. Le code (informatique) c'est la loi. Dans cet article, Lawrence Lessig, professeur de droit à Harvard et inventeur des licences Creative Commons, pose dès l'an 2000 l'ensemble des problèmes auxquels nous sommes aujourd'hui confrontés à l'échelle des plateformes numériques que nous fréquentons.

La solution au problème de la gestion de la vie privée sur internet échappera toujours au politique. Elle est du seul ressort du citoyen, de la formation du citoyen aux problématiques et enjeux de l'identité numérique. Comme est du seul ressort du citoyen son choix de participer, ou non, à un écosystème à la Facebook ou à la Google. Les données que nous confions à ces sites sont d'abord celles d'une servitude volontaire pour reprendre l'image de La Boétie.

En revanche, la solution au problème du périmètre de la vie privée sur internet ne peut être que politique. Parce

1 « Code Is Law : On Liberty in Cyberspace », Lawrence Lessig, *Harvard Magazine*, janvier 2000. http://harvardmagazine.com/2000/01/code-is-law-html.

que le politique édicte la loi. Parce que la force de la loi est d'empêcher que ne s'exerce la seule loi du plus fort, la seule loi algorithmique du meilleur code. Parce que le code c'est la loi. Parce qu'il n'est aucune liberté sans choix. Et parce que les choix effectués par le code, par l'algorithme sont le plus souvent cachés, obscurs et littéralement *illisibles*.

Il y a seulement quelques années que nous avons commencé à comprendre à quel point les « données personnelles » étaient le nouveau pétrole des industries du marketing et de l'économie de l'attention. La question clé qui se pose à l'orée du XXIe siècle est de trois ordres différents : celle du consentement éclairé des utilisateurs, celle de l'éclaircissement et du rendu public d'une partie des règles algorithmiques relevant d'un processus d'éditorialisation classique, et enfin celle des « valeurs » qui peuvent être transmises par le biais d'un ensemble d'instructions informatiques qui ont de plus en plus vocation à réguler des pans entiers de secteurs jusqu'ici considérés comme régaliens (santé, transport, éducation, etc.).

Pour ce qui est du consentement éclairé, dans le domaine médical une loi du 4 mars 2002 indique :

> *Aucun acte médical ni aucun traitement ne peut être pratiqué sans le consentement libre et éclairé de la personne et ce consentement peut être retiré à tout moment.*

Qui nous empêche d'imaginer une loi remplaçant « acte médical » par « collecte de données personnelles » ?

Entre le lobbying des sociétés commerciales et celui des associations de défense des libertés numériques (comme l'EFF aux États-Unis ou La Quadrature du Net en France), mais aussi au gré des batailles judiciaires, des évolutions législatives et de la maturation des usages, la ligne de front se déplace constamment. Si l'on parvenait à imposer aux acteurs de la collecte des données personnelles d'obtenir le consentement éclairé des utilisateurs d'une part, et que d'autre part on parvenait à réglementer clairement les pratiques de la publicité « ciblée et contextuelle » avec une convention d'harmonisation à l'échelle au moins européenne comme cela se fait déjà avec la Convention de Berne pour le droit d'auteur, on ne devrait alors pas être trop loin d'entrevoir le commencement d'une solution. À condition de mener dans le même temps une réflexion critique sur l'importance croissante du code et des algorithmes qui, dans l'attente, « font » la loi. Quant au troisième point, celui des « valeurs » qui peuvent être transmises par et dans un algorithme, car oui, les algorithmes peuvent être « racistes » ou source de toutes sortes de discriminations, il importe de pouvoir constamment questionner leur fonctionnement, les mettre en permanence – ainsi que ceux qui les conçoivent – à l'épreuve du réel, afin que ces règles mathématiques ne deviennent pas, pour reprendre la formule de l'ouvrage de la statisticienne américaine Cathy O'Neil, des « armes de destruction matheuses » (*Weapons of Math Destruction*)

Faute de cela, la société qui se dessine pourrait devenir celle décrite par Jean-Christophe Ruffin dans son roman *Globalia*, cette dystopie qui décrit une humanité sous cloche. Nous sommes plus d'un milliard et demi d'êtres humains, de tous âges, de tout sexe, de toute religion, à vivre déjà partiellement sous cloche. Pas loin d'un quart de l'humanité, à qui on fait miroiter la dérisoire possibilité de se soustraire au regard de leur voisin de cellule, pour mieux lui faire oublier l'impossibilité radicale de se soustraire aux regards de ses geôliers numériques, des regards qui s'immiscent dans les plus anodines et les plus triviales de nos activités, et ce sans aucun répit, sans aucun temps de latence. Un univers déjà carcéral car bâti sur la figure du panoptique de Bentham, mais qui, sans régulation rapide et sans rendu public des éléments du code, ce code qui décide, lui, de ce qui doit être public, pourrait virer au cauchemar concentrationnaire.

> *La liberté c'est la sécurité, la sécurité c'est la surveillance, donc la liberté c'est la surveillance.*[2]

Politique des algorithmes : parfois, c'est le politique qui gagne

Affordance.info – février 2014

La question d'une politique des algorithmes est déjà relativement ancienne et bien documentée. Accepter d'inscrire les algorithmes dans le champ du politique, c'est poser la question de savoir quel est le niveau et le degré de contrôle que peut légitimement exercer le politique sur les mêmes algorithmes, a fortiori dans la mesure où ceux-ci exercent un contrôle souvent illégitime sur nos vies.

Récemment, Google se voyait contraint, pour la première fois de son histoire, d'afficher en page d'accueil de son

2 Jean-Christophe Ruffin, *Globalia*, Folio, 2004.

moteur une condamnation judiciaire pour manquements à la loi informatique et liberté.

Depuis longtemps (au moins trois ans), la Commission européenne, saisie par des plaignants accusant le moteur de recherche de favoriser ses propres services dans l'ordonnancement des résultats de recherche, avait entamé une procédure lui permettant d'instruire un dossier concernant un abus de position dominante de Google sur le marché publicitaire. Dossier qui donna lieu à un accord historique par lequel le moteur s'engage à réorganiser complètement l'affichage desdits résultats pour laisser justement une part à d'autres services concurrents. Ainsi, pour des résultats issus de Google Maps on aura une visibilité garantie de même niveau pour PagesJaunes, ViaMichelin et Yelp.

Même si cet accord est encore loin d'être définitif et s'il ne fait pas l'unanimité au sein même de la commission européenne puisqu'il permettrait à Google de s'en tirer sans aucune pénalité financière (il risquait tout de même de devoir débourser cinq milliards de dollars ou 10 % de son chiffre d'affaires selon d'autres sources), il n'en reste pas moins historique car il s'agit de la première décision politique obligeant un moteur à caler ses exigences et routines algorithmiques (même si l'on ne parle ici que de l'affichage des résultats) sur un cadre économique (concurrence libre et non faussée) lui-même édicté et décidé par le politique. À ce titre, il est la preuve que sur d'autres questions et d'autres enjeux moins économiquement marqués (données personnelles par exemple, jouissance pleine et entière de biens immatériels dûment acquittés par exemple aussi, problématique des biens communs en général...), il est toujours possible d'agir ; la preuve que le politique a son rôle à jouer ; la preuve que l'opacité nécessaire au secret industriel n'est pas contradictoire avec la transparence nécessaire des pouvoirs de contrôle et la mise en œuvre de régulations politiques. Y compris quand il s'agit d'infléchir ou de contraindre la deuxième plus grosse capitalisation boursière de la planète.

Moteurs de recherche et médias sociaux jouent en permanence sur l'équilibre délicat et précaire consistant à sans cesse déplacer, déporter, réancrer les stratégies attentionnelles se rapportant à l'affichage et à la hiérarchisation de liens et de publications dans l'espace sémiotique immensément restreint et algorithmiquement contraint de ce qu'est une « page » de résultats ou la partie visible de notre « mur ».

Il y a d'un côté les normes, celles qui sont édictées « d'en haut », et celles qui, « d'en bas », par l'usage, finissent par devenir « la » norme (sociale, comportementale, etc.). Il y a la Loi avec un « L » majuscule, et les lois, qui relèvent de la seule sphère du politique. Et il y a cet entre-deux, ce *go-between* que constituent les règlements, les *policies*. Règlements le plus souvent « intérieurs », qui s'efforcent tant bien que mal de rester inscrits dans le cadre général de la loi tout en tolérant (ou pas) certains usages le plus souvent non-inscrits ou prévus par et dans la loi.

La question de la légitimité de l'action du politique sur des fonctionnements algorithmiques vient de la frontière délicate et toujours mouvante entre les usages constatés, les règlements (CGU – Conditions Générales d'Utilisation) spécifiques à chaque plateforme, et les lois propres à chaque pays.

Avec les grands écosystèmes numériques constitués autour d'une panoplie de services disposant eux-mêmes de leurs propres règlements intérieurs, le politique est contraint de naviguer en permanence entre ce qui pourrait relever de la légitimité d'une réflexion législative, ce dont il doit se saisir du fait de l'observation de nouvelles normes sociales *de facto* constituées sur des usages massifs, et ce sur quoi il ne peut, par définition, pas intervenir puisque cela relève de la seule compétence intérieure des écosystèmes concernés (leurs règlements et autres CGU). Mais certains usages ne relevant normalement que des CGU et autres règlements intérieurs impactent aussi, de fait, un grand nombre de pratiques sociales qui, elles, doivent être légitimement encadrées par la loi. C'est de cette hybridation que naît la complexité qui permet à la fois aux grands ou petits écosystèmes numériques de naître et de prospérer à l'abri des lois, et qui conduit également, à l'autre bout de la chaîne, à des situations ubuesques ou préoccupantes (comme celle des données personnelles, de la sur/sous-veillance, etc.), le jour où lesdits écosystèmes atteignent une taille critique qui les oblige à se confronter à la loi.

L'action politique doit alors se caler sur un credo qui pourrait, à mon avis, se résumer ainsi :

– Faire en sorte qu'aucun règlement, qu'aucune *policy*, ne puisse, par la masse des utilisateurs concernés et/ou le volume des données traitées et collectées, se substituer à la loi, ou « faire loi ».

– Proposer un cadre juridique ouvert à chaque fois que cette situation de bascule est sur le point de se produire, qu'elle semble instituer de fait de nouvelles normes sociales avérées, ou qu'elle pointe un manque patent ou une inadaptation flagrante de la loi.

– Partir des usages constatés et non des lois préexistantes pour proposer une réglementation de l'espace public de diffusion et d'accès aux informations ou aux biens culturels immatériels (l'exemple type étant celui de l'établissement des licences Creative Commons).

L'avenir du web comme média, et d'internet comme espace d'expression n'est pas à rechercher du côté d'une stabilité ou d'une réalité juridique idéalisée (« il faut civiliser internet ») : qu'il demeure un espace déterritorialisé est utopique, mais qu'il ne devienne que le prétexte de nouvelles re-territorialisations encore plus contraignantes que nos frontières géographiques serait l'occasion rêvée de nombre de dystopies.

L'avenir de cet espace peut se résumer à une formule : « un Homme, une page, une adresse », à six principes (ceux de l'hypertexte décrits par Pierre Lévy[3]), et à notre « attention au réseau », c'est-à-dire à la plasticité que nous serons capables de maintenir pour qu'au sein de cet espace puisse encore et de manière continue, se produire une alternance de dé-territorialisations et de re-territorialisations qui nous permette de vivre encore nombre de navigations hasardeuses, de nous fondre au sein de collectifs en renégociation permanente, de nous abstraire d'un horizon au-delà duquel toutes les réponses seraient fournies avant même que nous n'ayons le temps de formuler nos questions.

Dans ce projet, c'est autant au politique de s'efforcer de tenir toute sa place, qu'à nous-même de réinventer un projet politique autour de nos nouveaux usages numériques. C'est-à-dire de créer les conditions permettant à ces substitutions d'opérer, à ces glissements de se produire, à cette stabilité de demeurer hors de portée. Une sorte de *fair-use policy* d'une dérégulation des usages.

---

3 *Les technologies de l'intelligence*, Pierre Lévy, La Découverte, 1990.

La loi et l'ordre (documentaire)

Affordance.info – janvier 2015

Au tout début de l'année 2015 est rendu public un rapport du coordinateur de la Commission européenne pour la lutte contre le terrorisme qui, je cite :

> *Propose que les États tirent profit des conditions générales des réseaux sociaux pour obtenir sans procès la censure de contenus qui ne sont pas illégaux aux yeux de la loi, mais qui peuvent contrevenir aux contrats signés par les internautes.*

Le journaliste Guillaume Champeau souligne dans un article de *Numerama*[4] que :

> *Il est dit – pour la première fois très explicitement – que les États ont la possibilité d'aller plus loin dans la censure des contenus que ce que la loi démocratiquement adoptée permet normalement à l'État de faire, en tirant profit des conditions générales d'utilisation (CGU) des plateformes. Car celles-ci sont encore plus restrictives que la loi nationale, et permettent par exemple de censurer les contenus « extrémistes » qui ne sont pas illégaux en vertu de la législation, mais qui violent les contrats privés des plateformes.*

---

4 « Les États profitent des CGU des géants du web pour étendre la censure », Guillaume Champeau, *Numerama*, 26 janvier 2015. http://www.numerama.com/magazine/32011-les-etats-profitent-des-cgu-des-geants-du-web-pour-etendre-la-censure.html.

En d'autres termes, et de manière assez paradoxale, les CGU auraient « force de loi » précisément parce qu'elles n'ont pas besoin d'avoir recours à la loi ; une force de loi littéralement « déloyale ». Situation dangereuse et paradoxale mais qu'il est essentiel de comprendre et de prendre en compte si l'on veut anticiper l'évolution du web sur un ensemble de sujets bien plus vastes que la seule lutte contre le terrorisme.

Car de fait, nombre de contenus contrevenant à des législations nationales existent tranquillement sur certaines de ces plateformes transnationales (nombre de groupuscules néonazis ont par exemple leurs pages Facebook qui regorgent d'incitation à la haine raciale, pour ne prendre que cet exemple).

Car de fait également, les différents biais pour permettre, aujourd'hui, de demander la suppression de ces contenus (non-conformité aux CGU du site hôte, ou dénonciation – signalement – par d'autres utilisateurs de la plateforme) peuvent aboutir à des procédures de déréférencement, de désindexation et/ou de fermeture du compte et/ou de page.

Car de fait, l'actualité nous rappelle de plus en plus souvent que sur un éventail de sujets de plus en plus vastes, la responsabilité des sites hôtes est manifestement engagée (de la diffusion de vidéos de décapitation d'otages aux émeutes raciales de Ferguson en passant par la modération de « blagues » antisémites associées au hashtag `#UnBonJuif` sur Twitter).

Car de fait, la politique de « lutte contre la pornographie » de la plupart de ces plateformes relève le plus souvent d'un puritanisme assez fumeux et parfaitement inapte à saisir un certain nombre de nuances ou de codes culturels (sauf à considérer que le tableau *L'Origine du monde* de Gustave Courbet soit de la pornographie, ou que le fait de voir un téton sur une campagne de prévention contre le cancer du sein en relève également et conduise à une censure du même effet).

Dans la triste actualité de ce début d'année, les États pas complètement démocratiques ou très légèrement religieux, parviennent à jouer d'un très peu subtil équilibre de la terreur – économique – sur le mode : si tu supprimes pas les contenus que je t'indique (en l'occurrence les caricatures du prophète), j'interdis aux habitants de mon pays d'accéder à ta plateforme. Très exactement ce qui vient de se passer en Turquie comme le rapporte le *New York Times*, le gouvernement turc ayant demandé à Facebook de supprimer les pages qu'il considérait comme une insulte envers le prophète.

Rappelons que d'autres avant Facebook, s'étaient déjà posé ce choix cornélien, Google par exemple en 2006 sur l'air de « vaut-il mieux accepter la censure d'État pour offrir aux citoyens chinois un accès à un internet certes censuré mais quand même moins que les moteurs de recherche du régime, ou vaut-il mieux refuser la censure ? ». Là encore, il n'est de nœud gordien difficile à trancher qu'à condition qu'il ne soit pas constitué des seuls cordons de la bourse. Google s'installera sur le marché chinois en acceptant la censure du régime avant de finalement s'en retirer pour d'autres raisons quelques années plus tard.

Au-delà de leurs CGU absconses et léonines, les plateformes transnationales que sont Facebook, Twitter, Google, mais aussi dans un autre registre Apple et quelques autres ont patiemment érigé un nouvel ordre documentaire du monde. Un ordre documentaire qu'elles seules maîtrisent et régulent, un ordre documentaire qu'elles seules sont capables de saisir dans sa globalité ou dans ses détails.

La question que pose Guillaume Champeau à la fin de son billet est en effet essentielle :

À l'heure où Facebook compte plus de 1,3 milliard d'utilisateurs dans le monde et que les services des géants du web sont de fait souvent incontournables pour être lu ou entendu, est-il encore cohérent que ces plateformes privées ne soient pas soumises aux mêmes standards de respect des droits fondamentaux que les acteurs étatiques ? La question devra être ouverte.

Elle l'est d'autant plus qu'elle peut constituer le cheval de Troie permettant d'inscrire enfin clairement dans l'agenda politique la question de l'ouverture des algorithmes, de leur rendu public, ou à tout le moins du rendu public de leur fonctionnement dans nombre de phénomènes qui relèvent de l'éditorialisation et de la visibilité de contenus contrevenant à des principes de territorialité juridiques, faute de pouvoir disposer du rendu public de leur critériologie algorithmique complète. Une voie qui serait bien plus féconde et intelligente que celle consistant à invoquer un potentiel démantèlement de Google.

Le cas échéant, si nous ne parvenons pas à rétablir la hiérarchie qui place les lois au-dessus de tel ou tel règlement intérieur de tel ou tel jardin fermé, si nous acceptons de surseoir à une intervention juridique au profit d'une délégation d'intervention cantonnée à la seule discrétion des plateformes, nous nous exposons collectivement à valider l'existence de zones de non-droit planétaires fonctionnant sur un double processus de délégitimation.

Première délégitimation : celle rendant possible d'ignorer certaines lois au profit d'un primat des CGU et donc de conforter la « déloyauté » desdites CGU. Seconde délégitimation : celle laissant aux seules plateformes le pouvoir de délibération sur la suppression de tel ou tel contenu au nom de tel ou tel motif pourtant potentiellement valable dans telle ou telle législation territoriale.

Et l'urgence est réelle. Naturellement des progrès sont effectués, les algorithmes s'adaptent : *L'Origine du monde* de Courbet n'est désormais plus associée à de la pornographie et « reconnue » comme une œuvre d'art, mais il aura fallu plusieurs années et plusieurs polémiques et procès pour y parvenir. Plus fondamentalement, au-delà des seuls phénomènes d'audience, les mêmes algorithmes des mêmes plateformes sont en train de remporter le match de la confiance. Comme l'écrit Bernard Stiegler :

> *La démocratie est toujours liée à un processus de publication – c'est-à-dire de rendu public – qui rend possible un espace public : alphabet, imprimerie, audiovisuel, numérique.*

Or après que les algorithmes se soient emparés de l'essentiel du rendu public de nos productions documentaires, les plateformes sont en train de reléguer dans d'obscures alcôves l'autre processus de rendu public démocratique : celui de la délibération. La délibération sur ce qui a légitimité – ou non – à s'inscrire dans l'espace public. Il ne sera pas éternellement possible de s'abriter derrière le fait – et la difficulté – que ces plateformes ne sont précisément ni des espaces réellement publics, ni des espaces réellement privés. À l'ordre documentaire qu'elles ont institué, elles ajoutent lentement mais sûrement un « ordre moral réglementaire » sur lequel il nous sera très difficile de revenir si nous n'en débattons pas dès maintenant.

Le code c'est la loi. Et les plateformes sont des États

Affordance.info – février 2015

Au commencement de ce débat sur la place des algorithmes et sur les débats sociétaux qui apparaissent au gré de faits divers le plus souvent tragiques, il y a ce texte fondateur de Lawrence Lessig, publié en janvier 2000, « Code is Law ». Qui dresse le constat suivant :

> *Ce régulateur c'est le code – les logiciels et les matériels qui font du cyberespace ce qu'il est. Ce code, ou cette architecture, définit les termes dans lesquels la vie dans le cyberespace est possible. Il décide s'il est facile de protéger sa vie privée, ou s'il est facile d'exercer une censure. […] Il décide de qui voit quoi, ou de ce qui peut être surveillé. […] Cette régulation est en train de changer. Le code du cyberespace est en train de changer. […] Le cyberespace, qui était un endroit qui protégeait l'anonymat, la liberté de parole et le contrôle individuel, se transforme en un endroit qui rend l'anonymat plus difficile à mettre en œuvre, qui limite la liberté d'expression, et où le contrôle individuel devient l'apanage de seulement quelques rares experts.*

Lessig conclut : *Nous n'avons pas à choisir entre « réguler » ou « ne pas réguler ». Le code régule. Il met en place certaines valeurs plutôt que d'autres. Il rend possible ou interdit certaines libertés. Il protège la vie privée ou favorise la surveillance. Des gens choisissent la manière dont le code effectue tout cela. Des gens écrivent ce code. Dès lors le choix n'est pas de savoir si les gens pourront choisir la manière de réguler le cyberespace. D'autres gens – les codeurs – le feront. Le seul choix est de savoir si nous jouerons collectivement un rôle dans leurs choix – et si nous pourrons alors déterminer la manière dont ces valeurs se régulent – ou si nous autoriserons collectivement ces codeurs à décider de ces valeurs à notre place. [...] La loi du cyberespace sera déterminée par la manière dont le cyberespace sera codé, mais nous aurons échoué à jouer notre rôle dans l'établissement de cette loi.*

Quand Lessig publia son texte, Facebook et Twitter n'existaient pas encore, Google avait à peine deux ans. Quatre ans plus tôt, en 1996, John Perry Barlow publiait la *Déclaration d'indépendance du cyberespace*.

De Barlow à Lessig, de 1996 à 2000, c'est un véritable basculement qui s'opère. De l'irénisme technologique de Barlow aux inquiétudes législatives de Lessig, c'est la première révolution copernicienne de notre monde numérique qui se joue. En à peine quatre ans tous les dogmes s'inversent. «*Il n'y a pas de propriété ici*» devient «*tout est régi par le code, et le code est essentiellement propriétaire*». Le «*nous n'avons pas de gouvernement élu*» de Barlow traduisait une aspiration qui se savait déjà partiellement condamnée mais sans savoir réellement par qui. Quatre ans plus tard, le texte de Lessig apporte une réponse imprévue: ces gouvernements redoutés par Barlow ont cédé devant d'autres gouvernances, bien plus opaques et potentiellement totalitaires, les gouvernances algorithmiques, la loi du code.

Dix-neuf ans après la *Déclaration d'indépendance du cyberespace*, et surtout quinze ans après le texte de Lessig, à l'occasion de l'affaire des caricatures du prophète et de l'assassinat qui toucha la rédaction de *Charlie Hebdo*, nous entrons dans un troisième âge de la régulation. La régulation s'effectue, comme prévu par Lessig, directement au cœur du code. Les grands biotopes que sont Facebook, Google mais aussi Twitter et quelques autres sont autant de nouveaux États, de nouveaux gouvernements, avec lesquels nos vieux gouvernements, nos vieux États, sont forcés de traiter et de négocier directement. C'est Facebook, ou plus exactement Mark Zuckerberg qui est seul en capacité de décider si un milliard et demi de personnes pourront, ou non, accéder à la Une de *Charlie Hebdo*.

Et ces nouveaux « États » sont à leur tour débordés. Ou disent l'être. Être dans l'incapacité de réguler. Toutes les 60 secondes, c'est plus de 300 heures de vidéos qui sont chargées sur YouTube. Et de nous expliquer qu'il est donc parfaitement impossible d'identifier les vidéos djihadistes dans une temporalité raisonnable (c'est-à-dire avant qu'elles puissent être vues). Ce qui implique un double choix : s'en remettre entièrement aux algorithmes (car aucun humain ne peut traiter une telle quantité d'informations), et leur laisser... du temps, un nouveau « temps judiciaire » qui a ceci de commun avec le temps judiciaire classique qu'il ne peut intervenir qu'après l'infraction, mais qui a ceci de radicalement différent qu'il intervient en permanence sur des infractions non constituées en tant que telles.

Ce qui a changé c'est que les présidents de ces nouveaux États-plateformes, de ces nouveaux gouvernements, se considèrent comme au-dessus des lois. Et qu'ils l'écrivent en toute innocence, en toute candeur plénipotentiaire. En réaction au massacre de *Charlie Hebdo*, le 9 janvier, voici que ce Mark Zuckerberg publie sur son mur :

Nous suivons les lois de chaque pays, mais nous ne laissons jamais un pays ou un groupe de gens dicter ce que les gens peuvent partager à travers le monde.

Étonnant non ? Je vous le remets dans l'ordre : les citoyens font partie d'un État. L'État dispose d'un gouvernement, élu par les citoyens. Le gouvernement décide des lois s'appliquant aux citoyens de son État. Une société commerciale transnationale est présidée par un individu qui n'est élu par personne (sauf parfois par son conseil d'administration). Lequel individu décide d'appliquer à l'ensemble des utilisateurs de sa plateforme, les lois du pays dans lequel ils – les individus – résident. *Sauf s'il n'est pas d'accord avec ces lois ou qu'il estime qu'elles contreviennent à la philosophie et/ou au modèle commercial de sa plateforme, de son service.*

Ce qui a changé c'est qu'aux macro-régulations entre États et/ou entreprises transnationales (Facebook acceptant par exemple la demande du gouvernement Turc de bloquer les pages contenant les caricatures du prophète) s'ajoutent également des micro-régulations nichées au cœur d'applications apparemment indépendantes, ou en tout cas détachées du continent du web : ainsi Waze (application rachetée par Google) a fait l'objet d'une sévère critique de la part de l'association des shérifs américains qui l'accusait de rendre plus difficile son travail et de mettre parfois en danger la vie de ses officiers.

Toujours les mêmes questions mais avec de plus en plus complexes renvois de responsabilité : qui est coupable ? Les utilisateurs ? Waze pour la mise en place d'une fonctionnalité ? Google pour être le propriétaire de l'application ? Ce qui a changé c'est la dilution de ces régulations du code dont parlait Lessig, mais c'est également leur étendue : il ne s'agit plus ici simplement de réguler les questions de vie privée ou de liberté d'expression, mais les questions de circulation (automobile), de signalement (de radars), et j'en passe.

Ce qui a changé c'est l'émergence d'une nouvelle Fédération du Commerce, façon *Star Wars*, en l'occurrence la Federal Communication Commission (FCC), dont le rôle est essentiel dans le choix qui sera fait – ou pas – de maintenir une neutralité du net, neutralité elle-même garante du respect d'un certain nombre de libertés fondamentales (dont la liberté d'expression), elles-mêmes jusqu'ici garanties par... la loi.

Ce qui est en train de changer c'est que les algorithmes, ces milices des États-plateformes, prennent de plus en plus de décisions, de manière de plus en plus autonome et toujours totalement opaque.

Les internets sont en tension. Premier élément de tension, le paravent malcommode d'une *iségoria* de pacotille, nourrie de l'imaginaire de la *Déclaration d'indépendance du cyberespace* et du potentiel « libérateur » des technologies (« *L'imprimerie a permis au peuple de lire, internet va lui permettre d'écrire* », disait, et il avait raison, Benjamin Bayard). Or cette *iségoria*, cette « égalité de la parole » se fracasse chaque jour devant la « tyrannie des agissants » et les logiques autoritatives qui sous-tendent chaque algorithmie : chacun peut certes s'exprimer, mais le poids de cette expression est totalement régulé, déterminé et choisi par les algorithmes des plateformes, et la nature même de cette expression est également conditionnée par les routines algorithmiques qui perpétuent et entretiennent nos bulles de filtre. Il y a une aristocratie calculable de la parole, de l'expression publique, celle qui se règle à coups de notoriété et d'autorité, celle qu'articulent le PageRank ou l'EdgeRank, celle que déterminent d'interminables métriques d'audience (nombre de followers, nombre de pages vues, Klout score, etc.).

Deuxième élément de tension, à l'échelle d'une moitié de l'humanité, sa moitié connectée, la question de la régulation (problème connu depuis le texte de Lessig avec les changements signalés plus haut) et la question de la délibération. La question du rendu public. C'est-à-dire, fondamentalement, la question du modèle démocratique possible derrière une politique des algorithmes.

Si… Si le code est la loi. Si les règlements (*policies* et autres CGU) ont force de loi y compris quand ils jouent d'une concurrence législative territoriale (tel contenu est interdit dans tel pays mais autorisé dans tel autre = c'est moi qui décide s'il est autorisé sur ma plateforme). Si les algorithmes et autres *bots* sont de nouvelles polices ou milices chargées de faire appliquer les règlements et les lois. Si…, si…, si…, alors qui et où sont les juges ? Et quels arbitrages sont-ils en situation et en capacité de rendre ?

Première hypothèse : ce sont les PDG des plateformes qui sont les juges. Ce sont eux qui, en dernière instance, « jugent », à l'instar de Mark Zuckerberg, de « *ce que les gens peuvent partager à travers le monde* ». Je rappelle qu'ils (les PDG) n'ont été mis là par aucun type de processus démocratique quelconque. Le fait qu'ils puissent donc choisir de respecter telle ou telle loi, ou tout au contraire de s'élever au-dessus des lois pose *a minima* un petit problème de gouvernance, voire de démocratie, a fortiori à l'échelle des audiences qui sont les leurs.

Seconde hypothèse : ce sont les algorithmes qui deviennent juges alors qu'ils ont également un pouvoir de police. Certes les algorithmes et autres *bots* sont naturellement programmés par des individus dotés, en tout cas on peut le supposer, d'un minimum de morale, d'éthique et de bon sens. Mais ces algorithmes sont de plus en plus des algorithmes décisionnels. Leur fonctionnement est itératif. Et il leur arrive, je le soulignais également plus haut, d'être débordés. Sans parler du fait qu'ils peuvent toujours se tromper, générer des faux positifs, commettre des erreurs. Quoi qu'il en soit, le fait qu'une même entité (l'algorithme) soit à la fois investie de pouvoirs de justice (ce contenu contrevient à la loi et/ou à nos CGU) et de pouvoirs de police (« je » décide donc de supprimer ce contenu et/ou de bloquer les comptes associés ou l'ayant diffusé) pose, là aussi, un léger problème de démocratie.

Troisième hypothèse : nous, internautes, sommes les juges. Pourquoi pas ? C'est d'ailleurs déjà partiellement le cas lorsque nous « signalons » aux plateformes tel ou tel contenu que nous trouvons choquant : nous jugeons sans pour autant – et c'est tant mieux – rendre justice. Une démocratie de 2,5 milliards de juges me semble aussi improbable, dangereuse et incertaine que la composition d'une équipe nationale de foot dans un pays comptant 65 millions de sélectionneurs, mais admettons. Admettons avec cet autre bémol déjà signalé plus haut que certains juges sont plus puissants que d'autres (cf. l'aristocratie calculable de l'expression publique). Chacun jugera.

Cette hypothèse se scinde alors en deux sous-hypothèses distinctes : soit chacun juge ce qui est bon / tolérable / acceptable pour lui, soit chacun juge ce qui est bon / tolérable / acceptable pour les autres. Si chacun juge de ce qui est bon et acceptable pour lui, et c'est déjà le cas avec les possibilités offertes de choisir de suivre tel ou tel profil, tel ou tel compte, si chacun « est juge » de ce qui est bon / acceptable / tolérable pour lui, cela nous conduit directement à un bien étrange oxymore soulevé par Guillaume Champeau de la manière suivante[5] :

Parce qu'il choisit de respecter la loi de chaque État et les décisions de justice prises au niveau national, Facebook censurera les caricatures de Mahomet en Turquie, conformément à une instruction judiciaire. Mais les Musulmans choqués d'autres pays ne « bénéficieront » pas de la même « protection », qu'ils peuvent juger utile. Faut-il que Facebook fasse évoluer son modèle de censure, pour plus de personnalisation ?

Et si chacun juge de ce qui est bon ou acceptable pour les autres, sur quelles bases, sur quelles représentations et interprétations du monde fondera-t-il sa décision ? Celles qui lui seront fournies par les mêmes algorithmes, dans le souci de conforter ses propres opinions et représentations pour faciliter les interactions qui fondent leur modèle économique ?

Dans les deux cas, on voit bien que la capacité de jugement de chaque individu reste clairement subordonnée au modèle de censure ou au modèle de personnalisation proposé par la plateforme hôte.

À la fin de son article, en janvier 2000, Lessig écrivait : « *La loi du cyberespace sera déterminée par la manière dont le cyberespace sera codé, mais nous aurons échoué à jouer notre rôle dans l'établissement de cette loi.* »

En janvier 2015, nous n'avons jamais été aussi près d'échouer.

---

5 « Facebook censurera les caricatures de Mahomet selon les pays, pas selon les gens », Guillaume Champeau, *Numerama*, 28 janvier 2015. http://www.numerama.com/magazine/32039-facebook-censurera-les-caricatures-de-mahomet-selon-les-pays-pas-selon-les-gens.html.

ds d'internautes pour
ıC : User Global Culture

Affordance.info, mars 2015

Le monde compte sept milliards d'êtres humains. Trois milliards d'entre eux disposent d'un accès internet. Un milliard et demi d'un compte Facebook.

Tous les grands acteurs d'internet, qu'ils soient hébergeurs, fournisseurs, éditeurs, qu'ils fonctionnent sur des modèles gratuits ou payants, qu'ils soient « ouverts » ou « propriétaires », qu'ils s'appellent Google, Facebook, Apple ou Wikipédia, sont à la recherche et en attente du *next billion*, du prochain milliard d'internautes connectés. Google prévoit 5 milliards d'internautes en 2020[6].

Et chacun y va de ses stratégies pour conquérir ce prochain milliard. Google veut tapisser le ciel de ballons stratosphériques pour connecter à faible coût des continents et des populations jusqu'ici déconnectés[7]. Facebook lance son projet et sa fondation Internet.org en visant particulièrement l'Inde[8]. Jimmy Wales et la Fondation Wikimedia ont lancé

---

6 « Google prévoit 5 milliards d'internautes en 2020 », *Le Figaro* avec AFP, 19 novembre 2015. http://www.lefigaro.fr/flash-eco/2015/11/19/97002-20151119FILWWW00273-google-prevoit-5-milliards-d-internautes-en-2020.php.

7 « Comment Google veut connecter l'univers », Emmanuelle Delsol, *L'Usine digitale*, 3 mars 2015. http://www.usine-digitale.fr/editorial/comment-google-veut-connecter-l-univers.N316601.

8 « Avec Internet.org, Facebook rappelle que la défense de la neutralité du Net est à géométrie variable », Andréa Fradin, *L'Obs, Rue89*, le projet Wikipedia Zero[9] pour permettre à de nouveaux utilisateurs, d'accéder, sans frais d'opérateur téléphonique, à l'encyclopédie en ligne.

Mais le passage au prochain milliard risque d'être compliqué. Pas tant techniquement que culturellement. S'il existe, naturellement, des pays non occidentaux disposant déjà de leur propre accès au réseau, de leurs propres moteurs de recherche et réseaux sociaux, bref s'il existe une géographie et une diversité linguistique des services du web et une géopolitique des infrastructures d'accès, la question culturelle d'une population mondiale entièrement connectée reste encore à écrire.

Après les CGU, les Conditions Générales d'Utilisation, après les UGC, les *User Generated Content* (contenus générés par les utilisateurs), la question à venir sera celle de l'existence d'une nouvelle UGC, une nouvelle *User Global Culture*.

Au-delà de la diversité linguistique, que peut devenir notre rapport à l'ensemble de totems et de tabous, qui sont les marqueurs et les traits qui constituent les différentes cultures, dans un monde entièrement connecté où quelques services, sites et écosystèmes se poseront comme autant d'incontournables attracteurs ? Des plus anecdotiques en apparence, comme les patronymes de ces Amérindiens qui ne respectent pas les « règles » édictées par Facebook[10], jusqu'aux

16 février 2015. http://rue89.nouvelobs.com/2015/02/16/internetorg-facebook-rappelle-defense-neutralite-net-est-a-geometrie-variable-257730. L'Inde a depuis refusé la proposition de Facebook, au nom de la défense de la neutralité de l'internet pour permettre à ses propres acteurs de se développer.

9 https://wikimediafoundation.org/wiki/Wikipedia_Zero.

10 « Pour Facebook, les noms des Amérindiens ne respectent pas ses règles », Clément Martel, *Le Monde*, 3 mars 2015. http://www.lemonde.fr/pixels/article/2015/03/03/pour-facebook-les-noms-des-amerindiens-ne-respectent-pas-ses-regles_4586748_4408996.html.

plus essentielles, comme le rapport à la mort, le rapport à la sexualité, le rapport à la religion, le rapport à la politique, la manière dont sont diffusées et accessibles les connaissances scientifiques, il ne s'agit là que de quelques-uns des problèmes majeurs qu'il nous faudra envisager à l'échelle d'un internet de sept milliards d'internautes.

Précisons qu'en l'état, et au vu des différents régimes politiques de la planète, il semble improbable que sept milliards de personnes se connectent effectivement aux mêmes grands écosystèmes dominants. Nombre de dictatures, de pays totalitaires ou même de démocraties autoritaires continueront à ériger différents *firewall*, à la fois pour n'autoriser que des outils produits ou validés par le régime en place, et pour s'assurer que leurs populations n'accéderont qu'à un réseau sous contrôle et expurgé d'un certain nombre de pages plutôt qu'à ce réseau de réseaux que l'on appelle Internet. Mais ceci étant posé, et en prenant également en compte la multiplication et la démocratisation en plein essor des outils et techniques de contournement de la censure pour ces différentes populations, il n'est en revanche pas du tout impossible que la prochaine génération soit celle du passage d'une population de trois à cinq milliards d'internautes. Un saut quantitatif suffisamment important pour modifier la polarisation pour l'instant essentiellement occidentale des grands écosystèmes dominants.

Prenons trois exemples existants, Google, Facebook et Wikipédia.

La culture en mode Search. Les versions du moteur de recherche qui domine la planète sont d'ores et déjà différentes selon les pays. L'algorithme, sans même avoir besoin d'entrer dans des logiques de personnalisation est déjà capable, par simple itération, d'isoler, pour des versions linguistiques différentes, le rapport qu'un peuple entretient avec sa propre histoire. Ainsi la requête « nazi » sur la version allemande du moteur donnera des résultats sensiblement différents que la même requête sur la version américaine. Il semblerait d'ailleurs, pour cet exemple et pour d'autres, parfaitement aberrant d'envisager une seule et unique version mondiale du moteur de recherche, puisque son algorithme est d'abord supposé être un reflet de l'activité de publication, du rendu public des peuples, et que ce rendu public nécessite d'être ciblé à l'échelle d'une communauté nationale constituée pour être sinon à tout coup « pertinent », du moins assez largement objectivable. Un Allemand ne comprendrait pas qu'une requête sur le nazisme mentionne les sites d'histoire sur la Shoah après ceux des différents partis nazis de la planète, un Français ne comprendrait pas qu'une requête sur la ville de Vichy omette le rappel à l'histoire du « régime de Vichy ».

Mais qu'en sera-t-il pour les prochaines générations ? Celles, justement du prochain milliard ? Celles pour lesquelles il n'existera plus aucun témoin vivant de ces atrocités et de ces guerres ? Celles qui n'auront pas grandi à l'époque d'un moteur encore objectivable mais à l'ère de la personnalisation systématique ? Une personnalisation qui, *in fine*, modifie les rapports individuels à une histoire collective ?

Et dès maintenant d'ailleurs, que devient l'algorithme en tant que reflet de l'activité de publication d'un peuple ou d'un État, en tant que reflet de son Histoire, si l'on lui associe, d'une part, des processus visant à orienter les requêtes (Google Suggest), et d'autre part des logiques de personnalisation tellement ciblées qu'elles rendent presque impossible la production de résultats semblables pour deux individus sur une même requête ? À tel point que Google se trouve obligé de proposer en option un filtre permettant de gommer les résultats de cette personnalisation pour retourner à un affichage de résultat basé uniquement sur les critères algorithmiques du PageRank. Filtre toujours accessible mais très peu connu et très peu utilisé dans la fonction « verbatim » ou « mot à mot ». Une fonction que Google décrivait et justifiait comme suit en novembre 2011[11] :

> *Avec l'outil verbatim, nous utiliserons les mots exacts que vous avez entrés sans réaliser d'améliorations normales (sic) comme :*
> *– faire des corrections automatiques d'orthographe ;*
> *– personnaliser votre recherche en utilisant des informations comme les sites que vous avez visité avant ;*
> *– inclure des synonymes de vos termes de recherches (faire correspondre "voiture" quand vous recherchez "automobile") ;*
> *– trouver des résultats qui correspondent aux termes similaires à ceux de votre requête (trouver des résultats liés à la "livraison de fleurs" quand vous recherchez des "fleuristes") ;*
> *– rendre certains de vos termes optionnels.*

Les réseaux socio-culturels. Par sa nature autant que par sa position dominante actuelle, Facebook est le site qui va se heurter de plein fouet au problème de l'intégration de ces nouvelles populations connectées. Cette intégration se jouera probablement autour de nouveaux communautarismes documentaires et, *in fine*, culturels. On le voit déjà au travers de choix qui permettent de bloquer la diffusion de caricatures du prophète en Turquie par exemple. Mais

11 http://www.numerama.com/magazine/20586-google-lance-verbatim-pour-les-recherches-precises.html.

c'est à l'échelle de ses déclinaisons territoriales (le Facebook turc, le Facebook indien, le Facebook chinois, etc.) que les mécanismes d'intégration algorithmiques vont inaugurer de nouveaux clivages culturels : ainsi aux États-Unis le cas susmentionné des patronymes amérindiens.

À l'échelle de Facebook, et étant donné la nature « sociale » de la plateforme, étant donné également son régime d'internalités (là où un moteur comme Google se nourrit d'abord d'externalités), à l'échelle de Facebook donc, les questions déjà évoquées du rapport à la mort, du rapport à la sexualité, du rapport à la religion, du rapport à la politique, revêtent des enjeux considérables du fait même de leur prochaine extension à des populations, des peuples, des nations, des États et des communautés jusqu'ici dé-connectées.

Facebook vient ainsi de clarifier et de remettre à plat les règles communautaires, ses *community standards*[12]. Au menu : nudité, discours de haine et contenus violents ou choquants. C'est notamment à la suite des attentats contre *Charlie Hebdo* que, désormais, les groupes terroristes sont explicitement bannis du réseau social :

> *Par exemple nous avons explicité le fait que non seulement nous n'autorisons pas les organisations terroristes ou leurs membres dans notre communauté, mais aussi que nous ne permettions pas les louanges ou le soutien à ces groupes terroristes, à leurs actions ou à leurs leaders, ce qui n'était pas détaillé auparavant.*

Il sera intéressant de voir comment cette mesure sera réellement appliquée, si elle s'étendra également aux groupuscules

12 https://www.facebook.com/communitystandards.

nazis, et quelle sera la réaction desdits groupes et de Facebook si, comme ce fut le cas pour l'équipe de Twitter et son CEO Jack Dorsey, Zuckerberg et les ingénieurs de Facebook sont à leur tour désignés comme « cibles » pour des « loups solitaires » de Daesh ou de toute autre organisation terroriste[13].

Ces changements s'inscrivent dans un contexte particulier qui ne doit pas faire oublier la part d'arbitraire qui ne manquera pas d'entourer ce genre de décision, ni le fait que la géométrie géographique desdites décisions risque d'être très variable pour ce qui est de contenus n'appartenant pas ou ne faisant pas directement l'apologie d'actes terroristes mais venant « simplement » heurter les susceptibilités ou les croyances de tel ou tel pays, bref, quand les plateformes et leurs algorithmes ne seront non plus sommés de censurer tel ou tel site mais « d'intégrer et de respecter les valeurs culturelles » de tel ou tel État. Les limites de ces *community standards* sont toutes entières contenues dans la déclaration de Zuckerberg[14] :

> *Nous suivons les lois de chaque pays, mais nous ne laissons jamais un pays ou un groupe de gens dicter ce que les gens peuvent partager à travers le monde.*

Y compris sur la partie rajoutée concernant les organisations terroristes, on appréciera le flou sémantique qui entoure le dernier paragraphe :

---

13 « Daesh veut la peau des salariés de Twitter », *20 minutes*, le 2 mars 2015. http://www.20minutes.fr/monde/daesh/1552899-20150302-etat-islamique-appelle-meurtre-fondateur-twitter.

14 Mark Zuckerberg le 9 janvier 2015. https://www.facebook.com/zuck/posts/10101844454210771.

Nous acceptons des discussions et des commentaires d'ordre général sur ces larges sujets, mais nous demandons que les gens fassent preuve de sensibilité envers les victimes de violence et de discrimination.

Où s'arrête la discussion générale sur Daesh et où commence l'apologie du terrorisme ? Quel est l'entre-deux acceptable et à partir de quel moment franchit-on un point de non-retour ? Je renvoie ceux qui penseraient qu'il est facile de répondre à ces deux questions aux débats entourant la figure d'un certain Dieudonné.

Les standards communautaires ne sont ni des lois, ni des normes, tout au plus la partie émergée des CGU, de simples règles d'usage qui, sur l'essentiel des sujets culturels, politiques, religieux et sociaux demeurent dans un régime d'arbitraire permanent. Et qui le demeureront, car point n'est besoin de relire Bourdieu ou Lévy-Strauss pour savoir qu'il n'est pas de sociologie ou de culture universelle.

La question n'est donc pas de savoir si c'est à Facebook ou à la loi de décider et d'édicter des règles d'usage sur ces questions, ni de savoir si ces règles auront – ou non – valeur de normes à l'intérieur de la plateforme et tendront à contaminer également l'espace public du web ; et par effet de bord l'espace du débat public en général : il est évident que c'est ce qui se produira et à très brève échéance. La question est de savoir à quel moment le politique et l'ensemble des citoyens préoccupés de l'avenir du corps social seront ou non en situation d'aller à l'encontre de ces règles, de faire en sorte, comme le souhaitait Lessig dans son texte « Code is Law » de reprendre la main sur les valeurs culturelles que véhiculent, que construisent et que modifient en permanence les algorithmes et leurs codes.

Pour le dire autrement, il est normal, il est possible et il est heureux que les plateformes se mettent en situation de réguler la partie documentée des profils et des discours relevant de l'apologie du terrorisme ou se réclamant d'une barbarie assumée. C'est une régulation certes tardive mais normale et possible car elle est essentiellement de nature documentaire : les documents associés (textes au prosélytisme assumé et autres vidéos de décapitation) ont une valeur de preuve. Leur régime documentaire les constitue en autant de preuves. Et ces firmes, qu'il s'agisse de Google ou de Facebook, ont la capacité algorithmique d'agir sur la sphère documentaire de ces discours et de ces profils. Mais cette capacité d'agir ne leur délivre pas simultanément une légitimité d'action. A fortiori lorsque l'on sort de cette sphère documentaire unanimiste (décapiter, violer et égorger des gens) pour entrer dans une sphère culturelle beaucoup plus nuancée et relativiste.

Les biais culturels de l'encyclopédisme d'usage. Parmi d'autres, nous savons que les représentations culturelles liées, par exemple, à l'alimentation, varient selon les pays, chaque culture véhiculant ses propres stéréotypes d'une version linguistique à l'autre de l'encyclopédie Wikipédia[15]. Nous savons que selon la version linguistique que nous consultons, les représentations liées au genre sont également variables[16]. Nous savons que les logiques de remerciement entre contributeurs sont également variables selon les cultures et les

15 « Mining cross-cultural relations from Wikipedia – A study of 31 European food cultures », Paul Laufer, Claudia Wagner, Fabian Flöck et Markus Strohmaier, novembre 2015. http://arxiv.org/abs/1411.4484.

16 « It's a Man's Wikipedia? Assessing Gender Inequality in an Online Encyclopedia », Claudia Wagner, David Garcia, Mohsen Jadidi et Markus Strohmaier, janvier 2015. http://arxiv.org/abs/1501.06307.

versions de l'encyclopédie[17]. Nous savons que les cultures de l'Orient et de l'Occident, de l'Est et de l'Ouest, construisent une anthropologie culturelle variable sur une infinité de points, par exemple, sur la vision qu'ont ces cultures de l'importance des différents leaders politiques, religieux, militaires ou scientifiques[18] : les personnages considérés comme les plus « importants » ou « emblématiques » de la Wikipédia anglophone sont Georges W. Bush, William Shakespeare, et Jésus, alors que dans la Wikipédia germanophone il s'agit d'Adolf Hitler, de Goethe et d'Aristote, et que dans la Wikipédia sinophone, c'est Mao Zedong qui occupe la première place du podium.

C'est précisément l'ensemble de ces traits culturels, bien au-delà des quelques exemples cités ci-dessus, que Wikipédia permet de souligner, par sa forme autant que par son modèle éditorial. Ce sont également ces traits culturels que les moteurs et les réseaux sociaux auront à intégrer ou à dissoudre à l'échelle d'un internet de cinq ou de sept milliards d'individus connectés.

On pourra m'objecter que ce raisonnement est faux puisque même en passant de trois à quatre ou cinq ou sept milliards d'internautes, on se contentera d'avoir plus d'internautes qui consulteront la version linguistique dédiée de Google, plus d'internautes qui navigueront sur le Facebook de leur pays, plus d'internautes qui alimenteront et consulteront

---

17 « WIKI THANKS: Cultural Differences in Thanks Network of Different-Language Wikipedias », Keiichi Nemoto, Ken-ichi Okada, février 2015. http://arxiv.org/abs/1502.04312.

18 « Cultural Anthropology Through the Lens of Wikipedia – A Comparison of Historical Leadership Networks in the English, Chinese, Japanese and German Wikipedia », Peter Gloor, Patrick De Boer, Wei Lo, Stefan Wagner, Keiichi Nemoto et Hauke Fuehres, février 2015. http://arxiv.org/abs/1502.05256.

« leur » version de Wikipédia. Les phénomènes de balkanisation déjà décrits ne feront que s'amplifier mais ils le feront dans les limites déjà posées des écosystèmes envisagés. Une telle objection néglige deux phénomènes essentiels.

D'abord les régimes actuels de diversité linguistique vont progressivement s'effondrer. Ou à tout le moins se remodeler. Il suffit de prêter une oreille attentive aux progrès de la traduction automatique, à ce nouveau babil de Babel pour s'en convaincre. Certes toutes les langues ne disparaîtront pas au profit d'un *global english* mais nombre de barrières ou de frontières tomberont du fait de l'essor des technologies et applications de traduction instantanée, y compris dans le registre conversationnel. De nouvelles créolisations, pour reprendre l'argumentaire de Frédéric Kaplan vont s'imposer, dont nous sommes encore très loin de maîtriser tous les enjeux[19] :

> *L'impérialisme linguistique de l'anglais a donc des effets beaucoup plus subtils que ne le laisseraient penser les approches qui n'étudient que la « guerre des langues ». Le fait de pivoter par une langue conduit à introduire dans les autres langues des logiques linguistiques propres et donc insensiblement des modes de pensée spécifiques. Il semble crucial d'inventer de nouveaux outils pour détecter et documenter ces nouvelles évolutions linguistiques.*
>
> *Notons pour conclure que si l'anglais joue un rôle pivot pour les langues « européennes », d'autres langues ont sans doute le même effet localement pour d'autres bassins linguistiques (le*

19 « L'anglais comme langue pivot ou l'impérialisme linguistique de Google Translate », Frédéric Kaplan. https://fkaplan.wordpress.com/2014/11/15/langlais-comme-langue-pivot-ou-limperialisme-linguistique-cache-de-google-translate/.

Hindi par exemple). À l'échelle mondiale, c'est un réseau de chaînes de traduction qui est en train de se mettre en place et qui impose parfois pour traduire une expression d'une langue à une autre de pivoter par une série de langues intermédiaires. Quand nous voyons les effets linguistiques d'un de ces pivots, imaginer des séquences de ces transformations linguistiques laisse songeur.

Ensuite, l'essor des interfaces vocales et d'un mode d'interaction conversationnel avec des « assistants personnalisés » comme le sont déjà Alexa, Siri ou Cortana, vont avoir pour conséquence directe de nous sortir puis de nous priver de logiques de consultation qui – même biaisées – sont encore garantes de logiques de comparaison, de choix, de mise en perspective et donc de développement d'une forme d'esprit critique.

L'interface de Google, sa liste de résultat, l'interface de Facebook, son mur de publications, sont, dans leur « déroulement », plus proches du modèle du *volumen* (rouleau) que de celui du *codex* (groupe de pages). Or l'histoire du livre nous apprend que c'est précisément le passage du *volumen* au *codex* qui a permis – entre autres choses – de développer l'esprit critique en autorisant notamment la mise en comparaison de textes. Or les modèles actuels de navigation nous ramènent vers des logiques de consultation et de lecture plus proches du déroulé que du feuilletage…

Quand nous consultons une page de résultats du moteur de recherche Google, même si cette page diffère d'un internaute à un autre y compris pour des requêtes parfaitement semblables, nous avons encore un choix, et nous visualisons encore une liste constituée d'autant de choix possibles. La simple vue de cette liste constitue déjà une réponse à la question que nous posons par l'ouverture qu'elle propose. Le langage de requêtage lui-même, souvent par la seule apposition de plusieurs termes, autorise l'algorithme du moteur à nous afficher un éventail de résultats qui laissent encore une place – de plus en plus relative – à la diversité, à l'approximation, à l'erreur, à l'interprétation, à la non-pertinence, précisément parce qu'ils ne peuvent pas correspondre à une réponse unique et univoque, parce que l'espace de la page et de l'écran de consultation permet encore plusieurs choix.

Mais dans le cadre d'une requête orale, d'une requête « en langage naturel », nous serons progressivement induits à ne plus poser que des questions fermées, ou ne débouchant inexorablement que sur des résultats uniques. Pire, nous serons induits, par la nature même de ces nouvelles interfaces et leurs modalités d'interaction, à nous concentrer sur des requêtes relevant davantage de l'opérationnel que du questionnement, s'inscrivant davantage dans l'action que dans l'interrogation. La vidéo promotionnelle du dispositif Alexa d'Amazon est à ce titre parfaitement éclairante[20] : on demande à Alexa de jouer une playlist, on lui demande la définition d'un terme qu'elle va directement lire dans Wikipédia, de lancer telle ou telle action de domotique, d'épeler un mot, de donner l'heure, la météo, etc. La mort annoncée de toute forme de sérendipité. Une systématisation du bouton « Feeling Lucky » (« J'ai de la chance ») de Google. Le renvoi vers un seul et unique résultat, la privation de l'affichage d'autres options, d'autres résultats, d'autres éléments de comparaison permettant de possibles reformulations, le tout dans l'opacité totale du fonctionnement algorithmique sous-jacent.

---

20 https://www.youtube.com/watch?v=GijLoiVkmYI.

Historicité sans Histoire. Sur quoi les générations du prochain milliard pourront-elles encore fonder leur organisation collective et leur manière de faire société quand l'ensemble des mécanismes mémoriels, quand l'ensemble des repères historiques, quand l'ensemble des possibilités et des outils autorisant l'analyse et le recul critique ou la simple comparaison seront passés sous l'autorité d'un nombre fini de plateformes qui viendront circonscrire les possibilités de lecture et de navigation aux seuls sites, pages et informations directement opérationnelles dans un contexte de tâche donné ?

Nous sommes dans un âge de transition numérique encore globalement impensé : jusqu'à présent et pour l'instant, moteurs et réseaux sociaux sont encore le reflet vaguement objectivable de l'activité de publication d'une communauté donnée, quelle que soit l'échelle de ladite communauté (un groupe de quelques dizaines d'utilisateurs, un pays tout entier). Ce reflet est celui d'un graphe à invariance d'échelle, c'est-à-dire qu'un certain nombre de mécanismes invariants s'y produisent et permettent d'analyser et de comprendre les phénomènes de partage, de viralité, de relation entre les membres de la communauté envisagée (effet petit monde, attachement préférentiel, loi de puissance, etc.). Ce faisant, même s'ils limitent ces effets et renforcent l'homophilie plus qu'ils ne développent la diversité, ces mécanismes autorisent encore le croisement de différentes cultures, de différentes représentations, de différentes mises en mémoire du monde.

Mais demain, moteurs et réseaux sociaux ne seront plus le reflet mais la *source*, *l'origine* de l'activité de publication d'une communauté donnée. C'est cette transition-là que nous vivons aujourd'hui et qui explique que nous sommes à la fois troublés et muets devant les mutations faussement anecdotiques de la recherche personnalisée. En nous rapprochant sans cesse de l'historicité de nos propres recherches et de nos propres représentations, elles nous coupent progressivement de l'Histoire globale de la communauté à laquelle nous appartenons.

Les internets sont en tension. Tension entre les plateformes et le web. Tension entre l'Histoire et l'historicité. Tension entre des logiques de documentation et des logiques de restitution. Tension entre la source et la destination. Seule compte aujourd'hui la destination, l'opérationnalisation des processus de requêtage, d'interrogation, de consultation et de navigation.

Voilà pourquoi, à la balkanisation qui va effectivement s'étendre avec le passage au prochain milliard, va venir s'ajouter un phénomène d'essentialisation, lui-même vecteur de nouvelles radicalisations. Des individus réduits à quelques-unes de leurs dimensions, des individus dont on recherchera avant tout «la valeur de preuve», une valeur dont l'activité de publication pourra rendre compte dans les plateformes qui s'en serviront ensuite pour délimiter de nouvelles règles, pour édicter de nouvelles normes. Ou pour le dire plus simplement: de nouveaux communautarismes mais de moins en moins de communautés. Non pas parce que les gens sont méchants / pauvres / idiots / effrayés / ou que sais-je encore, mais parce qu'il est dans la nature même de ces plateformes de n'avoir d'autre recours que l'essentialisation pour continuer de pouvoir organiser, indexer, hiérarchiser l'ensemble des individus, des contenus et des interactions sur lesquelles elles se fondent, et parce que la croissance de cette essentialisation ira de pair avec la croissance du nombre d'utilisateurs connectés.

Si l'existence précède l'essence, si l'or noir de notre attention permet l'existence de ces plateformes, il nous faut, au lieu de la redouter, nous empresser d'analyser la nature et les enjeux de cette future probable essentialisation culturelle à l'échelle d'une population mondiale presque entièrement connectée. Refuser de le faire, refuser de le voir équivaudrait à se soumettre à un déterminisme technologique dont la radicalité pourrait s'avérer bien plus menaçante que n'importe quelle actuelle radicalisation communautaire.

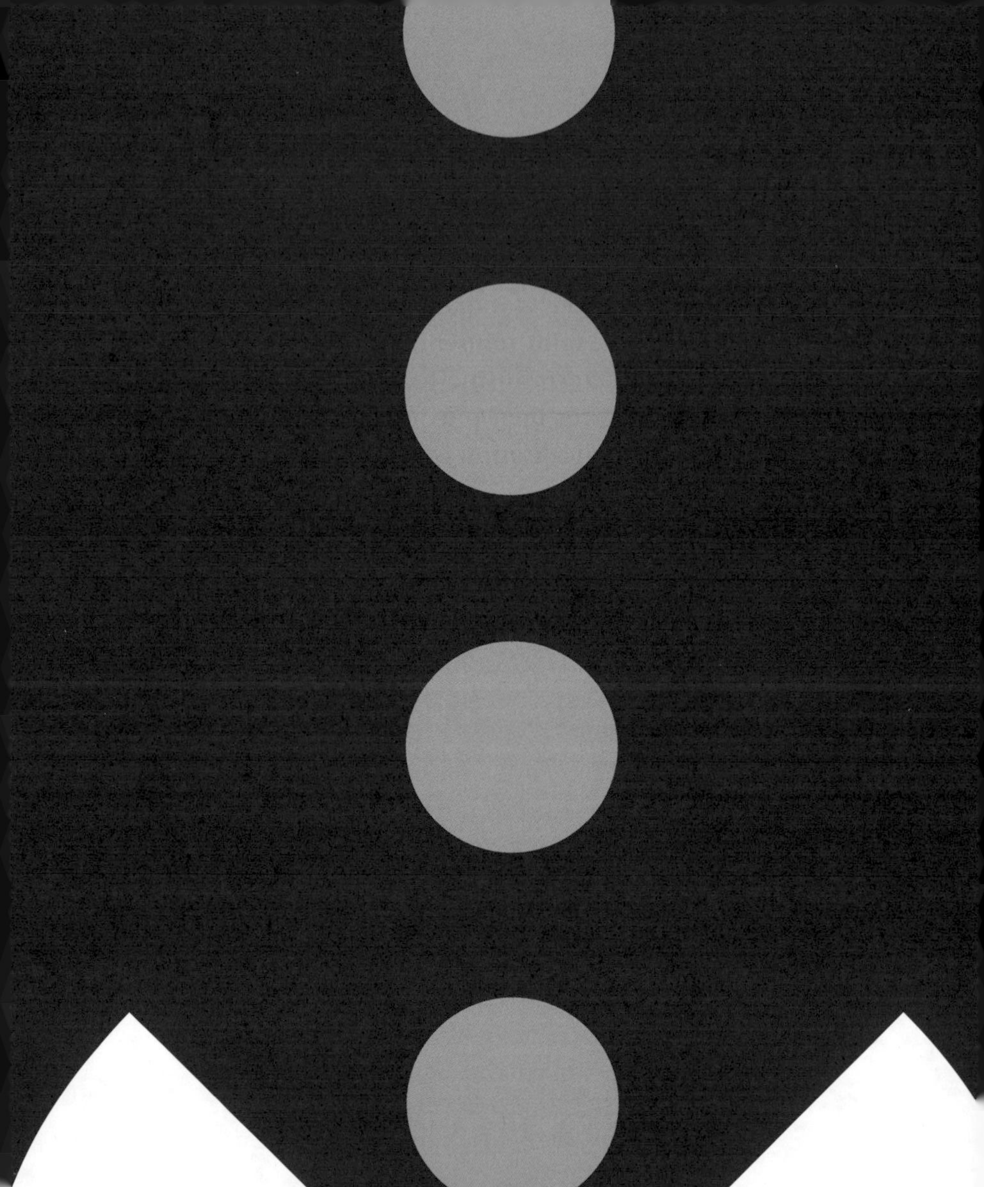

Secret de nos affaires ou droit à la vie privée : à propos de l'affaire Apple / FBI

À l'échelle du numérique, l'une des questions centrales de ce siècle, qui s'est ouvert deux ans après la naissance de Google, sera probablement celle du cryptage de nos communications et de l'impact que celui-ci aura sur les logiques de transparence démocratique au regard d'un équilibre toujours plus aléatoire avec le droit à disposer d'une vie privée. Quand les générations prochaines se retourneront pour faire l'analyse de cette question, il est probable qu'elles s'arrêtent sur quelques épisodes majeurs de ce début du XXIe siècle : celui des lanceurs d'alerte, de Julian Assange à Edward Snowden d'une part, et celui de l'affaire qui opposa la firme Apple au FBI, une affaire que les prochains chapitres se proposent de vous raconter et de mettre en perspective.

Un terroriste est un client Apple comme les autres

Affordance.info, février 2016

L'affaire a fait le tour de la planète début février 2016 et ses implications sont considérables. Le 2 décembre 2015, 14 personnes décèdent dans la fusillade de San Bernardino aux États-Unis. Les deux auteurs de la fusillade sont abattus par la police. Deux jours plus tard, Daesh revendiquera cet acte terroriste.

Le FBI souhaite accéder aux données de l'iPhone retrouvé sur l'un des terroristes, à la recherche d'indices permettant de remonter son réseau, et demande à Apple de l'aider à accéder à ces données, protégées derrière les 10 000 combinaisons possibles des 4 chiffres du code pin. Les iPhone possèdent une option permettant d'effacer la totalité des données du smartphone au bout de 10 échecs dans la composition de ce code pin. Le FBI demande donc à Apple de créer un logiciel agissant comme une porte dérobée (*backdoor*) et permettant de tester les 10 000 combinaisons sans risquer d'effacer la totalité des données conservées sur un iPhone. Précisons pour être complets que suite à la tuerie de San Bernardino, Apple a déjà fourni au FBI des données associées au compte de l'utilisateur concerné, données stockées dans le « cloud ».

Le 16 février 2016, Tim Cook le PDG d'Apple publie « A Message To Our Customers » dans lequel, au nom du droit à la vie privée, il indique son refus de créer ce type de *backdoor*, soulignant le risque que l'existence de celle-ci ferait courir à l'ensemble des possesseurs d'iPhone.

Dans la foulée, des associations comme l'EFF (Electronic Frontier Fondation), des personnalités comme Edward Snowden ou Benjamin Sonntag, et tout le gotha de la Silicon Valley (Google et WhatsApp en tête) affirment leur soutien à Tim Cook et aux valeurs de la *privacy*.

D'un côté un iPhone. Dans cet iPhone, celui de ce terroriste membre de Daesh, il y a probablement nombre d'informations plus que sensibles qui pourraient permettre d'arrêter d'autres terroristes, et peut-être d'éviter d'autres attentats ; peut-être aussi d'aider les familles des victimes à mieux « comprendre » ce qui s'est passé ce 2 décembre 2015, pourquoi et comment cela a-t-il pu se produire. Et le désir du FBI d'accéder à ces données. Comment s'y opposer ? De quel droit ?

De l'autre le droit à la vie privée et le niveau de chiffrement des données. « Chiffrement » est d'ailleurs ici un faux ami puisque les données de l'iPhone ne sont pas chiffrées, mais simplement protégées par un code pin à quatre chiffres. Comment refuser ce droit à la vie privée ? De quel droit ?

Et le nœud gordien de l'affaire : un terroriste est un client Apple comme un autre. Il bénéficie à ce titre des mêmes droits, du même niveau de protection qu'un autre client d'Apple pour ce qui concerne les données stockées dans son iPhone. Remettre en question ces droits pour un individu, même convaincu d'actes de terrorisme, reviendrait à remettre en question ces droits pour l'ensemble des possesseurs d'iPhone. Tel est en tout cas l'argumentaire de Tim Cook.

Nous revoilà au cœur du débat qui agite l'ensemble des grandes plateformes de l'internet en cette époque rythmée par nombre d'attentats terroristes : comment et jusqu'à quel point collaborer avec la justice ? Comment être un auxiliaire de justice dans le cadre d'actes de terrorisme (posture morale) sans pour autant remettre en cause les fondements de la gestion de la relation client et l'image de la marque (posture commerciale)? Comment concilier l'irréconciliable, comment traiter la question du droit à la vie privée des terroristes? Comment lutter contre le terrorisme sans lutter contre le droit à la vie privée?

Eric Schmidt, PDG de Google déclarait en 2009: «*Si vous faites quelque chose et que vous voulez que personne ne le sache, peut-être devriez-vous déjà commencer par ne pas le faire!*» En novembre 2013 c'est Vinton Cerf, papa du protocole TCP-IP et Chief Evangelist chez Google qui déclare: «*La vie privée peut effectivement être une anomalie*».

Et le 16 février 2016, le PDG d'Apple rappelle que toutes les données d'un iPhone (en tout cas celles qui ne sont pas également redirigées volontairement dans le cloud par son utilisateur), que toutes les données d'un iPhone restent dans l'iPhone et ne sont accessibles qu'à l'utilisateur disposant du code pin de l'iPhone.

Ce à quoi nous assistons ici est une sorte de nouvelle trilogie de l'espace de la *privacy* qui se dessine ainsi:

– Ce qui est dans le cloud reste dans le cloud et n'est ni vraiment public ni vraiment privé = l'essentiel des données du cloud sont en première main lisibles et accessibles par les sociétés hôtes, lesquelles sociétés collaborent, dans certaines conditions, avec les agences de renseignement de différents États (plus exactement, si nous gardons la possibilité de rendre «privées» certaines publications, les sociétés hôtes se réservent à tout moment la possibilité de lire ces données).

– Ce qui est sur le web relève d'un espace entièrement public.

– Ce qui est dans un iPhone (à l'exception notable des applications) relève de la sphère privée.

Dit autrement:
– smartphone = VVP (Vie Vraiment Privée).
– web = VP (Vie Publique).
– cloud = VPN (Vie Privée Négociée).

Le rapport à la vie privée n'est plus défini par la nature d'un média ou d'une architecture de services, mais par l'objet, par le vecteur d'une médiation.

Dès le commencement des réseaux sociaux, danah boyd parlait à leur sujet d'espaces « semi-publics » et Tim Berners Lee les qualifiait de « jardins fermés ». C'est la nature du média qui définissait notre rapport à la vie privée: sur le web les informations étaient publiques, sur un réseau social elles étaient « semi-privées ».

Le smartphone, l'objet smartphone est lui-même traversé par une dualité public-privé: comme il demeure la télécommande de nos vies connectées, sa dimension applicative (= les applications qu'il contient) relève d'abord d'une logique semi-publique, mais comme il est également, et presque paradoxalement, le coffre-fort de nos vies connectées, il devient l'artefact emblématique de la vie privée.

À bien y réfléchir, et à l'échelle d'une démocratie, la question de la collaboration entre Apple et le FBI ne devrait poser aucun problème. Dans le cadre d'une enquête diligentée par un juge et opérée par le service de police d'un État de droit (le FBI donc) sur une affaire de terrorisme avéré, il devrait être possible de déverrouiller un appareil donné (celui de l'individu déjà reconnu coupable) et d'accéder à ses données sans avoir à poser le débat du droit à la vie privée à l'échelle internationale. Sauf que, comme le soulignent l'ensemble des experts en cryptographie, créer cette *backdoor* une fois n'est pas possible: soit elle est créée et pourra être utilisée sur l'ensemble des appareils, soit elle n'existe pas et l'ensemble des appareils restent protégés derrière ces quatre chiffres.

Pourtant, comme le font remarquer quelques rares analystes :

> *Il existe une grande différence entre la mise à disposition de dispositifs de cryptage élevés sur internet et celle de leur mise en place par défaut sur l'ensemble des iPhone.*

La – bonne – question à se poser serait plutôt celle-ci : nous avons tous une vie privée, et nous avons tous le droit à une vie privée. Pour autant, dans le cadre d'un État de droit, et dans le cadre d'une procédure judiciaire, si nous sommes accusés ou reconnus coupables d'un acte délictueux, les éléments qui composent et documentent notre vie privée restent accessibles via un mandat de perquisition (ordonné par un juge). La question que pose le chiffrement par défaut incassable des iPhone et la lettre de Tim Cook aux clients d'Apple est celle de savoir si l'espace – physique ou numérique – alloué aux traces documentaires de notre vie privée doit être non-perquisitionnable. S'il doit résister à toute forme de perquisition.

Si l'on se contente d'envisager les terroristes (ou les pédophiles ou les dealers de drogue ou les auteurs de crimes et délits en tout genre) comme autant de « clients » ayant acheté un appareil offrant des garanties raisonnables de préservation de leur vie privée, alors Tim Cook a raison : la demande du FBI est inacceptable. Mais si l'on considère que notre vie privée ne doit être pour autant un espace non-perquisitionnable quelles que soient les circonstances notamment dans le cadre d'une action judiciaire légitime effectuée dans un État de droit, alors c'est la posture de Tim Cook qui devient inacceptable puisqu'une société privée fabriquant du hardware permettrait à chaque citoyen de se mettre à l'abri de toute forme de perquisition judiciaire légitime et encadrée.

Un paradoxe qui vire au cynisme lorsque l'on sait que toutes ces sociétés, de Google à Facebook en passant par Apple et Amazon, collectent naturellement un grand nombre de données personnelles et travaillent régulièrement avec les services de renseignement des différents pays pour, dans certains cas, transmettre certaines de ces données personnelles à des officiers de justice ou de police, d'une manière plus ou moins bien encadrée par la loi (*Patriot Act* aux États-Unis) ou par des mesures dites d'exception (loi renseignement en France).

Deux doctrines s'affrontent donc désormais autour du droit à la vie privée : la doctrine du cloud et la doctrine du smartphone.

La doctrine du cloud est la suivante : nous garantissons votre droit à ne pas rendre totalement publiques l'ensemble de vos publications mais nous nous réservons le droit d'accéder et de lire l'ensemble de vos publications indépendamment du statut public ou privé que vous leur aurez accordé et de livrer ces publications à des États suite à la requête d'un juge. La posture des grandes firmes n'a pas changé depuis plus de dix ans : nous avons besoin de ces données personnelles pour vous fournir des services personnalisés et une meilleure expérience utilisateur, et nous avons besoin de les conserver le plus longtemps possible sans les anonymiser, à la fois pour continuer de vous offrir une meilleure expérience utilisateur mais aussi pour répondre aux demandes des États dans le cadre d'actions en justice au cours desquelles ces mêmes données peuvent avoir valeur de preuve ou à tout le moins faciliter les enquêtes en cours. Pour paraphraser : « *Si vous ue chose à cacher, c'est que vous avez quelque chose à her ».*

rine du smartphone est la suivante : nous garantissons votre droit à rendre non-perquisitionnable l'ensemble des données de votre smartphone (photos, images, vidéos, contacts) pour tout tiers, y compris le vendeur et y compris dans le cadre d'actions en justice. Toutes les données de votre smartphone restent dans votre smartphone (à part celles liées aux applications, et à part celles que vous rediffusez ou republiez dans le cloud ou l'un de ses innombrables services de synchronisation et de partage), et ce même dans le cadre d'actions en justice.

Alors, pour ou contre la défense de la *privacy* telle qu'illustrée par la lettre de Tim Cook ?

En tant que client Apple, je rejoins la position de Tim Cook et je suis satisfait que cette marque m'offre des garanties sur la protection de ma vie privée.

En tant que citoyen, je suis choqué de constater que l'entreprise se refuse de fournir à un juge les moyens de remonter un réseau terroriste, même au nom de la protection de la vie privée.

En tant que citoyen et en tant que chercheur travaillant sur la question des traces numériques, je trouve inquiétant qu'il existe ainsi, en démocratie, des « boîtes noires », des espaces non accessibles aux requêtes d'un juge dans le cadre d'une enquête criminelle, des espaces non-perquisitionnables. Jusqu'ici, à l'échelle de nos démocraties, aucun domicile, ni même aucun coffre bancaire d'aucune banque (sauf peut-être dans certaines îles des Caïmans, bon, et en Suisse aussi, d'accord…) ne pouvait se soustraire à un mandat de perquisition en bonne et due forme. Plus fondamentalement et comme se plaît à le rappeler Bernard Stiegler, je reste convaincu que la démocratie est avant tout un espace de « rendu public », et que la question du rendu public d'espaces ou de dispositifs entrant dans la sphère de notre vie privée sur requête d'un juge dans un État de droit ne devrait pas dépendre du seul bon vouloir d'un fabricant de *hardware*.

Plus globalement je confesse être un peu perplexe devant ce qui me semble constituer une forme de *reductio ab absurdum* du débat autour de la vie privée ramenée aux quatre chiffres du code pin d'un smartphone alors même que l'on connaît l'étendue des possibilités de cryptage / décryptage et l'extraordinaire diversité des outils permettant à un terroriste (ou à un citoyen lambda) de rendre très difficilement perquisitionnables ses différentes communications sur différents supports.

Je constate également que la position d'Apple et de Tim Cook relève davantage du dogme et de la croyance plutôt que d'une simple mise en œuvre technologique d'une *privacy by design* et je rappelle que ce dogme de l'inviolabilité est à l'opposé d'une forme de laïcité numérique aujourd'hui essentielle. Il nous faut en effet parvenir à déployer dans le cadre d'un écosystème informationnel connecté, la définition de la *privacy* telle qu'énoncée à la fin du XIXe siècle, c'est-à-dire *à la fois* un « principe de non-nuisance » et un « droit d'être laissé tranquille »[1], y compris lorsque nous emmenons, lorsque nous embarquons dans l'espace public des informations relevant de la sphère privée. Plus que d'un droit à la déconnexion, c'est d'un droit à la décontextualisation de nos pratiques et de nos usages dont nous avons besoin. Alors seulement il

---

1 « Quatre thèses sur la surveillance numérique de masse et la négociation de la vie privée », Antonio Casilli. In : Jacky Richard et Laurent Cytermann. *Le numérique et les droits fondamentaux, Étude annuelle 2014 du Conseil d'État*, La Documentation Française, pp.423-434, 2014, Études et documents, Conseil d'État. <halshs-01055503>.

sera possible de fonder une laïcité numérique permettant de séparer l'État de nos comportements sociaux de l'Église des données via ses différentes chapelles algorithmiques.

Enfin, en termes de *storytelling*, difficile de ne pas pointer le cynisme de la situation dans laquelle des firmes qui ne sont pas précisément connues pour disposer d'un modèle vertueux sur les questions des données personnelles, se posent en chantres d'une défense de la *privacy* qui sert d'abord leurs intérêts commerciaux en leur permettant de se dédouaner des traitements par ailleurs très permissifs qu'elles s'autorisent, en lien ou non avec les autorités, sur nos données personnelles.

Ainsi l'affaire Apple / FBI pose plus largement la question de savoir comment lutter contre le terrorisme sans lutter contre la vie privée dans une époque où gouvernements et plateformes sont contraints de déployer toute leur énergie pour lutter contre la menace terroriste.

Je l'ai déjà rappelé plus haut, plateformes et opérateurs ont, de tout temps, collaboré avec les forces de police et la justice, et cette collaboration, dans un cadre légal – certes discutable pour reprendre l'exemple de la récente loi renseignement votée en France – cette collaboration ne fera que s'amplifier. Et la pression que les politiques de tous bords mettent sur les plateformes – pour de bonnes ou de mauvaises raisons – ne cessera pas d'augmenter. Pour autant il semble clair que légiférer sur la détection et la dénonciation systématique et automatisée de comportements terroristes sera de l'ordre de l'impossible – les plateformes ne le veulent pas – ou, si elle devait être envisagée, elle nous amènerait dans un monde que même Orwell n'aurait pas osé imaginer.

Lutter contre la haine ou contre le terrorisme sur internet mobilise des rapports de force extrêmement complexes entre le code (informatique) et la loi, rapports pour l'instant à l'avantage du code.

Bloquer des sites ou transformer en délit pénal la visite et la consultation régulière de certains sites web sont des mesures parfaitement inutiles qui ne témoignent que de la méconnaissance que notre classe politique a du fonctionnement de l'écosystème internet et lui fournissent un alibi commode pour donner l'impression d'être dans l'action et déplacer le problème.

De leur côté les grandes plateformes sont avant tout soucieuses de préserver leur image de marque et leur capital confiance et sympathie. C'est donc, sans toujours attendre les injonctions du politique ou les nouveaux drames de l'actualité, qu'elles prennent l'initiative, pour éviter d'avoir à faire face aux accusations de complaisance ou de laisser-faire, et déploient, par exemple, des outils visant à propager des contre-discours, à renvoyer plus systématiquement vers des sites de « déradicalisation ». Elles sont également beaucoup plus proactives dans le nettoyage des comptes identifiés comme terroristes.

Mais ce mouvement des plateformes s'accompagne dans le même temps du mouvement des organisations terroristes, qui à leur tour migrent vers d'autres plateformes offrant d'autres garanties de cryptage et de sécurité : après le très controversé Telegram, c'est désormais Threema qui semble avoir leur faveur.

Et nous nous retrouvons au final devant une situation dans laquelle les arguments autour de la neutralité des plateformes, de la lutte contre le terrorisme et de la défense de la liberté d'expression se répondent en écho dans un dialogue de sourds, plombé d'un côté par des arguments économiques et de l'autre par une classe politique qui considère qu'internet devrait être une extension moderne de l'ORTF[2]. Une situation où plus que jamais le code est la loi, et où donc désormais un code – pin – place l'ensemble des smartphones en dehors du champ de perquisition de toute enquête judiciaire, en dehors du pouvoir de rendu public de toute loi. Une situation ubuesque dans laquelle on ferme à la volée des comptes tenant des propos considérés comme faisant l'apologie du terrorisme mais où il est impossible d'accéder aux données du smartphone d'un individu – mort – ayant commis et revendiqué un acte terroriste qui a causé la mort de quatorze personnes.

Reste une fragile certitude – que vient très heureusement de rappeler le Conseil Constitutionnel – la démocratie nécessite le recours à un juge. Il faudra s'en souvenir dans les débats des dix prochaines années qui ne manqueront pas d'apparaître autour de ces questions.

En attendant, la responsabilité de l'entrepreneur Tim Cook et de la firme Apple aura constitué un jalon essentiel dans l'avenir de nos démocraties numériques, en se posant comme une fin de non-recevoir adressée à la justice et dont on retiendra quatre chiffres qui fracassent de manière peut-être irrémédiable la conception d'une démocratie ouverte dans laquelle, si l'on veut que nul ne soit au-dessus des lois, il faut peut-être commencer par réfléchir à la posture de ceux qui fabriquent et vendent des dispositifs de connexion et de stockage résistants à tout processus d'investigation permis par les lois, des dispositifs littéralement hors-la-loi.

On ne peut pas d'un côté condamner la multiplication des boîtes noires aux mains des États, s'alarmer de l'opacité des

---

2 L'Office de radiodiffusion-télévision française : l'organisme unique de tutelle de la production et des émetteurs de radio et de télévision, de 1964 à 1974.

algorithmes des plateformes, et de l'autre réclamer un droit aux boîtes noires pour chaque citoyen, sauf à considérer qu'un citoyen doit d'abord jouir des prérogatives d'un client Apple. 700 millions de boîtes noires. Une démocratie de clients.

Pomme Pomme Pomme… Suppr.

Affordance.info, février 2016

À propos de l'affaire opposant Apple et le FBI, j'entends bien sûr l'ensemble des arguments, d'ailleurs souvent très sensés, de ceux qui rappellent que céder à cette demande pour « un » iPhone dans le cadre « d'une » affaire, remettrait en cause le niveau de sécurité de l'ensemble des iPhone pour l'ensemble des clients en possédant un. J'entends bien sûr que la demande du FBI pourrait s'étendre à d'autres affaires, que le FBI a d'ailleurs déjà demandé à Apple de déverrouiller d'autres iPhone dans d'autres affaires. J'entends que la protection de la vie privée est aujourd'hui une question essentielle, et pas uniquement dans l'optique du *storytelling* d'une campagne marketing opportunément menée.

Mais je maintiens que l'ensemble des clients d'une entreprise privée ne doivent pas, comme autant de citoyens qu'ils demeurent avant tout, disposer d'un espace « privé » en mesure de résister à toute procédure diligentée par un juge dans le cadre d'affaires criminelles. Je maintiens également qu'il est plus que périlleux de laisser à des fabricants de matériel – Apple – ou à des fournisseurs de service – Google,

Facebook et les autres – le soin de définir la vie privée et de procéder à des arbitrages en défense cette définition qui relégueraient la justice au rang de simple auxiliaire.

Ces firmes ont naturellement le droit d'avoir un avis sur le sujet, de mettre en place des stratégies cohérentes dans le cadre de leur image ou de leur stratégie de développement, mais elles n'ont pas à décréter l'inviolabilité a priori ou a posteriori d'un espace personnel ainsi devenu résistant à toute forme d'investigation judiciaire. Offrir des garanties de confidentialité n'est pas la même chose que d'instituer de fait des espaces hors-la-loi, donc hors-la-cité, donc hors toute possibilité de contrôle démocratique (c'est-à-dire sous le contrôle d'un juge). Ou alors rétablissons et généralisons le secret bancaire à l'ensemble des démocraties…

Dire tout cela ne fait pas pour autant émerger de solution. D'autant qu'à l'image de tous les bons vieux films de procès américains, Tim Cook nous a fait le coup de « l'objection rejetée ». Mais si, souvenez-vous. Un procès, un accusé et des jurés. Et soudain le méchant procureur sort un argument dont il sait qu'il sera retoqué par le juge sur demande de l'avocat du gentil accusé parce qu'il ne concerne pas l'affaire en train d'être jugée ou qu'il est complètement hors sujet, mais dont il sait surtout qu'il fera mouche auprès du jury, jury qui, après avoir entendu cet argument, ne pourra pas simplement « l'effacer de son esprit » et en tiendra nécessairement compte au moment de formuler son verdict.

L'argument de Tim Cook est un argument de généralisation abusive, ou, pour rester dans le domaine informatique, un argument de scalabilité. Une rhétorique très habile mais appuyée sur une logique bancale. Quand un juge demande à Tim Cook de déverrouiller un iPhone dans le cadre d'une affaire de terrorisme, Tim Cook répond : si nous déverrouillons celui-ci, n'importe qui pourra déverrouiller n'importe quel autre pour n'importe quelle raison. Sauf que c'est faux. Sauf que c'est déjà parfaitement possible. Une seule personne, un seul dispositif est concerné mais Tim Cook nous dit « vous êtes tous concernés ». Et une fois ce (faux) raisonnement acté, il peut alors enchaîner sur la phase deux : après avoir joué sur notre « peur » de voir ainsi la justice venir fourrer le nez dans nos petites affaires rangées dans notre iPhone, il n'a plus qu'à décliner la « peur » que ce soient des terroristes ou des organisations ou des États malveillants qui s'infiltrent nuitamment dans nos petits secrets d'iPhone. Comme si les terroristes et/ou États et organisations malveillantes avaient besoin de ça, comme s'ils n'étaient pas déjà en pleine capacité de le faire sur une immensité de données et de comportements face auxquels ceux contenus dans notre iPhone relèvent de la portion congrue.

Mais l'argument fait mouche pour trois raisons. *Primo* parce que nous sommes tous devenus des flippés-dépités de la *privacy*. *Deuxio* parce que les états démocratiques ont, sur le sujet, fait à peu près tout ce qu'il fallait pour s'assurer de perdre durablement toute crédibilité et toute confiance (des pathétiques pataugeages des différentes « chartes » des données personnelles jusqu'au scandale de la NSA). Et *tertio* parce que les grandes firmes comme Apple (et d'autres) ont parfaitement su se glisser dans ce gouffre béant d'incompétence, de malversations et d'atermoiements étatiques pour construire un argumentaire commercial visant à transférer sur leurs écosystèmes un capital confiance qu'elles ont ainsi tout loisir de continuer de mettre à mal dans le cadre des collaborations régulières qu'elles ont toujours entretenues avec des États dans l'unique but de préserver, de conquérir ou d'étendre leur marché.

Faute d'avoir pu et su poser convenablement, dans les temps et dans le cadre démocratique imparti, le débat sur la question de l'articulation entre la *privacy* (qui est un peu plus large que celui sur la « vie privée ») et l'exercice de « rendu public » consubstantiel à nos démocraties ; devant l'incurie des États et les enjeux financiers colossaux concernés ; et devant la sordide actualité de la menace terroriste, nous nous retrouvons désormais dans une situation très inquiétante d'escalade. Par-delà les iPhone, Apple vient en effet d'annoncer qu'il comptait aller encore plus loin dans le chiffrement sur iCloud.

Nouvelle escalade pour un nouvel équilibre de la terreur ? Terreur de la transparence. Indépendamment des solutions de chiffrement déjà existantes et utilisées (aussi bien d'ailleurs par des terroristes que par des journalistes et des lanceurs d'alerte), c'est à terme chaque citoyen qui pourra disposer d'outils de cryptographie dont aucun terroriste / lanceur d'alerte / journaliste n'aurait imaginé un jour pouvoir disposer. Confrontés à cela les États n'auront d'autre choix que celui d'une surenchère pour dissimuler en permanence une surveillance généralisée au moyen de techniques effectivement toujours plus intrusives, afin de précisément pouvoir contourner des niveaux de chiffrement individuels de plus en plus élevés. Et c'est lorsqu'il sera une nouvelle fois trop tard que nous mesurerons la justesse de la maxime de Benjamin Franklin : « *Un peuple prêt à sacrifier un peu de liberté pour un peu de sécurité, ne mérite ni l'une ni l'autre, et finit par perdre les deux.* »

Nous pensons qu'Apple œuvre pour notre liberté en renforçant les niveaux de cryptage. L'argument de scalabilité de Tim Cook nous fait croire que la demande d'un juge dans le cadre d'une enquête terroriste pourrait de manière totalement paradoxale remettre en cause la sécurité de chacun d'entre nous. La confusion entre « sécurité » et « liberté » est ici totale. Comme est totale la confusion entre ceux à qui devrait légitimement incomber la responsabilité de protéger et de défendre et l'une et l'autre. J'allais écrire de ces deux « valeurs », mais non, la liberté est une valeur, la sécurité est un droit. Et le droit est au service des valeurs. Le droit est ce qui permet de défendre des valeurs. Le droit à la vie privée, oui. Le droit au secret, non.

Est-ce à une entreprise commerciale d'accorder à un ensemble de citoyens un droit au secret ? En bouclant cet article m'est revenu à l'esprit cette tribune de Serge Tisseron au sujet d'un autre droit, d'une autre liberté : le « droit à l'oubli ». Voici ce qu'il écrivait dans une entrevue à Libération[3] :

> *Pourtant, la possibilité d'effacer est-elle bien la solution ? Si une technologie simple permettait à chacun de faire disparaître d'internet ce qui lui déplaît, le risque ne serait-il pas que chacun fasse encore moins attention à ce qu'il y met ? Le droit à l'oubli pourrait alors rapidement encourager l'oubli du droit.*

Si une technologie simple permet à chacun de définitivement dissimuler au regard de la justice ce qu'il souhaite au moment où il le souhaite, le risque n'est-il pas que chacun ait la tentation de tout dissimuler ? Le droit à la vie privée pourrait alors rapidement encourager la privatisation de l'ensemble des espaces de vie où doit pouvoir s'exercer le droit. Il semble hélas que nous en soyons très exactement là.

---

3 « Le droit à l'oubli sur internet : une idée dangereuse », Serge Tisseron, *Libération*, 6 décembre 2012. http://www.liberation.fr/ecrans/2012/12/06/le-droit-a-l-oubli-sur-internet-une-idee-dangereuse_958944.

La transparence des cryptes

Affordance.info, avril 2016

Depuis qu'a débuté l'affaire Apple contre le FBI, voilà ce à quoi nous assistons : d'un côté des firmes technologiques qui basculent dans des solutions de chiffrement de plus en plus élaborées pour l'ensemble des moyens et outils de communication qu'elles proposent au grand public. Après Apple c'est donc WhatsApp qui va chiffrer par défaut l'ensemble des communications de son milliard d'utilisateurs. Et de l'autre côté, l'aspiration à une société de la « transparence » à l'échelle du pouvoir politique et économique, aspiration dont Wikileaks fut le révélateur, Julian Assange et Edward Snowden les hérauts, et les Panama Papers le dernier (mais hélas non ultime) avatar.

Et au milieu du fracas du monde et de ses révélations, entre terrorisme et malversations financières planétaires, un père, un père en deuil qui souhaite récupérer les dernières photos capturées dans le smartphone de son fils adolescent et qui demande à Apple de le déverrouiller[4].

Si la démocratie est avant tout affaire de « rendu public », internet et le web ont tenu la promesse de rendre la publication accessible à chacun d'entre nous. Bien plus que la possibilité d'écrire, ils nous ont offert la possibilité de publier. Le lanceur d'alerte est devenu en quelques années la nouvelle

4 « Un père demande à Apple de débloquer l'iPhone de son fils décédé », Guillaume Champeau, *Numerama*, 31 mars 2016. http://www.numerama.com/politique/158187-un-pere-demande-a-apple-de-debloquer-liphone-de-son-fils-decede.html.

figure tutélaire de ce rapport schizophrène du politique au rendu public, affirmant dans les médias qu'il faut protéger les lanceurs d'alerte et refusant à Julian Assange et à Edward Snowden l'asile politique.

D'un côté donc les « leakers » et autres « lanceurs d'alerte » qui ont fait profession de rendre public ce qui n'a pas vocation à l'être. De l'autre côté le citoyen lambda pris dans les rets d'un chiffrement qu'il ne choisit pas, qu'on lui vend comme une garantie de vie privée, et qui transforme chacun de ses terminaux, chacune de ses communications en une bastille numérique imprenable. Et au centre, les algorithmes des multinationales et des grandes plateformes de l'internet qui font la loi. « Code is Law » dans une grande salade coleslaw crypto-algorithmique au sein de laquelle démêler les choux de la vie privée des oignons du cryptage mesuré et choisi et des carottes râpées des intérêts partisans ou mercantiles devient une gageure impossible tant ils sont noyés dans la grande mayonnaise algorithmique.

La promesse – marketing – des grandes firmes technologiques n'est pas celle de la vie privée mais celle du secret. La vie privée c'est la possibilité offerte de préserver du regard d'autrui un certain nombre de documents et de comportements. Mais cette préservation ne fonctionne que sur la base d'un contrat social qui implique un échange et une confiance mutuelle. Le journal intime que les adolescents griffonnent sur un cahier (fermé ou non par un cadenas) peut facilement être lu. Les activités intimes que nous pratiquons dans notre chambre ne relèvent de la vie privée que tant que tient la convention de frapper avant d'ouvrir une porte fermée et de respecter l'espace clôt que représente la chambre ainsi fermée. Le secret est une tout autre chose. Le secret se moque du contrat social. Il est, *per se*, une garantie suffisante qui dispense de tout effort de négociation collective, de toute projection partagée de l'espace public dont les espaces privés sont inter-dépendants.

La garantie du secret, celle qui nous est par exemple vendue par Apple, est un aiguillon pour toutes les tentatives de dissimulation. C'est une garantie qui nous isole. Le droit d'avoir une vie privée, à l'inverse, nous place au cœur d'interactions qui nous obligent en retour à respecter celle des autres. Plus prosaïquement (et dans une logique mercantile), cette garantie du secret est aussi l'occasion pour les grandes firmes de doper le rythme, l'ampleur et la nature de nos publications et d'optimiser ainsi leurs revenus publicitaires. Pour s'en convaincre on pourra notamment se reporter à l'engouement (et à la déception) qui suivit le concept et les plateformes du « web éphémère » : chacun ayant initialement cru que les publications s'effaçaient rapidement, automatiquement et définitivement se prit au jeu de publier encore davantage et d'abaisser d'un cran supplémentaire son niveau de vigilance sur celles relevant de la vie privée. La promesse du web éphémère n'étant aujourd'hui plus tenable (nombre de démonstrations ont été faites que ces effacements n'étaient en aucun cas définitifs), plateformes et constructeurs nous vantent et nous vendent aujourd'hui l'autre fausse promesse, celle d'un chiffrement et d'une sécurisation totale.

Pourtant jamais dans leur argumentaire les grandes firmes n'évoquent le terme de « secret ». Un terme trop négativement connoté : « secret bancaire », « secret des affaires », etc. Elles lui préfèrent celui de « vie privée » ou de « confidentialité ». Il est important de noter le renversement complet de l'argumentaire des grands écosystèmes du web autour de la vie privée. Il y a peu, ces mêmes firmes qui nous vantent aujourd'hui l'importance d'offrir un niveau de chiffrement absolu sur la moindre de nos communications étaient celles qui nous expliquaient que la vie privée n'existait pas (ou était une anomalie) et que si nous n'avions rien à nous reprocher alors nous n'avions rien à – leur – cacher. Il y a peu, ce qui était suspect était la tentation de préserver un semblant de vie privée ; désormais, ce qui est suspect est de ne pas réclamer à hauts cris un niveau de chiffrement résistant à l'ensemble des agences de renseignement de la planète pour la moindre photo de vacances ou le moindre échange de SMS avec nos proches.

L'étendue de l'activation des systèmes de cryptage par défaut proposés par les grands constructeurs (Apple) ou les grandes firmes de service (WhatsApp, propriété de Facebook) transforme chacun d'entre nous en autant de cabinets Mossack Fonseca[5] capables de toutes les dissimulations, à l'abri de toute justice, en ôtant la question morale du mobile, de la motivation, du pourquoi. La dissimulation, le secret, ne sont plus établis pour se soustraire à tel ou tel type d'investigation mais ils sont décrétés et activés par défaut.

La sphère politique étant pour l'instant incapable de se positionner clairement sur ces questions fondamentales, et les organismes consultatifs – comme la CNIL – se trouvant nécessairement enfermés dans un discours qui ne peut aller au-delà de ce qui fonde la légitimité de leur existence, la bataille entre les géants du web et la loi sur ces questions fondamentales pour nos démocraties ne fait que commencer. L'affaire « Apple / FBI » n'aura été que le prélude.

---

5 Cabinet d'avocats panaméen mis en cause dans l'affaire de fraude fiscale et de blanchiment dite des « Panama Papers ».

In Algorithms We Trust

Pour paraphraser maladroitement Malraux on pourrait dire que le XXIe siècle sera algorithmique ou ne sera pas. De fait les algorithmes sont au centre de la plupart de nos interactions sociales, culturelles, informationnelles, amicales, et chaque jour davantage en capacité de prendre des décisions et non plus simplement d'inférer ou de suggérer des comportements à partir d'un ensemble de données existantes. Pourtant, malgré cette toute-puissance apparente, la plupart des interactions algorithmiques sont des interactions « de bas niveau », qui régulent, ordonnent, priorisent les échanges que nous avons sur Facebook, les vidéos que nous relayons et partageons sur YouTube : des algorithmes de la routine. Ciblage personnalisé, nouveaux dilemmes moraux lorsqu'il s'agit de prendre des décisions pouvant sauver ou condamner des vies, il nous faut à la fois être capables de lire mais également de déconstruire le grand récit algorithmique. Avec cette question centrale de l'éditorialisation algorithmique, celle, à tout le moins, du rendu public de la partie du code qui est assimilable à un processus classique d'éditorialisation : qui choisit d'afficher tel contenu sur notre mur Facebook, de mettre en avant tel résultat de recherche sur Google ? Qui, et surtout, comment ? Poser cette question, c'est poser une question politique, car il n'y a pas de démocratie sans exercice de rendu public.

Kakonomie

Affordance.info, janvier 2011

Chaque année, le magazine *The Edge* pose une question à un aréopage de chercheurs, et de scientifiques. La question de l'année 2011 est: «*Quel concept scientifique permettrait d'améliorer l'outillage cognitif de chacun?*»

Sur son blog, Gloria Origgi, philosophe au CNRS, répond par le concept de kakonomie (*kakonomics*). La kakonomie, c'est «*l'étrange préférence pour des échanges de mauvaise qualité*»[1]. Plus précisément, la kakonomie repose sur le postulat inverse de celui de la théorie des jeux selon lequel les gens, dans un échange (de biens, de services, d'idées) veulent, chacun de leur côté, recevoir le meilleur. La kakonomie décrit donc le cas où les gens préfèrent donner/échanger un bien de qualité médiocre contre son équivalent, également de qualité médiocre. Il y a donc une entente sur ce que Gloria Origgi appelle «*a Low-Low exchange*»:

> *La kakonomie c'est l'étrange mais très largement partagée préférence pour des échanges médiocres tant que personne ne trouve à s'en plaindre.*

Et de donner plusieurs illustrations: «*j'attache de l'importance au fait que tu ne tiennes pas toujours toutes tes promesses*

1 «Kakonomics. Or, the strange preference for Low quality outcomes», Gloria Origi, 17 janvier 2011. http://gloriaorigi.blogspot.fr/2011/01/kakonomics-or-strange-preference-for.html.

parce que je veux être libre de ne pas tenir toutes les miennes sans pour autant m'en sentir coupable». Dans un autre billet, elle décrit également Facebook comme l'exemple type de l'interaction kakonomique (*Low-Low exchange*) :

> *Pour quelle raison est-ce que les gens vous disent toute la journée qu'ils ont plein de choses à faire, qu'ils n'ont pas une minute pour manger avec vous, des tas d'articles à finir, etc., alors que vous les retrouvez sur Facebook toute la nuit sans qu'ils éprouvent le moindre sentiment de culpabilité? Parce que sur Facebook nous échangeons médiocrement ensemble: ils aiment vous voir perdre votre temps à rédiger des commentaires et partager des vidéos YouTube parce qu'ils font exactement la même chose et que cela les fait se sentir moins coupables dans leur propre perte de temps. Les amis Facebook sont des amis médiocres* (low-friends) *: ce sont des partenaires dans la production de toutes sortes de choses sans aucune valeur ajoutée à longueur de soirée plutôt que d'écrire une seule ligne de ce qu'ils devraient écrire.*

Et d'ajouter :

> *Facebook et d'autres sites similaires (Twitter, etc.) sont des exemples de l'économie du nouveau millénaire, la face ignorée des préférences humaines que nous souhaitons cacher dans l'espace public* « high » *(de haute qualité), mais que nous adorons partager avec des gens dont nous sommes sûrs qu'ils sont attachés aux mêmes standards* « low » *(de qualité médiocre).*

Ainsi donc, toujours selon Gloria Origgi :

Dans tous les échanges kakonomiques, les deux parties semblent mettre en place un double contrat : un pacte officiel dans lequel elles déclarent leur intention d'avoir des échanges de haute qualité, et un accord tacite stipulant que des échanges de faible valeur ajoutée ne sont pas seulement permis mais espérés.

Et d'affiner encore sa définition :

La kakonomie est régulée par une norme sociale tacite visant à brader la qualité, une acceptation mutuelle pour un résultat médiocre satisfaisant les deux parties, aussi longtemps qu'elles continuent d'affirmer publiquement que leurs échanges revêtent en fait une forte valeur ajoutée.

L'invention de ce terme permet d'éclairer sous un jour nouveau les débats sur le fait qu'internet nous rendrait (ou non) stupide. Les débats autour d'une « bêta culture » ou culture des « versions bêta », c'est-à-dire se satisfaisant là encore, d'un produit non-finalisé en échange de retours (de qualité médiocre ?) des utilisateurs. Il éclaire également les débats autour de l'importance, justifiée ou non, donnée à la figure de l'amateur (ou au culte de l'amateurisme). L'intérêt du concept de kakonomie proposé par Gloria Origgi est qu'il permet de qualifier la nature des processus à l'œuvre sans pour autant avoir besoin de se positionner pour ou contre une théorie particulière.

De la page au cerveau : le grand récit algorithmique

Affordance.info, novembre 2015

Bloomberg a publié une interview très commentée de Greg Corrado, le monsieur « intelligence artificielle » chez Google, dans laquelle il est question de la mise en place, il y a quelques mois de cela, d'un nouvel algorithme baptisé RankBrain.

Google s'est construit sur une formule mathématique simple et publique : celle de son premier algorithme, le PageRank.

$$PR(A) = (1\text{-}d) + d\,(PR(T1)/C(T1) + \ldots + PR(Tn)/C(Tn))$$

Voilà donc le Pagerank. Nul ne sait vraiment si ce nom renvoie – hypothèse la plus probable – au simple principe de classement (*ranking*) de pages (web) ou – hypothèse la plus séduisante – au nom de son principal développeur, à savoir Larry Page.

Suffisante en 1998 pour enterrer la concurrence et instaurer un nouveau paradigme dans le monde des moteurs de recherche, cette seule formule s'est enrichie, à sa périphérie, par une liste de plus en plus étoffée de différents critères, paramètres et autres variables qui constituent, désormais, le cœur de l'algorithmie du géant de Mountain View. Le PageRank d'aujourd'hui n'a, hormis la formule mathématique initiale, plus grand-chose à voir avec le PageRank initial. Et l'on apprend donc que désormais Google introduit de l'intelligence artificielle, plus exactement du *machine learning* dans son algorithmie : nom de code RankBrain.

La totalité des critères et des routines algorithmiques qui composent l'algorithmie globale de Google sont regroupés au sein de sous-ensembles algorithmiques dédiés, disposant chacun de leur propre toponymie comme rappelé dans cet article d'*Arobasenet*[2] :

> *RankBrain fait partie de l'algorithme global Hummingbird [...] Et précisons qu'Hummingbird contient également d'autres filtres ou algorithmes dont les noms sont familiers pour ceux qui exercent dans le domaine du référencement, tels que Panda qui pénalise le contenu de faible qualité, Penguin qui lutte contre les liens factices, Payday conçu pour lutter contre les requêtes spammy, ou encore Pigeon visant à améliorer les résultats locaux, Mobile-Friendly, et Pirate destiné à lutter contre la contrefaçon en ligne.*

À tout cela il faut ajouter quelque chose que l'on pourrait appeler des « composants algorithmiques fonctionnels dédiés », par exemple le Knowledge Graph, premier pas de Google sinon vers le web sémantique, du moins vers une sémantisation enrichie et automatique des requêtes. Ces composants fonctionnent par couplage avec des bases de données externes à la firme (Freebase par exemple qui est une émanation des données issues de Wikipédia), et permettent

2 « RankBrain : 1er signal de classement sur Google utilisant l'intelligence artificielle », Noël Guessant, Arobasenet, 2013. http://www.arobasenet.com/2015/11/google-rankbrain-intelligence-artificielle-2408.html.

(grâce à l'algorithme donc) de générer des informations structurées et sémantisées liées à différents types de requêtes.

Ajoutons enfin que les différents écosystèmes de services qui gravitent autour de Google peuvent avoir des algorithmes dédiés (c'est par exemple le cas de Google News) ou bien ré-agencer dans un ordre différent et avec des échelles de pondération également variables tout ou partie des – nombreux – critères qui composent le PageRank : ainsi Google n'indexe pas de la même manière et ne donne pas accès en fonction des mêmes règles à sa base d'images (Google Images), de vidéos (YouTube), aux posts publiés sur son réseau social (Google +), etc.

En résumé dans le grand récit algorithmique de Google nous avons donc :

– Une formule mathématique « simple et publique ».

– Une liste de plusieurs centaines de critères dont la pondération et la hiérarchisation varient chaque année, et de manière plus significative lors de chaque nouvelle mise à jour algorithmique importante.

– Des ajustements algorithmiques (appelons-les des facettes) qui permettent au moteur de s'adapter à la variété des contenus à indexer (images, vidéos, etc.).

– Un bestiaire (pandas, pingouins, colibris, etc.) qui permet de cibler tel ou tel type de pratique et/ou de contenus et d'assigner un volet algorithmique dédié à leur traitement.

– Et des briques fonctionnelles dédiées (Knowledge Graph) reposant en partie sur des banques de données externes.

Le tout est périodiquement remixé dans le grand shaker de l'introduction d'un nouveau composant algorithmique. Et donc la sortie de « RankBrain ».

Si, pour ce nouvel algorithme RankBrain, Google n'a pas choisi de continuer à alimenter la toponymie de son bestiaire et s'il a plutôt fait le choix de reprendre la notion de *ranking* en l'associant à celle du cerveau, c'est peut-être pour poser, de manière sémantique autant que symbolique, un véritable jalon, une étape décisive de sa mue : de l'organisation à l'organe, de l'organe à l'organique.

Il n'est plus ni suffisant ni satisfaisant d'ordonner, de classer des pages. Il faut confier à une entité désignée comme organique, « cérébrale », le soin de mettre en ordre le monde dans la perception médiée par le numérique qui nous en est offerte au travers de l'écosystème de services de Google, à commencer par son moteur de recherche. Un cerveau classant et glaçant.

Car si le RankBrain s'appuie sur une ingénierie parfaitement documentée autour du *machine learning*, comment ne pas y voir, en écho, la touche sémantique de l'idéologie transhumaniste de Ray Kurtzweil (qui est, rappelons-le, à la tête de l'entité Google X) ?

La dimension « intelligence assistée » qui est derrière les techniques de *machine learning* utilisées par le RankBrain poursuit plusieurs objectifs. Il s'agit d'abord de permettre d'adresser (et donc de répondre), par inférence, à des requêtes non-standard, c'est-à-dire inédites dans la gigantesque archive des questions déjà posées au moteur et qu'il est capable de mobiliser en activant sa mémoire cache pour nous resservir les pages y répondant (en adaptant bien sûr la réponse en la personnalisant).

Ce nouvel algorithme lancé il y a quelques mois est capable d'apprendre de nouvelles choses, de nouveaux mots, de nouvelles expressions et de les intégrer automatiquement dans sa base de données. Son objectif est de mieux comprendre le sens des mots se trouvant dans les pages web mais aussi les expressions spécifiques à chaque langue et les synonymes des mots. RankBrain est également capable de proposer aux internautes des pages qui ne contiennent pas les mots de leur requête mais qui traitent du sujet; il se base pour cela sur les connexions entre les mots. Ce système ultra-perfectionné se charge déjà de traiter les requêtes encore jamais vues par Google, celles-ci sont au nombre de 450 millions par jour.[3]

450 millions, cela représente tout de même 15% des requêtes quotidiennes[4]. Ce seul chiffre et ce seul objectif est à lui seul hallucinant. Car ce dont nous parlons ici n'est rien d'autre que le récit de la bibliothèque universelle de Borges, sauf qu'il ne s'agit plus de livres, mais de requêtes. Des requêtes dont la longueur moyenne ne cesse par ailleurs d'augmenter, et continuera de le faire avec l'essor des requêtes vocales. Ce que Google constitue n'est rien d'autre que la bibliothèque universelle de l'ensemble des questions / requêtes formulables et de la liste des sites permettant d'y répondre. Dans son récit, Borges postule l'existence de cette bibliothèque dans laquelle la totalité des livres composés de la totalité des mots organisés dans la totalité des possibilités combinatoires. À la différence du récit de Borges, Google

3 « SEO : Google intègre l'intelligence artificielle de RankBrain dans son algorithme », Emmanuel Ghesquier, *Presse-Citron*, 28 octobre 2015. http://www.presse-citron.net/seo-google-integre-lintelligence-artificielle-de-rankbrain-dans-son-algorithme/.

4 « RankBrain : premier signal de classement sur Google utilisant l'intelligence artificielle », Noël Nguessan, *Arobasenet*, novembre 2015. http://www.arobasenet.com/2015/11/google-rankbrain-intelligence-artificielle-2408.html.

est, lui, réellement en train de constituer cette bibliothèque universelle des requêtes. Google, ou plus exactement le composant algorithmique RankBrain, est en train de déployer une technologie permettant de construire la bibliothèque de toutes les questions possibles, de les comprendre, et d'y apporter des réponses. *Ses* réponses. C'est vertigineux.

> *Et de tous les signaux (plusieurs centaines, selon Google) entrant en ligne de compte pour organiser les résultats lors d'une requête, RankBrain se classe en troisième place par ordre décroissant d'importance. C'est considérable.* [5]

L'autre intérêt de cette technologie (et la dimension fascinante qui vient alimenter le grand récit algorithmique) est celui qui permet de faire un pas de plus, là encore par inférence, dans ces algorithmes de la routine. Ainsi la fonctionnalité de Gmail, baptisée Smart Reply, lancée le 3 novembre 2015, va permettre, pour certains mails, de vous proposer des réponses prérédigées. Le but ici poursuivi est assez proche du célèbre test de Turing, au moins dans son ambition première : il s'agit de s'attaquer au langage (grâce au *machine learning* et au *deep learning*) mais dans sa dimension conversationnelle. Ce qui est beaucoup plus complexe à mettre en place que les réponses proposées par Google Suggest qui s'appuient sur un processus de requêtage déjà très formaté.

---

5 « Google fait appel à l'IA pour les requêtes ambiguës », Julien Lausson, *Numerama*, 28 octobre 2015. http://www.numerama.com/sciences/128510-google-fait-appel-a-lia-pour-les-requetes-ambigues.html.

RankBrain pourrait également permettre une meilleure compréhension des requêtes vocales complexes (Presse-Citron).

Un domaine dans lequel il va falloir disposer très rapidement de marges de progression significatives tant les interfaces vocales semblent avoir vocation à supplanter à moyen terme le recours à l'écrit.

Comme tous les grands récits, le grand récit algorithmique pose une question majeure, une question morale. Cette question est tout entière contenue dans cette citation :

Dans le cas de Smart Reply, les ingénieurs de la société n'ont pas écrit des lignes et des lignes de code informatique pour tenter de prévoir les innombrables scénarios possibles – une tâche presque impossible à accomplir. Ils ont au contraire bâti un algorithme capable de déterminer tout seul les réponses à proposer.[6]

Cette question n'est pas celle du fantasme de l'émergence d'une intelligence artificielle qui pourrait un jour nous devenir hostile. Cette question est liée à l'article fondateur de Lessig en 2001, « Code is Law ». Un texte dans lequel on peut lire ceci :

Si c'est le code qui détermine nos valeurs, ne devons-nous pas intervenir dans le choix de ce code ? Devons-nous nous préoccuper de la manière dont les valeurs émergent ici ? En d'autres temps, cette question aurait semblé incongrue. La

6 « La Silicon Valley se convertit au "machine learning" », Jérôme Marin, *Le Monde*, 12 novembre 2015. http://www.lemonde.fr/economie/article/2015/11/12/l-intelligence-artificielle-fait-rever-les-geants-du-web_4807768_3234.html.

démocratie consiste à surveiller et altérer les pouvoirs qui affectent nos valeurs fondamentales, ou comme je le disais au début, les contrôles qui affectent la liberté. En d'autres temps, nous aurions dit : Bien sûr que cela nous concerne. Bien sûr que nous avons un rôle à jouer.

Oui les programmes informatiques (les algorithmes donc) véhiculent des valeurs, oui un algorithme peut être de gauche, ou de droite, ou raciste, ou empathique si son programmeur l'est lui-même. Mais à l'heure où, grâce au *machine learning*, les algorithmes « apprennent » seuls, comment les contrôler ? Comment ces méta-règles d'apprentissage peuvent-elles encore, ou non, être corrélées à une chaîne de valeurs qui soient autre chose que de simples variables ? Et en cas d'abus ou de bug manifeste, qui pourra en répondre ? Sera-t-on seulement encore capable de le détecter ?

Souvent algorithme varie, bien fol qui s'y fie

Affordance.info, avril 2015

La phrase est connue. Elle est de Victor Hugo qui la prêta à François 1er : « Souvent femme varie, bien fol qui s'y fie ». On pourrait en dire de même des algorithmes, qui ont certes peut-être leur part de féminité, mais dont les développeurs sont majoritairement des hommes. Peut-être est-ce aussi l'une des raisons de la crainte irraisonnée qu'ils nous inspirent.

C'est en l'occurrence Facebook qui vient une nouvelle fois d'annoncer un énième changement dans son algorithme. En fait trois nouveaux changements. Le premier permettra (ou en tout cas n'interdira plus) de voir plusieurs posts d'une même source (un ami, une marque, une personnalité) sur votre mur[7].

> *Auparavant nous avions des règles qui limitaient l'affichage de posts en provenance de la même source. Avec cette mise à jour nous assouplissons cette règle.*

Le deuxième changement joue sur la règle désormais classique du FOMO (*Fear Of Missing Out*) et du WYWA (*While You Were Away*). Facebook va donc davantage pondérer et faire remonter les contenus des amis auxquels « vous tenez le plus ».

> *Nous avons également appris que les utilisateurs regrettaient de rater des mises à jour importantes de leurs amis proches. Pour les utilisateurs disposant d'un grand nombre d'amis ceci est d'autant plus important qu'ils ont un très grand nombre de nouveaux contenus à voir chaque jour. La seconde mise à jour essaie de garantir que les contenus postés par les amis dont vous êtes proches, leurs photos, leurs vidéos, leurs mises à jour de statuts ou leurs liens, seront mieux positionnés dans le* newsfeed *de façon à ce que vous risquiez moins de les manquer. Si vous voulez lire des actualités ou interagir avec*

---

7 « News Feed FYI: Balancing Content from Friends and Pages », Max Eulenstein et Lauren Scissors, 21 avril 2015. https://media.fb.com/2015/04/21/news-feed-fyi-balancing-content-from-friends-and-pages/.

> *les posts des pages que vous aimez, vous continuerez de voir ces contenus dans votre* newsfeed. *Cette mise à jour s'efforce de trier les contenus les plus adaptés à chaque individu.*

Notez bien la dernière phrase de l'argumentaire de Facebook : «*cette mise à jour s'efforce de trier les contenus les plus adaptés à chaque individu*».

Troisième et dernier changement (pour cette fois en tout cas), il s'agit de faire redescendre (et donc *in fine* de masquer) les contenus à faible valeur ajoutée, c'est-à-dire ceux qui concernent les interactions ou commentaires de nos amis avec différentes pages («Jean-Paul a *liké* la page PSG» ou «Nathalie a commenté la page sac à main de Zara»).

> *Enfin, de nombreux utilisateurs nous ont dit qu'ils n'aimaient pas voir les suites des « Like » ou des commentaires déposés par leurs amis sur un post. Cette mise à jour minorera l'apparition de ces suites dans le* newsfeed *ou les fera complètement disparaître, de manière à ce que vous voyiez davantage les contenus qui vous intéressent venant de vos amis ou des pages que vous aimez.*

De l'autre côté des algorithmes, il y a les gens, et leurs usages. L'usage qu'ils font de ces sites sous coupe réglée algorithmique. Et cela tombe bien puisque quelques jours avant l'annonce des changements de l'EdgeRank, *Le Monde* publie[8] les premiers résultats de l'équipe qui, sous la direction de Dominique Cardon, travaille à caractériser nos usages

8 «Une étude révèle les trois grands profils d'utilisateurs sur Facebook, David Larousserie, *Le Monde*, 17 avril 2015. http://www.lemonde.fr/pixels/article/2015/04/17/une-etude-revele-les-trois-grands-profils-d-utilisateurs-sur-facebook_4618227_4408996.html.

de Facebook à partir d'une application baptisée Algopol et qui, une fois installée et reliée à votre compte Facebook vous permet de jouer de manière bluffante avec vos données. Et ces résultats sont les suivants.

Le syndrome SIT: « Stay In Touch ». Facebook permet de maintenir le contact, et ce très souvent de façon passive.

> *Facebook sert plus à la conversation, en écrivant sur la page de ses amis, et à la veille passive, pour rester en contact avec son réseau, qu'à l'activité tous azimuts.*

Confirmant les analyses bourdieusiennes et celles plus récentes, de danah boyd, les usages sur les réseaux sociaux renvoient à des pratiques culturelles sociologiquement clivées.

> *Les liens que partagent les cadres et les professions libérales sont fort différents que ceux que transmettent les ouvriers et les employés. Les premiers postent beaucoup plus de liens renvoyant vers des médias étrangers, alors que les seconds préfèrent les médias grand public.*

Plus intéressantes – ou en tout cas moins attendues – sont les autres conclusions de cette étude qui distingue trois grands modes d'interaction permettant de caractériser des typologies d'utilisateurs. D'après Dominique Cardon :

> *– 15 % de gens publient « chez eux ». C'est la figure et l'archétype de l'égocentré et autre adepte du selfie.*
> *– 30 % de gens publient « chez les autres ». Cette catégorie est plus jeune que la première et concerne les personnes qui*

écrivent davantage sur les pages des autres que sur la leur. « Facebook est pour eux une forme de chat ».
– 55 % des gens regardent sans publier. Le groupe dominant est donc constitué des spectateurs et partageurs, « C'est une passivité active et c'est un usage qui est trop souvent oublié lorsque l'on parle de Facebook ».

Cette analyse permet de confirmer une nouvelle fois, et dans le cadre particulier de Facebook, la véracité des différents niveaux de « participation » à l'échelle du web dans son ensemble, données issues de l'étude que mène chaque année le cabinet Forrester[9] et dont l'analyse de la période de 2006 à 2012 montre que de plus en plus d'internautes sont « impliqués », même si cette implication est, pour moitié, à seule visée consultative (activité de lecture).

La part des inactifs, dominante aux commencements du web 2.0 (plus de 30 % en 2006), s'est drastiquement réduite pour se stabiliser et ne plus concerner qu'environ 5 % des internautes fin 2011.

Le web participatif, qui rassemble les activités documentaires (ou méta-documentaires) d'indexation (collaborative ou non), de commentaire, de vote qualitatif, ou d'écriture collaborative sur des contenus produits par d'autres, même s'il est régulièrement en très légère baisse conserve une part relativement constante, à hauteur d'un peu plus de 20 % des usages (21,5 % fin 2011).

Le web consultatif explose en passant de 34 % à plus de 50 % des usages et semble stabilisé à cette hauteur (51,5 % fin 2011).

9 « Social Technographics », Forrester, http://blogs.forrester.com/category/social_technographics.

Enfin, les usages réellement contributifs de publication, de mise en ligne de contenus et d'activité profilaire ou visant à initier des conversations sur différents types de réseaux sociaux, s'ils peuvent apparaître assez faibles, sont proportionnellement ceux qui augmentent le plus en étant presque multipliés par 3, passant de 8 % en 2006 à plus de 21 % en 2011. La prégnance des écosystèmes (Twitter et Facebook notamment) dans lesquels profils et statuts sont au centre de l'ensemble des interactions suffit à expliquer cette croissance.

Des (clics de) souris, des algorithmes et des hommes. Le lien entre les modifications de l'algorithme de Facebook et les premiers résultats de l'étude Algopol ou les données issues de celle du cabinet Forrester est évident.

La troisième modification de l'algorithme (déclassement des interactions *user-centric*) tend à isoler et à marginaliser davantage les interactions des 15 % d'égocentrés par rapport aux utilisateurs *mainstream* tout en permettant aux premiers (les égocentrés donc) de continuer d'assouvir tranquillement leur plaisir solitaire de l'exposition précoce.

La première modification de l'algorithme (voir plusieurs posts d'une même source) permettra, à l'inverse, de favoriser les interactions conversationnelles (le *chat*) avec vos amis proches pour les 30 % d'utilisateurs qui « écrivent chez les autres ».

La deuxième modification, enfin (« remonter les contenus des amis auxquels vous tenez le plus »), s'adresse directement aux 55 % d'utilisateurs passifs en surpondérant le contenu de leur *newsfeed* de nouvelles d'amis proches, lesquelles nouvelles surpondérées viendront nourrir leur addiction au mode « lecture seule » qui caractérise leur utilisation de Facebook tout en garantissant à ce dernier de pouvoir continuer de capter l'attention de ces « spectateurs passifs ».

Algorithmes de la démesure ou algorithmes sur-mesure ? Tout cela doit nous rappeler plusieurs choses importantes.

À l'échelle d'écosystèmes informationnels centrifuges, c'est-à-dire reposant principalement sur des logiques d'internalités (les réseaux sociaux en général et Facebook en particulier), le sur-mesure algorithmique nous installe toujours davantage dans les attitudes de consultation passives ou, comme le dit Dominique Cardon, dans une « passivité active » nourrie de kakonomie, c'est-à-dire d'un goût prononcé pour des interactions de bas niveau et de faible coût cognitif.

À l'échelle d'écosystèmes informationnels centripètes, c'est-à-dire reposant principalement sur des logiques d'externalités (les moteurs de recherche en général et Google en particulier), les logiques de personnalisation, ce sur-mesure algorithmique a pour principale vocation de conforter nos propres systèmes de croyances en s'appuyant sur une critériologie principalement nourrie de nos requêtes et de nos historiques de recherche.

Dans les deux cas, et à l'image de la théorie de la bulle de filtre d'Eli Pariser, cette nouvelle forme de « passivité active » s'affirme comme le meilleur moyen de faire tourner un modèle économique à l'échelle d'algorithmes de la démesure (milliards de profils sur Facebook ou de requêtes sur Google). Des algorithmes qui n'ont d'autre choix à l'échelle du corpus de données sur lequel ils travaillent, que de produire du sur-mesure tant il leur est à la fois économiquement, technologiquement et presque ontologiquement devenu impossible de produire des résultats à l'échelle d'un corpus d'une telle étendue.

C'est cette réalité ce que j'essayais de décrire derrière le néologisme (ou le barbarisme) des « autarcithécaires » en opposition aux bibliothécaires. Les bibliothécaires avaient et ont toujours pour rôle, pour fonction et pour mission de produire et de conserver des référents culturels génériques stables à l'échelle d'un pays, d'une population, d'une culture. Les autarcithécaires que moteurs et réseaux sociaux ont fait de chacun d'entre nous en nous permettant de vivre en « autarcie informationnelle » ont non plus pour fonction ou pour mission, mais pour « occupation » de circonscrire et d'entretenir, à l'aide des algorithmes y présidant, un périmètre culturel qui s'affirme à la fois comme un renoncement et comme un rapprochement. Renoncement à l'utopie pionnière d'une réelle hétérarchie, d'une réelle *isegoria* de publiants dont la visibilité et l'audience reposeraient sur leur capacité à susciter l'attention entre pairs au moyen de liens hypertextes (le cœur de l'algorithmie originelle du PageRank). Et rapprochement du web-média vers les logiques *top-down* éditocratiques caractéristiques de ces « vieux » médias que sont la télévision, la radio ou la presse, c'est-à-dire dans lesquels une aristocratie de la parole est la seule à pouvoir s'exprimer publiquement en structurant une audience suffisante pour établir en miroir une autorité qui finit par ne plus être construite qu'à la mesure et en fonction de ladite audience.

Facebook est à ce titre un écosystème passionnant car, à la différence de Google, il est le seul à pouvoir représenter, dans son jardin fermé, à la fois ces logiques aristocratiques de publication, lesquelles viennent en retour souvent entretenir les interactions plébéiennes et kakonomiques de la « conversation passive », tout en permettant à chacun, à la marge et en parallèle, de nourrir et d'alimenter une mise en scène narcissique de sa propre instanciation numérique, de son propre profil. Étant entendu que dans un catalogue de profil, les informations se voient… de biais.

Le danger, car il y a danger, c'est que nous perdions au final complètement de vue les biais que supposent de telles approches. Le danger serait de perdre complètement de vue les logiques algorithmiques qui font que le traitement de la requête « nazi » sur Google Allemagne ne donne pas les mêmes résultats que sur Google US. Que si le parti nazi américain apparaît bien classé dans Google US alors que les sites du mémorial de la Shoah dominent dans les pages de résultat allemandes du moteur, cela ne soit plus lié à ce que les logiques de publication (= la somme des pages accessibles et les liens qui les unissent) traduisent et trahissent à l'échelle d'un pays et de sa propre histoire, mais que cela soit uniquement ramené à l'échelle du seuil de tolérance au racisme et à la xénophobie, ou même à la culture ou à l'inculture historique que le moteur (ou le réseau social) aura été en mesure de déterminer pour caractériser tel individu et lui afficher les pages de résultats – lui – correspondant.

Le danger serait de ne plus pouvoir se reposer que sur des vues du monde algorithmiquement établies selon une critériologie réduisant la géopolitique à une *doxa* non-négociable, non-contextuelle comme en atteste, par exemple la stupéfiante manière dont Google Maps modifie les frontières en fonction du pays de connexion (et de la *doxa* dominante à l'échelle de ce pays de connexion)[10].

Le danger serait qu'une substitution complète s'opère dans l'esprit des citoyens à l'échelle des sources médiatiques (radio, télé, internet, presse…) faisant autorité et modifie la hiérarchie ou de l'indice de confiance qu'ils attribuent à

---

10 « Comment Google modifie les frontières selon le pays de connexion », Pierre Haski, *L'Obs-Rue89*, 21 avril 2015. http://rue89.nouvelobs.com/2015/04/21/comment-google-modifie-les-frontieres-selon-pays-connexion-258743.

chacune de ces sources. Le danger serait que les anciennes éditocraties fassent définitivement allégeance aux nouvelles éditorialisations algorithmiques, sacrifiant sur l'autel du trafic le peu d'indépendance qu'il leur restait encore.

En s'imposant, qu'il s'agisse des moteurs ou des réseaux sociaux, les logiques d'appariement neutre ou à tout le moins objectivable (*matching*) ne disparaissent pas totalement au profit des seules stratégies d'atermoiements permettant de reculer dans la liste des résultats de recherche ou dans les *newsfeed* de tel utilisateur les résultats « se correspondant entre eux », au bénéfice exclusif de résultats « ne correspondant qu'à lui seul ou à ses proches » (*watching*).

Le web est par nature un média de publication. Un média qui autorise la publication. Ces incessants changements algorithmiques n'ont de cesse que d'entraver la nature même de ce processus fondamental à chacun de ses niveaux : entraves algorithmiques qui touchent à l'exposition, à la visibilité et à l'audience desdites publications, mais entraves algorithmiques qui touchent également au choix des sujets en conditionnant ce choix à des logiques d'audience « larges » ou « entre pairs », qui pour être sociologiquement clivées (cf. les résultats de l'étude Algopol) n'en restent pas moins à l'essentielle discrétion de ces nouvelles aristocraties algorithmiques. Lesquelles ne se contentent plus de nous permettre d'y déverser nos vies, mais ont chaque jour davantage la tentation de nous dicter ce que devraient être nos comportements, et l'expression de ces comportements.

Éditorialisation algorithmique

Affordance.info, mai 2016

Dès 2003, alors que Google n'avait que cinq ans, nous commencions à travailler avec un collègue sur la notion de sérendipité dans le cadre du processus de recherche d'information. À l'époque il nous semblait évident que les résultats de Google, si algorithmiquement objectifs qu'ils fussent, comportaient un certain nombre de biais du fait de la nature croisée du processus de recherche d'information (la tâche et le contexte de tâche que l'on se fixe) et de la hiérarchisation produite par le calcul algorithmique. Nous écrivions alors[11] :

> *Quand nous consultons une page de résultat de Google ou de tout autre moteur utilisant un algorithme semblable, nous ne disposons pas simplement du résultat d'un croisement combinatoire binaire entre des pages répondant à la requête et d'autres n'y répondant pas ou moins* (matching). *Nous disposons d'une vue sur le monde* (watching) *dont la neutralité est clairement absente. Derrière la liste de ces résultats se donnent à lire des principes de classification du savoir et d'autres encore plus implicites d'organisation des connaissances. C'est ce rapport particulier entre la (re-)quête d'un individu et la (re-) présentation d'une connaissance qui était présente dans les bibliothèques de la Haute-Égypte, pour en être évacuée avec l'arrivée des principes de classement alphabétiques.*

---

11 « Chercher faux et trouver juste » (2003) et « Des machines pour chercher au hasard » (2004).

Une nouvelle logique se donne à lire. Moins « subjective » que les principes classificatoires retenus par une élite minoritaire (clergé, etc.) elle n'en est pas moins sujette à caution. Les premières étaient douteuses mais lisibles, celles-ci le sont tout autant parce qu'illisibles, c'est-à-dire invisibles : l'affichage lisible d'une liste de résultats, est le résultat de l'itération de principes non plus seulement implicites (comme les plans de classement ou les langages documentaires utilisés dans les bibliothèques) mais invisibles et surtout dynamiques, le classement de la liste répondant à la requête étant susceptible d'évoluer en interaction avec le nombre et le type de requêtes ainsi qu'en interaction avec le renforcement (ou l'effacement) des liens pointant vers les pages présentées dans la page de résultat.

La suite, vous la connaissez. Facebook arrive en 2004, les écosystèmes se renforcent ainsi que leur audience, le « Like » supplante le lien hypertexte. En 2011 Eli Pariser fait paraître son livre sur sa théorie des bulles de filtre ; on commence à parler d'enfermement algorithmique, puis les questions de responsabilité algorithmique émergent à l'occasion de différents faits divers globalement assez tragiques ; on forge le terme de « politique des algorithmes »[12], tant les implications de cette responsabilité sont énormes et s'étendent à des champs très divers (dont le politique) ; on bataille ferme pour savoir qui de la poule ou de l'œuf est responsable dudit enfermement, et en 2015, Robert Epstein démontre l'existence d'un *Search Engine Manipulation Effect* capable d'orienter le vote lors d'une élection.

---

12 *Politique des algorithmes : Les métriques du web*, Numéro spécial de la revue *Réseaux*, n° 177, 2013. http://www.cairn.info/revue-reseaux-2013-1.htm.

12 ans de perdus? De notre analyse de 2003 «*nous ne disposons pas simplement du résultat d'un croisement combinatoire binaire entre des pages répondant à la requête et d'autres n'y répondant pas ou moins* (matching). *Nous disposons d'une vue sur le monde* (watching) *dont la neutralité est clairement absente*» jusqu'au *Search Engine Manipulation Effect* d'Epstein en 2015, c'est le même sujet et les mêmes enjeux qui sont sous nos yeux depuis plus de douze ans.

Terrorisme, racisme, homophobie, mais aussi polémique récente autour des modifications de Facebook pour atténuer les articles défendant les thèses républicaines les plus dures de Donald Trump, de fait divers en fait de société, pas un mois, pas une semaine ne passe sans que ces questions d'éditorialisation algorithmique ne se retrouvent sur le devant de la scène médiatique. Et sans que les hommes politiques et les responsables des plateformes ne se renvoient au visage la question d'une nécessaire neutralité à laquelle plus personne (à commencer par eux) ne croit.

Alors comme il faut bien avancer et proposer des solutions, nous avons été un certain nombre à mettre des propositions sur la table. De mon côté j'ai souvent écrit que notre salut algorithmique passerait par deux solutions complémentaires: la mise en place d'un index indépendant du web (l'idée n'est pas de moi mais de Dirk Lewandowski[13]) et la nécessité d'ouvrir et de rendre aussi transparente que possible la partie du code algorithmique qui relève de processus d'éditorialisation classiques. En février 2015, je publiais dans *Libération* une tribune dans laquelle j'écrivais:

13 «Why We Need An Independant Index Of The Web», Dirk Lewandowski, mai 2014. https://arxiv.org/abs/1405.2212.

Grâce à leurs CGU (et leurs algorithmes), Facebook, Twitter, Google ou Apple ont édicté un nouvel ordre documentaire du monde qu'ils sont seuls à maîtriser dans la plus complète opacité. Il est vain de réclamer la dissolution de Google ou d'un autre acteur majeur comme il est vain d'espérer un jour voir ces acteurs « ouvrir » complètement leurs algorithmes. Mais il devient essentiel d'inscrire enfin clairement, dans l'agenda politique, la question du rendu public de fonctionnements algorithmiques directement assimilables à des formes classiques d'éditorialisation.

Or après que les algorithmes se sont rendus maîtres de l'essentiel du rendu public de nos productions documentaires, les plateformes sont en train de reléguer dans d'obscures alcôves l'autre processus de rendu public démocratique : celui de la délibération sur ce qui a légitimité – ou non – à s'inscrire dans l'espace public. Il ne sera pas éternellement possible de s'abriter derrière le fait que ces plateformes ne sont précisément ni des espaces réellement publics ni des espaces entièrement privés. À l'ordre documentaire qu'elles ont institué, elles ajoutent lentement mais sûrement un « ordre moral réglementaire » sur lequel il nous sera très difficile de revenir si nous n'en débattons pas dès maintenant.

Depuis, bien d'autres affaires ont éclaté, dont celle opposant Apple au FBI qui, s'il en était encore besoin, ont démontré l'urgence de traiter ces questions de rendu public et de délibération.

Lutter contre l'enfermement algorithmique. Quelque temps avant que ne se tiennent les deuxièmes assises contre la haine sur internet, différentes associations de lutte contre le racisme et les discriminations ont fait du testing sur la politique de modération des grandes plateformes, notamment pour évaluer leur réactivité. Et les résultats sont loin d'être à la hauteur de ce qui pourrait être attendu. Elles ont donc livré une série de propositions parmi laquelle celle-ci : Que les grandes plates-formes «*éditorialisent leurs contenus pour empêcher l'enfermement algorithmique des contenus haineux*». En clair, elles demandent que Facebook, Twitter et YouTube agissent manuellement sur leurs algorithmes de recommandation pour discriminer les articles ou vidéos haineuses.

Côté agenda politique, cette proposition reprend mot pour mot celle qui figure dans le *Plan d'action pour lutter contre la radicalisation et le terrorisme*[14], présenté le 9 mai 2016 par le cabinet du Premier Ministre et dans lequel on peut lire ceci :

> *Mesure 59 : Lutter contre l'enfermement algorithmique. Si les mécanismes de radicalisation chez les jeunes sont complexes, et divers, [...] les algorithmes de recommandation de certains réseaux sociaux ou plateformes vidéo ont l'effet imprévu d'enfermer l'utilisateur dans des contenus systématiquement orientés dans le même sens. La visualisation préalable d'un contenu vu ou aimé conduit mécaniquement à ce que la personne concernée s'en voit proposer dix de nature similaire, puis dix autres, jusqu'à ce que l'offre présentée à l'utilisateur soit parfois entièrement consacrée à ces contenus de haine. Ce phénomène d'enfermement algorithmique ne peut être combattu que par les acteurs économiques concernés, qui devront prendre en compte d'autres facteurs dans leurs mécanismes techniques*

14 *Plan d'action contre la radicalisation et le terrorisme*. Dossier de presse, 9 mai 2016. http://www.gouvernement.fr/sites/default/files/liseuse/7050/master/projet/Plan-d-action-contre-la-radicalisation-et-le-terrorisme.pdf.

de recommandation, comme par exemple les signalements et éventuels retraits passés de contenus similaires.

Le Gouvernement a entamé un dialogue stratégique et technique avec les principaux acteurs concernés afin de parvenir à circonscrire ce phénomène, et aboutir à une limitation de l'enfermement pour les contenus de haine, voire à la recommandation de contre-discours dans l'offre de contenus.

Première bonne nouvelle, le monde politique semble avoir lu le livre d'Eli Pariser sur la bulle de filtre. Deuxième bonne nouvelle, le même monde politique a compris que la question de la recommandation est aussi de nature politique à l'échelle de plateformes drainant chaque jour plusieurs millions d'utilisateurs. Troisième bonne nouvelle (mais mal formulée), la prise en compte des deux bonnes nouvelles précédentes pour aboutir à cette notion « d'enfermement algorithmique ». Mais trois bonnes nouvelles ne font pas pour autant une bonne résolution car la réalité est en fait plus complexe. « lutter contre l'enfermement algorithmique » et « clarifier les logiques d'éditorialisation algorithmiques » sont deux choses différentes.

C'est profondément méconnaître les logiques de recommandation que de les présenter de la manière dont elles le sont ici (en gros : « Si tu regardes des vidéos terroristes on te suggérera plein d'autres vidéos terroristes »). Car ces logiques relèvent à la fois d'une part algorithmique (reposant sur l'analyse des profils et des contenus partagés, bref, sur de la personnalisation), mais également d'une part humaine (les modérateurs des grandes plateformes qui règlent également le curseur de visibilité de certains contenus à la hausse ou à la baisse en fonction de l'actualité), et enfin une part d'aléatoire, de stochastique, précisément pour introduire du désordre, de l'imprévisibilité, une part de non-linéarité, afin que ces logiques de recommandation ne finissent pas par tourner en boucle au bout de cinq ou dix itérations.

Ce qui est vrai en revanche c'est que toutes ces plateformes, si elles autorisent une forme de diversité à l'échelle de l'individu, mettent en place des logiques d'uniformisation à l'échelle des différents collectifs qui les peuplent. Elles sont, à ce titre, une forme paradoxale de panoptique. Facebook, YouTube et tant d'autres sont, chacun à leur manière des projets de nature carcérale, c'est-à-dire qui valorisent et exploitent la complétude de l'entre-soi. Voilà pourquoi, se limiter à la description qui est faite de la recommandation et se contenter de l'appliquer à la question du terrorisme ou à celle, bien plus culturellement complexe, du racisme, ne peut et ne doit suffire.

Alors qu'aux États-Unis une immense polémique est en train de naître suite aux accusations portées contre Facebook de modérer intentionnellement des contenus du fil d'information en lien avec les idées portées par Donald Trump, il est difficile de croire que le «*dialogue stratégique et technique avec les principaux acteurs concernés afin de parvenir à circonscrire ce phénomène*» annoncé par le gouvernement servira à autre chose qu'à produire une énième sorte de «charte» ou à mettre en place, mais de manière totalement non-significative, des recommandations de «contre-discours».

Donc non, cela ne marchera pas. Car ce n'est pas comme cela qu'on lutte contre l'enfermement algorithmique. Pour – au moins – trois bonnes raisons.

Primo, parce que les principales plateformes (Google, Facebook et dans une moindre mesure Twitter) ne sont pas éternelles, et que même si elles s'avisaient de mettre en place à la lettre les instructions gouvernementales, les réseaux terroristes auraient jeu facile de ne plus s'en servir que comme porte d'entrée permettant de rebasculer leur audience et leurs cibles vers d'autres plateformes plus sécurisées[15]. De la même manière d'ailleurs, et sur des sujets heureusement plus réjouissants, que l'on observe une baisse générale des interactions sur Facebook et des effets générationnels de migration vers des plateformes alternatives (les jeunes en ayant marre d'être sur la même plateforme que leurs vieux). Bref, cibler de cette manière les plateformes les plus visibles ou les plus fréquentées n'est ni adéquat ni suffisant. Pour prendre une analogie facile, c'est un peu comme prétendre régler le problème du téléchargement illégal en fermant Megaupload. Cela ne marche pas comme ça.

Deuxio, parce qu'il existe, sur le web, un effet parfaitement documenté scientifiquement et sociologiquement que l'on appelle la « tyrannie des agissants »[16]. C'est-à-dire que ceux qui agissent et/ou portent un discours radical (qu'il s'agisse de terrorisme, de politique, d'écologie ou de tout autre chose) bénéficient et bénéficieront toujours de la plus forte exposition au sein de ces plateformes. Et que « ceux qui agissent » en matière de terrorisme sont – hélas – d'abord et avant tout les terroristes eux-mêmes.

Tertio, et c'est peut-être la raison principale, parce que toute l'histoire et tout l'ADN de ces plateformes est constitué d'un discours, de valeurs et d'une idéologie qui visent précisément à remplacer les États (y compris dans leurs tâches et fonctions régaliennes) en combinant libéralisme

---

15 C'est d'ailleurs déjà le cas. Si radicalisation en ligne il y a, elle passe davantage par des réseaux comme Telegram que par YouTube ou Facebook.

16 Voir notamment les travaux de Dominique Cardon (*À quoi rêvent les algorithmes*, Seuil 2015).

économique et solutionnisme technologique. Donc elles n'écouteront et n'appliqueront les demandes des États que tant que ces demandes leur permettront avant tout de défendre leur image et le capital confiance et sympathie de leur marque (paradoxalement d'ailleurs, les demandes de modération auxquelles elles répondent le plus promptement et efficacement viennent d'États qui ne sont pas vraiment des parangons de démocratie... comme le démontra l'affaire de la censure des caricatures du prophète à la demande du gouvernement turc).

Ce n'est pas pour autant qu'il ne faut rien faire, et oui, sur les logiques de modération propres à des contenus assez facilement repérables (terrorisme, racisme explicite), il est certainement possible d'améliorer les choses (tant sur le plan humain qu'algorithmique). Mais cela ne suffira pas et c'est surtout une erreur stratégique d'envisager de traiter le problème de l'enfermement algorithmique sur les questions de terrorisme alors que le vrai problème est celui de la transparence, de la clarification et de l'explicitation de la partie du code algorithmique relevant de processus classiques d'éditorialisation. Et pour que cela ait une chance d'aboutir ou d'être efficacement mis en place, il faut en parallèle développer et construire un index indépendant du web.

S'attaquer aux « Like » du jihad en prétendant régler la question de l'enfermement algorithmique est aussi pertinent que de demander aux buralistes de contribuer à faire diminuer le nombre de cancers du poumon.

La poule de la bulle de filtre et l'œuf de l'éditorialisation algorithmique

Affordance.info, juin 2015

Le web naît en 1989, Google en 1998 et Facebook est lancé en 2004. Progressivement, les algorithmes ne se contentent plus de rendre accessible et de hiérarchiser le chaos des pages web mais ils guident de plus en plus nos choix. En 2011, Eli Pariser publie son livre *The Filter Bubble: What the Internet Is Hiding from You* et développe sa théorie de la bulle de filtre et de l'enfermement algorithmique. Le débat est lancé. Il ne fera que se complexifier et s'épaissir sans qu'aucune étude scientifique ne parvienne réellement à trancher le nœud gordien suivant: nous faisons des choix, les algorithmes font des choix, les choix que nous faisons se font dans un cadre algorithmique qui modifie nos choix en retour en en favorisant certains et en en minorant d'autres. Qui est la poule? Où est l'œuf?

Avec les logiques de personnalisation toujours plus poussées et plus opaques, avec la prégnance des réseaux sociaux dans notre accès à l'information, sociologues, idéologues, gourous, experts plus ou moins autoproclamés, universitaires variés et autres spécialistes de l'information s'affrontent, les uns défendant la théorie de Pariser, les autres plaidant pour minorer l'importance du filtrage et des choix algorithmiques.

En 2015, alors que l'essentiel des infos (au sens américain de «*news*») est accessible, et accédé, par le biais des réseaux sociaux ou d'une recherche Google, le cœur du débat est de savoir si le panorama informationnel et conversationnel que nous fournissent les moteurs et les réseaux sociaux contribue à nous ouvrir sur des idées, des personnes et des informations différentes de nos propres vues et opinions, ou si, à l'inverse, ils contribuent à la fois à renforcer nos propres croyances et à lisser les formes classiques de diversité culturelle. Savoir également qui est à l'origine de cette ouverture ou de cette fermeture : nous ou l'algorithme ?

En 2012, Facebook publiait une étude (la première du genre à cette échelle et de cette ampleur) sur le rôle des réseaux sociaux dans la diffusion de l'information qui semblait démontrer que les réseaux sociaux augmentaient davantage qu'ils ne diminuaient la diversité des informations proposées.

Fin mai 2015, Facebook publie une nouvelle étude intitulée : « Exposure to diverse information on Facebook »[17]. En voici les principaux résultats :

> *Nous avons trouvé que les gens ont des amis qui se réclament d'un bord politique opposé au leur, et que le contenu du* newsfeed *reflète bien cette diversité d'opinion. Alors que la surface des contenus du* newsfeed *a tendance à légèrement refléter la propre idéologie et les propres opinions d'une personne (parce qu'elle repose sur les actions de cette personne dans Facebook), le choix de devenir ami avec quelqu'un et celui de cliquer sur un contenu jouent un rôle plus important que le* newsfeed *dans la diversité des contenus auquel cet utilisateur sera exposé.*

---

17 « Exposure to Diverse Information on Facebook », Eytan Bakshy, Lada Adamic et Solomon Messing, 7 mai 2015. https://research.fb.com/exposure-to-diverse-information-on-facebook-2/.

Jusqu'ici la plupart des études scientifiques existantes avaient au contraire montré que les principales raisons d'*unfriending* tenaient à l'expression d'opinions politiques ou religieuses contraires aux nôtres. Ce qui n'est d'ailleurs pas en soi une réelle contradiction, il est tout à fait possible que les deux réalités coexistent : on peut à la fois – et à l'échelle du milliard et demi d'utilisateurs du site – constater que les utilisateurs sont amis avec des gens ne partageant pas nécessairement leurs opinions politiques ou religieuses et constater également qu'exprimer des vues politiques ou religieuses opposées aux nôtres soit la cause principale d'*unfriending*. Cela confirmerait d'ailleurs une autre particularité de l'écosystème numérique de la publication et de la « tyrannie des agissants » : tant que nos amis aux vues politiques et religieuses opposées aux nôtres sont relativement silencieux ou discrets on les garde comme amis, mais s'ils se mettent à faire un peu de prosélytisme, si leur activité de publication devient trop ostentatoire ou dédiée, on sera davantage tenté de les supprimer de nos contacts / amis.

Les résultats de la dernière étude de Facebook indiquent donc que, oui, la bulle de filtre algorithmique existe mais que nous n'en sommes pas prisonniers et que nous demeurons libres de l'essentiel de nos choix, lesquels choix sont les premiers responsables de la diversité ou de la non-diversité des opinions auxquelles nous sommes exposés. Ou comme le résument très bien Hubert Guillaud sur *Internet Actu* et Claire Richard sur *Rue89* :

> *Selon les chercheurs (qui ont publié leurs données), l'algorithme de Facebook élimine bien certains contenus transversaux (c'est-à-dire d'un autre bord politique que le leur) mais cet effet est plus faible que l'homophilie (c'est-à-dire*

la tendance à s'associer à des personnes qui ont les mêmes opinions que nous) ou que le comportement des utilisateurs qui les poussent à cliquer sur les contenus les plus conformes à leurs vues. Nous avons plus tendance à favoriser notre propre bulle que les algorithmes. [18]

L'homophilie étant par ailleurs le point pivot de l'ensemble du « système » : nous sommes homophiles, les algorithmes le sont également sur certains points et dans certains contextes (pour éviter la friction et faire remonter les contenus les plus consensuels), notre homophilie personnelle est itérée dans des boucles algorithmiques, elles-mêmes essentiellement homophiles. Bref la conjugaison de ma propre homophilie sociologique et de l'homophilie algorithmique aboutit donc à une homophilie au carré.

Les deux articles (Hubert Guillaud et Claire Richard) font également le tour de la volée de critiques qui n'ont pas manqué de suivre la publication de cette étude, dont celle du sociologue Nathan Jurgenson :

Toute cette affaire de chercher à séparer conceptuellement l'influence de l'algorithme des choix individuels méconnaît volontairement ce que sont et ce que font les algorithmes. Les algorithmes sont faits pour capturer, analyser et réajuster les comportements individuels de manière à servir à des fins particulières. Le choix individuel est en partie le résultat de la façon dont l'algorithme nous renseigne et l'algorithme lui-même est un code dynamique qui réagit aux changements

18 « Qui de moi ou de l'algorithme filtre les posts de mes amis Facebook ? », Claire Richard, *L'Obs-Rue89*, 8 mai 2015. http://tempsreel.nouvelobs.com/rue89/rue89-internet/20150508.RUE8990/qui-de-moi-ou-de-l-algorithme-filtre-les-posts-de-mes-amis-facebook.html.

individuels. Ni l'algorithme ni les choix individuels ne peuvent être compris l'un sans l'autre. [19]

Une nouvelle fois le débat de la poule et de l'œuf. Pour en sortir, la bonne question, la seule qui vaille, est en effet celle de la finalité présidant aux choix des individus comme à ceux des algorithmes. Le jeu social et nos propres *habitus* font que nous préférerons toujours affirmer que nous adorons nous confronter à des points de vue différents plutôt que de confesser notre préférence pour la fréquentation de gens qui pensent comme nous qui valorisent nos propres opinions. De la même manière Google ou Facebook n'affirmeront jamais que leur objectif est de lisser au maximum les conflits possibles pour entretenir un état d'esprit favorisant le partage d'informations et de contenus à faible potentiel de friction, installant l'internaute dans des dispositions susceptibles d'entretenir sa consommation et permettre de faire tourner leur régie publicitaire et leur modèle économique. Ils préféreront le discours d'une neutralité ou d'une objectivation algorithmique mâtinée de personnalisation dont la seule finalité serait d'améliorer notre expérience utilisateur.

Or si l'on évacue la question de la finalité (humaine ou algorithmique) qui préside à l'établissement des règles qui à leur tour guideront nos choix ou ceux des algorithmes, on se condamne à constater que les poules pondent des œufs et que des œufs sortent – parfois – des poules. Des poules ou plus exactement des chats de Schrödinger tant le point de vue de l'observateur influe également sur les résultats observés.

---

19 «Facebook: Fair and Balanced», Nathan Jurgenson, *Cyborgology*, 7 mai 2015. https://thesocietypages.org/cyborgology/2015/05/07/facebook-fair-and-balanced/.

Dompter l'algorithme ou s'y soumettre ? Le 26 mai 2015, Robert Scoble publiait un billet qui fit le buzz pour nous permettre d'améliorer et de reprendre la main sur le contenu de notre *newsfeed*. Voici la traduction de quelques passages[20] :

> *Partagez trois* posts *de quelqu'un qui parle de choses qui vous intéressent [...] et vous verrez plus de ces choses qui vous intéressent sur votre mur.*
>
> *Écrivez cinq* posts *originaux sur le même sujet. Vous verrez davantage de* posts *sur ce sujet dans votre* newsfeed.
>
> *Ouvrez les paramètres de confidentialité autant que vous le pouvez. En particulier laissez vous suivre plutôt que de devenir ami avec vous. Postez alors des contenus ouverts à tout le monde. Vous découvrirez une audience que vous ne soupçonniez pas. La plupart du temps vos réglages sont trop privés. Cela ne vous empêchera pas de partager des photos privées avec votre famille : chaque publication a ses propres réglages de confidentialité.*
>
> *Mettez tout le monde soit dans la liste « amis proches » soit dans la liste « connaissances ». Cela améliorera grandement votre* newsfeed.
>
> *Cessez d'être ami avec des gens qui ne postent jamais rien ou ne commentent jamais les publications des autres : vous verrez que vos propres publications atteindront un taux d'engagement inédit.*
>
> *Likez, commentez et partagez les contenus des autres. Cela apprend à Facebook ce que vous voulez voir dans votre* newsfeed.

---

20 « Facebook tips », Robert Scoble, *Scoble on the web*, 26 mai 2015. http://scoble.smallpict.com/2015/05/26/facebookTips.html.

Masquez les publications que vous ne voulez plus voir (chaque publication a un item «je ne veux pas voir cela»). Par exemple j'ai masqué toutes les publications avec des selfies, des citations, des mèmes [...] et Facebook m'en propose maintenant beaucoup moins.

Cessez de suivre les gens qui font trop de bruit. Même s'il s'agit de vos vrais amis ou de votre famille. Votre newsfeed *principal s'organisera mieux et vous pourrez toujours voir ce qu'ils postent en cliquant sur la liste dans laquelle vous les avez mis.*

Vérifiez tous vos réglages une fois par mois en vous assurant qu'ils restent les mêmes, notamment sur l'application de votre smartphone.

Faites-vous au moins quatre cents amis. Les gens qui en ont moins sont nazes.

La plupart des contenus qui vous intéressent ne viendront pas tout seuls. Si vous voulez en voir plus de personnes que vous avez repérées, visitez leurs profils au moins une fois par semaine et likez, commentez ou partagez leurs contenus. Votre newsfeed *principal vous affiche uniquement les contenus les plus populaires de ces profils. Vous devez visiter et interagir régulièrement avec ces profils si vous voulez en voir davantage.*

Sur mobile notamment, laissez la géolocalisation activée pour profiter de contenus adaptés.

Préférez la publication native depuis le site ou l'application officielle de Facebook. Les posts *et* status *republiés depuis Twitter ou une autre application (Buffer, Hootsuite...) ont tendance à bénéficier d'un plus mauvais taux d'engagement.*

Likez et commentez vos propres commentaires comme ceux des autres : cela encouragera les autres à commenter et à interagir davantage et vous aurez une meilleure audience.

Considérez Facebook comme un bon repas. Vous ne serviriez pas des pâtes sans sauce? Si vous avez uniquement un newsfeed *avec des photos de vos enfants, c'est comme un plat de pâtes sans sauce. [...] Assurez-vous de rendre vos amis plus intelligents et montrez-leur que vous avez plusieurs centres d'intérêt.*

Nous sommes notre propre bulle. Chacun peut faire l'expérience des conseils de Robert Scoble et observera en effet de notables changements dans son *newsfeed*. Mais cette liste de petites manipulations censées nous mettre à l'abri d'une manipulation plus grande est aussi et surtout une manière de se demander s'il est possible « d'apprendre à l'algorithme » à mieux nous connaître et donc à nous proposer des choix plus pertinents. La réponse est un « oui » franc et massif. Qui soulève une autre question, plus complexe: cet apprentissage relève-t-il d'une adaptation à l'outil, voire d'un détournement utile, ou bien n'est-il qu'un simple leurre? Pour le dire autrement, cette manière d'apprendre ou d'asservir la routine algorithmique relève-t-elle de la figure du « braconnage » dont parlait Michel de Certeau et faut-il s'en contenter et s'en satisfaire, ou permet-elle d'entrevoir une plus profonde remise en cause du panoptique algorithmique dans lequel elle s'inscrit et qui la circonscrit? Un braconnage culturel par ailleurs sans cesse mouvant, constamment négocié, et balançant au rythme aléatoire de l'affrontement entre le code et la loi, entre la puissance normative des CGU et les innombrables crapauds fous qui tentent de s'en extraire en ouvrant de nouveaux chemins.

Mais au-delà de cette possibilité de braconnage il faut ici rappeler un point essentiel: toutes les études d'usage attestent que plus de 50% des utilisateurs de Facebook se contentent de consulter les informations qui défilent sans jamais publier eux-mêmes et donc sans jamais d'aucune manière que ce soit être en situation ou en capacité de dompter ou de cesser de subir les choix algorithmiques. Ce braconnage culturel est donc réservé à une petite aristocratie de publiants qui s'intéressent et qui maîtrisent un certain nombre de codes algorithmiques. La « fable de Big Brother » aimablement moquée par certains analystes pourfendeurs de la théorie de la bulle de filtre concerne donc *a minima* la moitié de la population connectée soit près de 750 millions d'individus... Les aristocrates de la publication n'ont que faire des bastilles algorithmiques.

La poule. Nous ne sommes donc heureusement pas complètement prisonniers de cette bulle algorithmique, nous avons donc encore la possibilité de garder l'initiative de nos choix, et il est de surcroît possible – tout au moins pour quelques aristocrates éclairés – de braconner en terre algorithmique.

L'œuf. À l'inverse et réciproquement, les algorithmes n'ont de cesse de nous proposer des choix orientés en fonction de critères que nous sommes loin de toujours maîtriser ; les mêmes algorithmes raisonnent par inférence sur la base de nos actions initiaux pour nous proposer des contenus et des orientations qui finissent par rétro-agir avec nos propres choix jusqu'à pouvoir les influencer de manière parfois déterminante y compris à l'échelle d'un scrutin démocratique ; enfin, si le braconnage reste possible, il l'est dans des limites de plus en plus restreintes, de plus en plus complexes, et de plus en plus coûteuses cognitivement.

La question de la bulle de filtre n'a pas davantage de réponse définitive que celle de savoir si un programme informatique (qui implémente un algorithme) peut être neutre :

il l'est par définition (c'est un programme) et il ne l'est pas par application, puisque son itération produit un double effet de *feedback* : *feedback* externe par rapport aux clics de l'utilisateur, et *feedback* interne par rapport aux ajustements faits en fonction desdits choix mais aussi par rapport aux intentions de programmation qui président à l'établissement de la finalité dudit algorithme (que choisit-on de retenir ou de ne pas retenir, que considère-t-on comme de l'info prioritaire, en fonction de quel critère, etc.).

Une nouvelle fois donc, impossible de savoir qui de l'œuf ou de la poule précède l'autre. Le principal problème reste entier, et c'est celui de la diversité. Pas la diversité de nos choix ou de ceux qui nous sont proposés, mais la diversité des acteurs qui nous proposent ces choix au sein d'environnements contrôlés. Presse, radio, télé... il y a des journaux « de gauche », d'autres « de droite », nous savons lesquels sont de gauche et lesquels de droite. Et surtout nous avons le choix. Il y a du choix. Il y a de la diversité.

Il n'y a pas et il n'y aura jamais de diversité dans les grands écosystèmes qui régentent notre accès au web comme il peut en exister dans les médias classiques (presse, radio, télévision). Si l'homophilie est au cœur de nombre de nos comportements sociaux et si elle est également le centre névralgique de l'ensemble des algorithmes et systèmes de recommandation, l'absence de diversité des acteurs qui captent quotidiennement l'essentiel de notre attention pose le problème d'un défilement continu et ininterrompable, d'une forme d'« hémophilie » du clic, d'une « hémophilie » de la consultation, d'une « hémophilie » du défilement. Comme le rappelle Eli Pariser lui-même dans son article en réaction à la publication de l'étude de Facebook[21] :

> *Le livre* The Filter Bubble *soulevait deux problèmes principaux : le fait que les algorithmes aideraient les gens à s'entourer de médias qui renforcent leurs propres croyances et opinions, et le fait que les algorithmes auraient tendance à sous-classer (*down-rank*) les informations les plus nécessaires dans une démocratie – c'est-à-dire les articles et les infos sur les plus importants sujets de société. Si l'étude de Facebook se concentre sur le premier problème, elle offre également un éclairage sur le second, et les données sont préoccupantes. Seulement 7 % du contenu sur lequel les gens cliquent dans Facebook concerne les informations d'importance sociétale (*hard news*). C'est une infime pièce du puzzle et c'est inquiétant. Et cela suggère que les infos douces (*soft news*) pourraient – au moins jusqu'ici – être en train de gagner la bataille de l'attention sur les médias sociaux.*

Aux armes citoyens, formez votre attention. Si l'économie de l'attention (Herbert Simon) repose sur sa distribution médiatique individuelle et collective ; si une écologie de l'attention (Yves Citton entre autres) permet d'étudier les interactions des êtres vivants connectés dans leur milieu algorithmique ambiant, il devient urgent de prendre davantage en compte l'enjeu politique qui sous-tend ces questions de bulle de filtre et d'éditorialisation algorithmique, c'est-à-dire l'enjeu d'une citoyenneté de l'attention.

---

21 « Did Facebook's Big New Study Kill My Filter Bubble Thesis? », Eli Pariser, *Backchannel*, 7 mai 2015. https://backchannel.com/facebook-published-a-big-new-study-on-the-filter-bubble-here-s-what-it-says-ef31a292da95.

Refuser de poser simultanément ces trois problèmes attentionnels – celui de l'économie des données personnelles qui sous-tend l'ensemble, celui relevant à la fois de la sociologie des usages et de la psychologie cognitive qui permet d'étudier ce sur quoi nous cliquons et pourquoi nous le faisons, et celui enfin du type de citoyenneté numérique qui peut en résulter – refuser de poser simultanément ces trois problèmes attentionnels c'est acter et accepter le fait que l'essentiel de notre consommation des médias pourrait de plus en plus ressembler à Jean-Pierre Pernaut présentant le journal de *TF1* avec *Fox News* et *Buzzfeed* comme salle de rédaction.

Bonjour à toutes et à tous, tout de suite, les titres de cette édition. Consommation : les dix choses à savoir sur le Nutella. Société : elle se fait agresser dans le métro, sa réaction va vous étonner ! Culture : les dix choses à savoir sur Vincent Lindon. Politique : le tweetclash entre Obama et Donald Trump ! Environnement : il construit sa maison pour moins de 2000 euros !! Environnement toujours : les dix choses les plus étonnantes sur la sexualité des animaux ! Sports : ce que ce tennisman fait avec sa raquette va vous scotcher !! Musique : il joue du piano tout nu, la réaction de la salle va vous étonner !!

Vous trouvez que j'exagère ? À peine. L'accès à une information librement choisie et relativement indépendante des contraintes algorithmiques relève désormais du combat, un combat au coût cognitif très élevé (et donc réservé à cette aristocratie du braconnage dont je parlais plus haut), là où l'effet naturel d'entraînement – et l'intérêt – des principaux GAFA repose au contraire sur un coût cognitif quasi-nul. Une autre poule et un autre œuf : la poule de l'hémophilie du clic/« Like » (ou de la consultation) et l'œuf du coût cognitif zéro.

Si la parution de la dernière étude de Facebook a une nouvelle fois créé une cristallisation du débat autour du rôle des algorithmes dans notre accès à l'information, il nous faut porter notre attention non pas uniquement sur les moyens mais sur les finalités des outils et des environnements algorithmiques dans lesquels nous baignons aujourd'hui. Il faut s'attacher à clarifier et à désambiguïser les processus éditoriaux qui y sont à l'œuvre pour que les hémophiles cognitifs que nous sommes devenus puissent regagner un peu de coagulation informationnelle et décisionnelle. Ce qu'en d'autres temps on appelait aussi du « recul » ou une forme « d'esprit critique ».

L'avènement de Facebook et la petite mort du web : comment le « Like » a tué le lien

L'histoire de Facebook est peut-être d'abord celle de son bouton « Like ». C'est l'histoire d'un site de réseau social qui a commencé par permettre de nous adresser des « Poke », sorte de tapes sur nos épaules virtuelles, avant de lancer son bouton « J'aime » à la conquête de tous les territoires du web. Un réseau dont on attend désormais, à la suite de chaque événement tragique, qu'il active un autre bouton, celui du « Safety Check », permettant de rassurer nos proches, ou de les plonger dans d'insondables abîmes d'inquiétude.

« Poke ». « Like ». « I'm Safe ». Trois boutons. Juste trois boutons. Qui à leur manière ont changé le monde, où à tout le moins notre manière d'interagir avec lui, de percevoir, à travers eux, la présence de l'autre, ou son absence. Trois boutons en apparence parfaitement superfétatoires et pourtant devenus aujourd'hui parfaitement nécessaires.

Blogs, statuts, smartphones, tablettes, SMS : si les espaces et les dispositifs d'écriture n'ont jamais été aussi nombreux, l'essentiel de nos interactions en ligne se résume pourtant souvent à une activité de pousse-bouton, likant ici, repartageant ou retweetant par là. Ce clic relève le plus souvent de l'ordre du pulsionnel, de l'irréfléchi, de l'instinctif. Et il en joue à dessein, jusqu'à parfois nous éloigner de la reprise en main de notre interaction avec la machine et ses environnements. Une reprise en main aurait besoin de l'intervention de l'écriture, et de la distance qu'elle seule permet, face à l'orchestration et l'hégémonie construite et palpable de nos clics pulsionnels. Des clics qui souvent nous fournissent l'excuse commode d'une présence au monde tout en ne nécessitant aucune forme d'engagement et aucun autre coût cognitif que celui d'appuyer sur un bouton que l'on nous présente comme une solution pour nous faire oublier la dissolution de notre capacité d'agir.

Le « Like » tuera le lien

Affordance.info – mai 2010

Lier ou ne pas lier. Tel est le principe des liens hypertextes. Des liens qui restent consubstantiels aux contenus dans lesquels ils s'inscrivent pour mieux les décrire, pour mieux les qualifier, pour mieux les « orienter ». Les liens n'appartiennent à personne. Leur agglomérat forme une masse aux densités et aux orientations indéchiffrables pour un navigateur isolé, mais parfaitement lisibles pour un moteur de recherche. La suprématie de Google s'est construite tout entière sur cette capacité de lecture et de déchiffrement d'une stochastique en perpétuelle renégociation. Avant tout, les liens hypertextes sont le stigmate d'une écriture dont nul ne peut prétendre mesurer ou épuiser l'étendue des possibles.

To like. « J'aime » au lieu de « Je relie ». J'aime ou je n'aime pas. Voilà le principe du nouveau bouton « Like » que Facebook propose à qui le souhaite d'inclure sur son site pour pouvoir construire un web « social par défaut », selon l'expression de son fondateur, Mark Zuckerberg. Social par défaut mais binaire, exclusif, sans réciprocité, et acceptant la centralisation sur Facebook comme condition du partage.

Le degré zéro du lien. L'appréciation ou la dépréciation. Une logique de prime, de gratification, une logique « assurantielle » dans le plus mauvais sens du terme mais dont la faute n'incombe pas entièrement à Facebook et à son bouton « Like ». Cette logique était en effet déjà très largement perceptible dans ces liens dont on ne mesurait plus que la capacité de prescription marchande, ces liens que l'on n'essayait de lire qu'à l'aune des traçabilités à rebours qu'ils autorisaient, ces liens transmués en autant de baromètres attentionnels, appauvris de leur substance même : leur valeur d'échange.

Il nous faut choisir. To link or to like. Le mouvement est aujourd'hui presque à son terme. L'économétrie de l'attirance contre l'économie du lien. Beaucoup d'analystes soulignent la place de plus en plus centrale occupée par Facebook dans l'écosystème du web et les craintes que cela suscite sur la nature même du réseau, au-delà des seules questions de confidentialité. Il faut y ajouter le risque d'une polarisation du web, de l'affirmation d'un point focal que constituerait Facebook. Soit l'inverse de l'ADN originel du web fait de deux composantes essentielles : son extériorité (le web ne possède pas d'unité organique) et sa topologie systématiquement a-centrée. Google fut le premier à pourvoir mettre en place « une mise à l'index » du web qui en respecte ou qui en restitue l'échelle. Mais cet index ne dénature en rien la topologie même du réseau, il en est le reflet : il la restitue pour que nous puissions nous y situer.

Il en va tout autrement de l'index parallèle que Facebook est en train de créer avec son bouton « Like » et ses applications tierces. Comme l'index de Google, il repose sur le travail effectué par les internautes au moyen des liens hypertextes pour l'un et de l'activation du bouton « Like » pour l'autre. Google et Facebook se « contentant » de fournir à ces index un point central d'hébergement et de les hiérarchiser (et bien sûr de les monétiser). En établissant un lien, en créant le contenu qui entoure ce lien, les internautes participent à l'élaboration de l'index de Google en « qualifiant » et en orientant cet immense graphe de contenus qu'est le web. En cela ils permettent à Google mais aussi à l'ensemble des autres acteurs de se constituer comme autant de points d'accès nécessaires mais non-exclusifs et contournables.

En revanche, en cliquant sur le bouton « Like » et en fournissant – sans en avoir toujours conscience – des données aux applications tierces de Facebook, les utilisateurs bâtissent un index parallèle également qualifié, mais nécessairement propriétaire et orienté dans une seule direction : celle de Facebook.

Et demain ? Les « anciens » écosystèmes informationnels, nos *Operating Systems*, reposaient sur un environnement propriétaire fait d'applications logicielles regroupées en un même espace de travail. L'arrivée du web, de ses contenus et de leur éparpillement en un graphe aussi imprescriptible qu'imprévisible vint rompre ce cycle. L'actuelle tendance de l'informatique « dans les nuages » (*cloud computing*) rend tangible la transformation prochaine du web en un gigantesque *Operating System* dont le navigateur (*browser*) serait l'interface. Google, Microsoft ou Apple sont pour l'instant les mieux armés pour remporter cette nouvelle bataille. À moins que la vision que propose Facebook ne les coiffe au poteau.

À l'opposé d'un « *web Operating System* » pensé comme une fenêtre de navigation ouverte sur le graphe du net, un graphe pavé de liens, cartographié au moyen d'algorithmes et dans lequel les couches logicielles applicatives sont autant de nœuds du réseau que l'on vous incite à emprunter mais qui ne constituent pas des passages obligés, le cœur du webOS envisagé par Facebook représente l'exact inverse, dans la philosophie comme dans les moyens. Facebook propose de re-territorialiser à outrance, et à son seul profit, un espace appartenant à tous. Facebook propose qu'une application propriétaire (la sienne) remplace une multiplicité d'algorithmes qui offrent une cartographie concurrentielle du web.

Moralité. Après avoir été longtemps prisonniers du système Microsoft, puis encore empêtrés dans l'écosystème dominant de Google, n'allons nous pas nous retrouver, demain, dépendants d'une et une seule « application », d'une société qui a fait du web social son arme de distraction massive.

Plussoie-toi de like que je m'y mette

Affordance.info – juin 2011

Google a mis un peu moins de dix ans à se rendre maître incontesté du graphe relationnel des pages web. Facebook a mis un peu moins de cinq ans à se rendre maître incontesté du graphe relationnel des profils. Le 1er juin 2011, Google annonce sur son blog officiel « *Today, we're releasing +1 buttons to the whole web* ».

À grands coups de « Like » pour le second et de « +1 » pour le premier, les voilà désormais en quête du troisième graphe : le graphe du buzz, le graphe de la viralité construite et contrôlée, le graphe du partage, le graphe de la désignation. Ni l'un ni l'autre ne cherchent plus à découvrir ce qui lie les pages et/ou les gens, ils contrôlent, ils embrassent ces liaisons de toute la puissance de leurs algorithmes, de leurs écosystèmes.

Indexation. Documentation. Avec le PageRank, Google a construit le graphe de la qualification : les liens – hypertextes – que nous établissons, les mots que nous choisissons pour le faire, qualifient, documentent les pages auxquelles ils se réfèrent.

Conversation. Caractérisation. Avec ses millions de profils sous la même cloche numérique, Facebook a construit un graphe de sous-veillance. Les amis que nous choisissons, les vidéos que nous partageons, les groupes auxquels nous nous affilions nous profilent : ils disent de nous bien plus que nous ne pourrions ou voudrions nous même en dire. Ils nous caractérisent.

Nos deux géants sont aujourd'hui chacun en haut de leur inexpugnable forteresse. Google ne rivalisera jamais avec la puissance et l'étendue « sociale », conversationnelle de Facebook ; il n'en a pas le temps. Facebook ne rivalisera jamais avec la puissance et l'étendue « documentaire » de Google ; il n'en a pas les moyens. Cette nouvelle guerre du graphe (« Like » pour Facebook et « +1 » pour Google) est l'occasion unique pour ces deux firmes de s'approprier le chaînon manquant, le cheval de Troie idéal pour assiéger la forteresse d'en face. Qu'ils les likent ou qu'ils les plussoient, le mouvement et l'enjeu sont identiques : chacun des deux géants va tenter de saisir entre ses doigts massifs et démesurés un moment particulièrement fragile, un instant habituellement imperceptible, celui par lequel un Homme désigne un document, le désigne de son index, l'indexe, le montre, le distingue des autres, le like, le plussoie.

Le « Like » de Facebook est le cheval de bois rempli de millions d'individus, choisis pour se rendre maître de la ville de Troie documentaire. Le « +1 » de Google est le cheval de bois empli de milliards de documents, choisi pour se rendre maître de la ville de Troie profilaire.

Plussoie-toi de like que je m'y mette.

L'indexation est-elle soluble dans le(s) bouton(s) ?

Affordance.info – septembre 2011

Depuis le lancement du « Like » de Facebook, le web nous file littéralement des boutons. « Like » par ici, « +1 » par là, « Retweet » à gauche, « Recommend » et autres « Share on… » à droite, l'essentiel de nos interactions documentaires en ligne se résume à une activité de pousse-bouton. Nous ne qualifions plus des contenus, nous avons l'impression de les partager alors que nous ne faisons concrètement que les rediffuser, le plus souvent sans même les lire, c'est-à-dire sans prendre le temps de l'appropriation.

Ces boutons improprement désignés comme boutons « de partage » laissent toute la valorisation, toute la thésaurisation à la seule discrétion des sites hôtes (Google pour le « +1 », Facebook pour le « Like », etc.). Ce partage-là n'en est pas un. Ce partage-là est l'avatar d'un capitalisme linguistique, d'un libéralisme cognitif qui vise à mettre à disposition de quelques-uns l'usufruit du labeur documentaire de chacun d'entre nous (oui, c'est une thèse marxiste, et alors ?).

Ces boutons jouent au maximum sur une dérégulation de la fonction du clic, ils tendent à la rendre la plus triviale possible, à faire baisser le cours de sa valeur d'échange pour pouvoir en tirer une valorisation maximale. Pour le dire autrement, ce n'est plus ni le producteur de contenu ni le consommateur qui touchent les dividendes de leur travail (travail de production pour le premier, travail de signalement et de re-production pour le second), mais c'est l'intermédiaire qui se sucre sur leur dos.

Cette guerre des boutons est évidemment d'abord une guerre des données, dont l'enjeu et l'objectif est de parvenir à transformer la recommandation en prédiction. La pierre philosophale du web. Si la multiplication des boutons se confirme et avec elle l'avènement d'un web presse-bouton, les quelques firmes qui survivront dans cet écosystème pourront alors envisager, tels de nouveaux alchimistes, de transformer le plomb en or. De transformer des ingénieries de la recommandation (« si vous avez aimé ceci alors vous aimerez cela ») en technologies de la prédiction (« tel jour à telle heure et dans tel contexte vous allez avoir besoin de telle chose »). De faire de chacune de leurs suggestions une sujétion de nos désirs, couplée à une instrumentalisation du pulsionnel.

C'est déjà une chose connue et largement analysée que celle d'une économie de l'attention, elle-même dépendante de l'amplification sans cesse croissante et de la captation sans cesse plus fine du spectre relationnel et de l'étendue sociale de nos recommandations. Aujourd'hui est déjà atteint ce qui semblait encore hier être le rêve un peu fou de quelques doux dingues de l'algorithmie : celui d'un web implicite, celui de moteurs de divination capables, en travaillant sur leur inépuisable base de données des intentions, d'apporter des réponses avant même que ne soient posées les questions.

Mais si la suggestion reposant sur une analyse tendancielle peut se prévaloir d'un fondement – et d'une réalité – mathématique et statistique, la prédiction disposant d'un niveau de fiabilité garanti demeure, en l'état actuel des connaissances, une pure construction de l'esprit. La réalité est heureusement plus complexe que les modèles mathématiques, informatiques ou physiques qui s'efforcent d'en rendre objectivement compte.

Pourtant on ne cesse de voir se multiplier les applications et technologies « prédictives » dans le champ social : ici une police prédictive se reposant sur la capacité d'un algorithme à prédire les prochaines scènes de crime, là un programme que l'on nous dit capable de prédire le printemps arabe comme les fluctuations de la bourse. Partout la même antienne, celle de prédire l'avenir en décodant le présent numérique jusqu'à recoller exactement à la « science » inventée par Isaac Asimov dans le cycle de *Fondation* : la psychohistoire, qui permettait de prévoir par le calcul et l'analyse des cycles passés, l'ensemble des évolutions sociales. À l'heure d'une algorithmie effectivement capable de traiter de larges ensembles de données, cette ambition ne relève plus aujourd'hui d'une erreur factuelle, mais elle reste une faute interprétative.

La prédiction telle que tentent de nous la vendre les industries du big data est une « après diction ». La prédiction, le modèle prédictif que nous annoncent et nous proposent ces firmes est pour l'instant une simple pré-diction, la présentation de ce que nous aurions pu dire doublée d'une incitation à le dire, à dire ce que les autres nous font dire, d'une injonction faite aux autres de le considérer comme ayant été dit. Cette pré-diction est également une privation. Une privation de la parole possiblement inscrite, la privatisation de l'accès à une mémoire collective, qui ne nous laisse comme horizon que celui d'une « après diction », le choix binaire de consommer ou non, le choix binaire de se souvenir en dedans du système ou d'être oublié en dehors de lui, le hold-up documentaire de l'archive. Un roman d'anticipation qui repose sur une illusion fondamentale dont Jean-Michel Salaün fournit l'une des clés essentielles[1] :

La multiplication des documents et des genres dans toutes sortes de registres et leur transformation témoignent d'une relation fiévreuse à notre passé, une sorte d'interrogation existentielle sur notre présent face à un futur angoissant dont les termes se renouvellent sous nos yeux.

Mieux ou pire, le numérique par ses capacités calculatoires permet de reconstruire des documents à la demande et nous donne l'illusion d'avoir toutes les réponses à nos questions avant même qu'elles ne soient posées, comme si notre futur était un destin déjà inscrit dans les machines.

Le sens du mot « aimer »

Affordance.info – février 2013

L'informaticien Apostolos Gerasoulis (le papa du moteur de recherche Ask Jeeves) s'interrogeait en regardant défiler les dix millions de requêtes quotidiennes de son moteur[2] :

1 Jean-Michel Salaün, *Document et protodocument*, 19 septembre 2011. http://blogues.ebsi.umontreal.ca/jms/index.php/post/2011/09/19/Document-et-protodocument.

2 « David vs. Google », Heike Faller, *Die Zeit*, 2005, vol. 41. http://www.zeit.de/online/2005/41/suchmaschinen_en/komplettansicht.

Je me dis parfois que je peux sentir les sentiments du monde, ce qui peut aussi être un fardeau. Qu'arrivera-t-il si nous répondons mal à des requêtes comme « amour » ou « ouragan » ?

Je pose aujourd'hui une question nouvelle. Qu'arrivera-t-il si nous comprenons mal le sens du mot « aimer » ?

Aimer. En anglais *to like*. Qui veut dire aimer, mais aussi « aimer bien », « plaire », « apprécier ». Le verbe ne suffit pas à épuiser le sens du *like* qui est aussi adverbe, préposition, adjectif, interjection, etc.

Qu'arrivera-t-il si nous comprenons mal le sens du mot « aimer » ? Il arrive ce qui se produit lorsque Facebook déploie en janvier 2013 son « Graph Search » : la possibilité de chercher et de retrouver des gens en fonction, notamment, de leurs centres d'intérêts, c'est-à-dire des pages et des publications qu'ils ont « aimées ». Et c'est la panique lorsque chacun réalise qu'il est alors possible et facile de retrouver :

– des employés parisiens d'une grande chaîne de fast-food qui « aiment » une chaîne de fast-food concurrente ;

– les enseignants qui aiment la page Parti communiste ;

– les salariés de la RATP qui aiment le livre *Mein Kampf* ;

– les hommes mariés qui se disent intéressés par les hommes dans ce village de moins de trois cents habitants ;

– les hommes musulmans habitant à Téhéran intéressés par les hommes et leur lieu de travail ;

– les mères de personnes catholiques habitant en Italie et aimant la marque Durex ;

– les personnes mariées ayant indiqué sur Facebook qu'elles « aiment » les prostituées…[3]

3 Ces exemples, et d'autres, sont notamment issus de : « Les résultats "dérangeants» de Graph Search, le nouvel outil de recherche sur Facebook »,

Après l'inventaire à la Prévert, voici que Facebook et son Graph Search nous permettent de disposer d'un inventaire à la Orwell. Et nous comprenons alors que le sens exact du «Like» est, non pas l'exacte mesure de notre perversion aiguisée par la satisfaction garantie de l'exercice tranquille d'une pulsion scopique entretenue, mais le décompte précis de l'ensemble des perversions algorithmiques possibles rendues tangibles.

All You Need Is... Like

Affordance.info – août 2014

Pris dans les contradictions parfois flagrantes des différents espaces de discours et d'attention de notre *persona* numérique, nous commençons à acquérir la vague conscience que l'information qui nous est délivrée (sur Facebook, Twitter, dans les résultats «personnalisés» de Google, etc.) ne dépend plus uniquement d'un prisme médiatique auquel nous nous étions, bon gré mal gré, accoutumés, mais de notre positionnement, de nos préférences, de nos profils ou de ce que nous souhaitons en laisser paraître aux yeux des autres.

Dès lors c'est tout notre prisme cognitif et attentionnel qui se trouve au centre d'un processus de double contrainte. Double contrainte qui peut être résumée ainsi : je suis, ou

Michaël Szadkowski, *Rézonance* (Blog Le Monde), 23 janvier 2013. http://rezonances.blog.lemonde.fr/2013/01/23/les-resultats-derangeants-de-graph-search-le-nouvel-outil-de-recherche-sur-facebook/.

en tout cas je me plais à croire que je suis, à la recherche de l'information la plus neutre et la plus objective possible, même si j'ai conscience que cette neutralité ou objectivité est délibérément altérée par le prisme de mes préférences politiques ou citoyennes (qui me conduisent à préférer, au choix, acheter *Libé* ou *Le Figaro*) ainsi que par l'historique de mes requêtes ou par l'inventaire de mes « Like ».

J'ai également de plus en plus conscience que les filtres algorithmiques que j'utilise pour accéder à l'information, ceux qui viennent me proposer cette information, sont biaisés : si je suis d'humeur joyeuse, je préférerais aller consulter de l'information légère ; si je suis triste, je préférerais de l'information triste. Dès lors, mon comportement, l'instanciation de ma « présence » sociale est actée comme une variable susceptible de modifier le type d'information auquel j'accéderais. Et sachant cela, une boucle classique de rétroaction se met en place entre l'objet de l'expérience et le sujet de l'étude, qui amène ce dernier à modifier, parfois consciemment, parfois inconsciemment son « expression sociale » afin d'atteindre son objectif premier : accéder à de l'information qui corresponde le mieux à son état du moment.

Cette double contrainte – déjà délicate à appréhender et à gérer – est à son tour brouillée et complexifiée par un nouveau paramètre : celui de l'intentionnalité à l'œuvre derrière les filtres sociaux et algorithmiques. Si je suis triste et que l'on veut me rendre gai (parce que je suis meilleur client, parce que j'ai davantage d'inclination à acheter, ou parce que je suis plus disposé à rediffuser différentes informations quand je suis gai), alors « on » va me donner de l'information « gaie », ou à tout le moins on va surpondérer, dans l'information visible sur mon fil d'actualité, les informations les plus « gaies » au détriment des plus « tristes ».

Naturellement il n'y a là pas grand-chose de nouveau, ce principe est depuis la fin des années vingt celui qui est au cœur des industries de la publicité et de l'influence. Mais sous l'effet conjugué de l'application des filtres algorithmiques et des médias ayant intégré l'importance desdits filtres dans les processus d'accès à l'information, la « fabrique » de l'info n'est plus la même. On calibre différemment mais on aboutit au même résultat : c'est-à-dire toujours plus de *shocking*, toujours plus de *people*, toujours plus d'*infotainment*. Le traitement de l'actualité, son éditorialisation, sa hiérarchisation, dépendent aujourd'hui également – parmi naturellement et heureusement d'autres critères – de la compréhension ou de la crainte que les rédactions des grands médias ont des fonctionnements des différents filtres algorithmiques des plateformes sur lesquelles ils re-publient leurs contenus ou dans lesquelles leurs contenus sont indexés : car cette « visibilité » fonctionne également comme une garantie de pérennité économique.

Quelque chose de pourri au royaume du « Like ». Comment le profilage statistique, comment l'analyse et la segmentation des intérêts de chacun, conjugués à l'application de filtres algorithmiques et sociaux toujours plus personnalisés, toujours plus performants, supposés produire de la différence, du sur-mesure, comment tout cela peut-il produire, *in fine*, de l'identique ? Ce qui cloche, c'est la logique même du « Like », et au-delà l'ensemble des logiques d'audiences relationnelles.

Au début du mois d'août 2014, un article a beaucoup tourné sur le web. Un journaliste de *Wired* a eu l'idée de systématiquement cliquer sur le bouton « Like » de toutes les infos apparaissant sur son mur Facebook. La conclusion et les enseignements de l'expérience sont aussi glaçants que limpides :

En très peu de temps, le fil d'actualité de Mat Honan a complètement changé d'aspect. Une heure après le début de son expérience, il ne voyait déjà presque plus de messages d'amis dans son fil, il ne restait que des publications de marques et de sources d'actualité. Il voyait également apparaître des fermes de contenu. […]

Après avoir aimé un message pro-israélien sur Gaza, son fil s'est très fort teinté « à droite » en montrant une page contre les immigrés. Il a tout aimé. Pour Homan, Facebook s'est transformé en « temple de la provocation ». […] En plus d'afficher des publications politiques, à moment donné son fil est devenu tout à fait stupide […]. « Des inepties sensationnalistes, mais j'ai tout liké » explique Honan. […] Le rédacteur a également constaté que la version mobile de son fil présentait un aspect tout à fait différent de la version web même s'il les ouvrait au même moment. Sur son smartphone, il ne voyait que des annonces et des publications de sites web, alors que sur l'ordinateur il voyait tout de même quelques messages de ses amis. […] Cependant, ce qui a le plus surpris Honan, c'est l'impact de son comportement sur les fils de ses amis. Leurs fils d'actualité regorgeaient d'articles qu'il avait aimés. « 70 % de mon fil d'actualité se compose de publications aimées par Mat » explique l'un de ses amis Facebook.

Finalement, Mat Honan a même été contacté par un employé de Facebook qui voulait le faire entrer en contact avec le département de relations publiques du réseau social. *« En aimant tout, j'ai transformé Facebook en endroit où il n'y avait plus rien que j'aimais »* conclut Honan[4].

4 « I Liked Everything I Saw on Facebook for Two Days. Here's What It Did to Me », Mat Honan, *Wired*, 11 août 2014. https://www.wired.com/2014/08/

Qui trop embrasse mal étreint. Certes. Mais pas uniquement. Car au-delà de cette démonstration par l'absurde, le niveau de finesse des ingénieries algorithmiques permet aujourd'hui effectivement d'orienter, de guider, voire de modifier un certain nombre de nos préférences et de nos goûts. Là aussi c'est un vieux problème et l'expérience de Mat Honan pourrait être déclinée sur l'ensemble des écosystèmes informationnels utilisant des ingénieries relationnelles. J'avais à l'époque – il y a de cela plus de six ans… – fait le test sur Amazon en partant d'un recueil de poème de Philippe Jaccottet et m'étais systématiquement retrouvé, après un certain nombre d'itérations (« si vous avez aimé X, vous aimerez Y ») sur des suggestions correspondant uniquement aux best-sellers du moment.

Un article paru début août 2014 sur *Global Voices* vient éclairer un autre aspect de ce problème, en s'intéressant cette fois à « l'art de personnaliser la propagande » à propos du conflit entre Israël et l'État palestinien. Les nombreux exemples pris sur différents réseaux permettent au journaliste de démontrer une nouvelle fois que le premier « principe actif » de l'ensemble des ingénieries relationnelles est de nous conforter dans nos propres opinions plutôt que de nous amener à nous confronter à des points de vue différents. Parce que c'est plus confortable, parce que c'est plus rentable, parce que c'est plus efficace, et pour tout un tas d'autres bonnes raisons autant dictées par les règles du marketing que par le principe même de ce type de réseaux qui, même à l'échelle d'immenses communautés d'utilisateurs, restent avant tout des environnements fonctionnant en mode

i-liked-everything-i-saw-on-facebook-for-two-days-heres-what-it-did-to-me/.

concentrationnaire. Ce qui amène l'auteur de l'article de *Global Voices* à conclure ainsi :

> *Appelez-ça « homophilie » ou « bulle de filtre », c'est un phénomène qui prévaut systématiquement.* Et de donner un exemple très concret : *Les « Facebook trending pages » agrègent des contenus très partagés sur la plateforme. Si vous êtes déjà loggués sur votre compte, vous verrez une vue personnalisée de ces « trending pages », qui mettra en avant les contenus les plus partagés ou vous par vos amis. Si vous vous connectez maintenant dans une nouvelle fenêtre de votre navigateur en activant la navigation « anonyme » (ou le mode « incognito ») et naviguez sur la même page vous aurez alors une vue « brute » et « dépersonnalisée » sur l'ensemble des pages et articles les plus partagés.*

Cette expérience peut facilement être reproduite par chacun d'entre nous et je m'amuse souvent moi-même à le faire : sans même naviguer en mode « anonyme » ou « incognito » il suffit de se connecter à son compte Facebook en utilisant un ordinateur, puis son smartphone. Le fil des informations affichées est souvent radicalement différent : les informations affichées sur le smartphone sont plus « politiques », plus « polarisées » que celles de notre mur visualisé depuis un écran d'ordinateur. Les raisons en sont simples : l'espace d'affichage du smartphone étant forcément plus restreint, le « filtre » algorithmique sélectionne moins de contenus que sur l'écran d'un ordinateur fixe. Et les infos retenues pour notre smartphone sont également tendanciellement plus orientées vers des logiques d'achat direct ou en tout cas elles favorisent davantage les articles plus « clivants » qui vont nous inciter à interagir davantage pour, d'une certaine manière compenser la baisse quantitative des informations affichées. Pour prendre une analogie qui ne vaut pas grand-chose mais qui me permettra de souligner un point important de cette vue biaisée mise en place au travers de dispositifs, c'est un peu comme si, lorsque vous lisiez votre journal préféré sur votre smartphone, vous n'aviez accès qu'aux éditoriaux et aux articles polémiques alors que la lecture du même journal sur votre ordinateur vous permettrait de naviguer normalement dans l'ensemble des contenus dudit journal.

Naturellement le résultat de cette « expérience » sera plus ou moins probant selon les utilisateurs, car s'il dépend pour une large part de la nature des publications que vous aimez et avec lesquelles vous avez l'habitude d'interagir, il dépend également de pratiques et des usages en vigueur dans votre cercle « d'amis ». Elle témoigne en tout cas d'un rapport inédit à la manière dont ces plateformes et ces écosystèmes conditionnent notre manière de « voir » et de « lire » le monde. Car entre l'expérience compulsive de tout liker à laquelle s'est livré le journaliste de *Wired* et un usage plus pondéré, ou celui d'un individu qui n'aimerait jamais rien, toute la marge de manœuvre et d'appréciation de ce qui mérite d'être vu, lu, su, discuté et commenté, est, pour une très large part, laissée à l'appréciation de routines algorithmiques presqu'entièrement opaques.

La fin de l'écriture : je veux un chien, un enfant et du sexe

Affordance.info – février 2013

Quarante-cinq des cinquante États américains s'apprêtent à rendre optionnel à l'école primaire l'apprentissage de l'écriture manuscrite[5]. En remplacement : l'apprentissage de... Word.

L'idée n'est pas ici d'entrer dans un débat dont l'article cité rappelle d'ailleurs les enjeux (apprendre à écrire est aussi apprendre à lire, et l'on peut inférer que la disparition de l'écriture manuscrite remplacée par les traitements de texte appellerait logiquement la fin de la lecture remplacée par les technologies de reconnaissance vocale). Mais de rappeler la logique de disparition des possibilités d'inscription, des possibilités d'écriture, non seulement en actant le fait que l'omniprésence des écrans et dispositifs connectés rend le plus souvent obsolète et inutile (ou moins littéralement accessible) l'écriture manuscrite, mais également pour souligner qu'au sein même de l'écosystème technologique connecté la disparition et l'effacement des claviers – et donc de l'écriture – est également opérante. Dans le web pousse-bouton, dans le web applicatif, l'écriture comme interaction avec la machine – et donc avec le monde et les autres – peut de plus en plus souvent être résumée à un clic (le fameux « Like » et

5 « Apprendre à écrire ne sera plus obligatoire dans les écoles de 45 Etats américains », Bénédicte Lutaud, *Ça m'intéresse*, 21 février 2013. http://www.caminteresse.fr/economie-societe/apprendre-a-ecrire-a-lecole-bientot-demode-1161153/.

les grammaires pulsionnelles qu'il instaure) : elle équivaut à un désengagement, là où le lien hypertexte du web originel nécessitait à l'inverse un double engagement obligeant à la fois à réfléchir à la meilleure inscription possible du contexte (source du lien/document hôte) ainsi qu'à celle de la cible discursive visée. Une double inscription hier contre une simple dé-scription aujourd'hui. Le « Like » a bien tué le lien.

Observons maintenant un second fait. Qu'ont en commun le désir d'avoir un enfant, celui d'avoir un chien et celui d'obtenir une faveur sexuelle ? Tous trois ont récemment fait l'actualité du premier réseau social au travers des trois épisodes relatés ci-dessous.

Mi-janvier 2013 (le 15 exactement) deux sœurs d'une famille américaine veulent qu'on leur achète un petit chien après que le leur soit mort d'un cancer. Les parents s'y refusent dans un premier temps mais leur père leur lance un défi : elles auront un nouveau chien si elles parviennent à collecter un million de « Like » sur Facebook. La page atteint des seuils de viralité et de partage inégalés jusqu'ici en un laps de temps si court, et, *Facebook ex machina*, le vœu des petites filles est exaucé.

Mi-janvier 2013 encore, le 17, un jeune norvégien relève le défi que lui a lancé une copine (?) : obtenir un million de « Like » pour « gagner » une relation sexuelle avec elle. Il ne lui aura fallu que dix-huit heures pour y parvenir. Nous tairons l'issue de ce « défi » en nous bornant à constater que l'engouement autour de ce challenge fut aussi précoce que jaculatoire.

Toutes les conditions sont alors réunies pour la création d'un même, et de multiples pages naîtront dans cette logique d'obtenir le graal de la viralité. Comme par exemple celle de ce mari aspirant à devenir père qui crée sa page le 20 janvier et parvient rapidement à ses fins : l'enfant est « programmé » pour 2014.

Ces deux séries de faits (disparition de l'enseignement de l'écriture manuscrite et franchissement d'un nouveau seuil dans l'abaissement de la frontière de l'intimité vécue) me semblent pouvoir être liées parce qu'au-delà même de l'éventuelle disparition de l'écriture manuscrite, la radicalité de la rupture qui vient porte d'abord sur la possibilité d'existence d'une écriture non-médiée par des technologies « sociales » ; d'une écriture qui puisse encore être *détachée* de toute ambition de publication, au moins temporairement, au moins dans le temps – fût-il long – qui commence et qui clôt son inscription ; d'une écriture manuscrite (ou tapuscrite) qui puisse renoncer à la satisfaction pulsionnelle d'être immédiatement lue, vue, partagée, commentée, discutée, et s'offrir, par ce renoncement, la possibilité de nourrir une quelconque introspection.

De la figure de l'index à celle du pouce levé : vous prendrez bien deux doigts de digital ?

Affordance.info – septembre 2014

Métaphoriquement, l'histoire du web tient tout entière entre ces deux icônes : la première apparaît au début du web, c'est la petite flèche qui devient un index pointé quand vous passez sur un lien hypertexte. La seconde c'est la main au pouce levé, le « Like » de Facebook. La première est celle du premier âge : celui du World Wide Web. La seconde est celle du deuxième âge : celui du World Life Web.

Ces deux icônes sont les plus représentatives et les plus primales de l'interaction au texte (la petite main à l'index levé) et de l'interaction affective aux autres et au monde (le pouce levé). Les plus représentatives et les plus basiques même si chacune d'entre elles mobilise naturellement des processus et des enjeux parfaitement et radicalement différents. Mais ce qui relie ces deux icônes c'est qu'elles matérialisent, dans leur conjonction, une figure essentielle de l'interaction, à savoir la préhension, l'activité de prendre avec la main. Cette capacité nécessite la présence d'un index et d'un pouce opposable.

Ainsi, à partir du moment où l'on dispose (icôniquement et fonctionnellement) de l'index et du pouce, donc de la capacité de préhension numérique, il devient possible, comme dans le stade habituel de développement de l'enfant – vers neuf à dix mois – de passer à d'autres activités, à d'autres interactions (tactile, repérage dans l'espace, etc.) au travers d'autres interfaces, d'autres modes de préhension à la fois plus fins et plus divers dans leurs instanciations. Le pouce levé et la petite main ont aussi permis l'avènement des interfaces dites « tactiles », qui dans leur instanciation technologique autant que dans leur héritage iconique ont besoin de relier les capacités de préhension du pouce et de l'index : un enfant âgé de quelques années est ainsi, par imitation autant que par héritage gestuel, capable de zoomer, d'agrandir une photo en interagissant avec son pouce et son index.

Ce que l'histoire de la petite main et du pouce levé nous indique *in fine*, c'est que nous avons apprivoisé la préhension numérique et que d'autres modes d'interaction peuvent désormais être massivement adoptés. Nous sommes « prêts » parce que pour une fois, le numérique fut effectivement d'abord une affaire de « digital ».

Pour autant, l'entrée dans ce troisième âge des interfaces, celui qui se dessine au-delà du tactile avec, par exemple, les dispositifs de réalité augmentée, sera celui de l'appréhension. De l'a-(privatif)-préhension. D'une absence de préhension. Dans un environnement de réalité virtuelle notre main « saisit » des objets mais elle ne tient rien d'autre que la représentation numérique de l'objet. C'est donc littéralement une absence de préhension. Les Google Glasses, les vêtements connectés, les voitures connectées sont des interfaces sans préhension, des interfaces qui nous enlèvent la préhension. Des interfaces Lewis Carrolliennes, qui à l'instar d'Alice nous emmènent derrière le miroir de notre rapport au monde et aux autres.

Il est donc légitime qu'elles génèrent, au-delà de l'enthousiasme technophile de quelques développeurs et *early-adopters*, sinon une forme d'angoisse et de crainte, du moins une forme d'appréhension qui vient de l'incapacité de préhension et donc de com-préhension. Car pour com-prendre le numérique, il nous faut le prendre « ensemble ».

Une foule de questions se posent donc dans différents champs sociaux, toutes relatives à notre perte de contrôle : sur nos données, notre image, notre e-réputation, sur nos requêtes, sur nos comportements d'achat, sur les objets connectés et autres véhicules sans chauffeur qui seront demain notre quotidien, etc.

C'est dans ce moment que nous devons nous souvenir que si nous avons le sentiment d'avoir perdu le contrôle, c'est parce que nous avons perdu les repères habituels de la préhension à l'échelle du numérique, c'est-à-dire la cardinalité de la navigation (le lien, la petite main) et de l'émotion (le « Like », le pouce).

Objets totems et sujets tabous. Par-delà les seules cafetières ou thermostats connectés, l'âge qui s'ouvre, celui de l'internet des objets et de la réalité augmentée ou virtuelle, va nous voir passer d'un monde d'interactions finies avec un petit cercle très limité d'objets totems (les ordinateurs, smartphones et tablettes) à un monde d'interactions infinies dans un cercle étendu de sujets tabous, c'est-à-dire pour lesquels l'essentiel des modalités d'interaction proposées ou induites nous renverra à des tabous sociétaux ou à des impensés technologiques ; sujets pour lesquels il nous faudra trouver une réponse technologique à des tabous sociétaux.

Du côté des tabous sociétaux citons par exemple la mort, c'est-à-dire les interactions désormais possible après la mort numérique d'un proche. Plus prosaïquement citons également la surveillance, et rappelons que l'angoisse d'être en permanence filmé à notre insu constitua le principal frein au déploiement des Google Glasses. Du côté des impensés technologiques, on pourra, parmi d'autres, poser la question que soulevait Tom Chatfield à propos de la mise en circulation des premières voitures autonomes[6] :

> *Si nous pouvons construire une voiture qui évitera automatiquement la collision avec un bus rempli d'enfants, y compris au risque de mettre en danger la vie du conducteur, faut-il donner au conducteur la possibilité de désactiver ce réglage ?*

---

6 « Automated ethics », Tom Chatfield, *Aeon*, 31 mars 2014. https://aeon.co/essays/can-we-design-machines-to-make-ethical-decisions.

Et quelle sera l'interface qui nous sera offerte pour reprendre la main sur l'interaction : l'index qui désigne l'accident qui arrive, ou le « Like » honorifique à titre posthume qui nous remerciera d'avoir choisi d'épargner les occupants de ce bus scolaire ?

IF ça va ? THEN oui, et toi ? Les algorithmes de la routine

Affordance.info, décembre 2013

Moteurs et réseaux sociaux continuent leur mue. Organisant d'abord leurs résultats comme de simples listes, à l'image des premières traces d'écriture connues, ils sont progressivement devenus capables de recommander et de prescrire, nous offrant des réponses avant même que nous n'ayons eu l'idée de poser la question. L'enjeu est d'importance à l'échelle de l'ensemble de la société puisque ces protocoles, ces routines informatiques guident désormais l'essentiel de nos vies. Pas une activité qui ne soit exposée à d'algorithmiques prescriptions, du choix d'un DVD pour Noël à celui d'un·e partenaire sur un site de rencontre.

Facebook encore vient d'annoncer un changement de son algorithme qui devrait lui permettre, côté *newsfeed* de faire remonter davantage les « contenus de grande qualité (sic) » au détriment, par exemple, je cite, des « *meme photo[s] hosted somewhere other than Facebook* ».

Début décembre 2013, Google dépose un brevet[7] correspondant à un algorithme capable non plus simplement de prédire vos futures interactions mais d'écrire à votre place des contenus adaptés à la gestion de vos interactions sociales en ligne, en prenant en compte votre psychologie et celle des gens à qui vous vous adressez. Ce qui donne la chose suivante :

Il est extrêmement important pour les utilisateurs qu'ils agissent en fonction du réseau social sur lequel ils opèrent. Par exemple, il peut être très important de dire « félicitations » à un ami quand celui-ci annonce qu'il a trouvé un nouveau travail. Avec une connectivité toujours plus importante et une liste croissante de contacts en ligne, et étant donné le nombre d'informations que les utilisateurs mettent en ligne, il est possible qu'une personne rate une telle information.

Pour y parvenir, Google utilisera donc un « module d'analyse de suggestion » couplé avec un « arbre décisionnel » lesquels rédigeront directement des messages dans le « module d'interface utilisateur ».

Le module d'analyse de suggestion coopère avec le module d'interface utilisateur et l'arbre décisionnel pour générer des réactions ou des messages suggérés que l'utilisateur peut envoyer. L'analyseur de suggestions coopère avec l'arbre décisionnel pour apprendre le comportement de l'utilisateur et ajuster automatiquement les messages qui sont générés dans le temps.

7 « Automated generation of suggestions for personalized reactions in a social network », US Patent 8,589,407, 19 novembre 2013. http://patft.uspto.gov/.

Ce qui donne : *Dans un exemple, Google imagine une conversation semi-automatisée dans laquelle « David envoie à Alice un message public ou privé d'un type particulier mais régulièrement rencontré (par exemple, « comment ça va ? ») ». En analysant les données disponibles, le système reconnaît alors automatiquement que David a changé d'employeur récemment, qu'Alice a déjà parlé boulot avec David, et génère une réponse telle que « Salut David, ça va bien. Tu étais chez ABC ces trois dernières années et tu es maintenant chez XYZ, tu aimes ton nouveau lieu de travail ? »*

Il ne s'agit pas simplement de « robotiser l'hypocrisie » comme le note ironiquement Guillaume Champeau sur *Numerama*. Ce dont il est ici question c'est de la mise en algorithme de l'ensemble des routines sociales. Les algorithmes de la routine. Sur la base de données comportementales déjà traquées bien au-delà de l'écran, à l'interface de notre main et de notre souris.

L'analogie avec l'ère industrielle et le remplacement, sur la chaîne de production, des ouvriers par des machines précisément capables de prendre en charge les tâches dites routinières, est bien sûr tentante. Là où ce remplacement permettait jadis de jouer à la fois sur l'amélioration des conditions de travail desdits ouvriers et sur l'augmentation du rythme de production, grâce aux machines, nous sommes ici devant un bouleversement relativement semblable et qui devrait plaire à Jaron Lanier et sa théorie de l'internaute en travailleur exploité. Mais la finalité de ce bouleversement nous échappe pour l'instant : soit il s'agit d'éliminer la routine (en l'automatisant) pour nous permettre de nous consacrer à des interactions plus fécondes ou supposément de plus haut niveau, soit il s'agit d'optimiser une nouvelle fois notre temps de cerveau disponible en le déchargeant des interactions de plus bas niveau pour lui laisser le temps de se concentrer sur des informations de plus « haute qualité », c'est-à-dire... les dernières nouvelles de nos équipes de sport favorites. Et cela précisément parce que ces interactions de « haute qualité » sont les plus présentables pour le marché publicitaire et qu'il est plus facile de vendre de l'espace publicitaire et du temps de cerveau disponible sur une équipe de foot que sur un anniversaire ou une félicitation liée à une naissance ou à un mariage. Ou précisément aussi, parce que le fait de taper à notre place ladite félicitation pour cette naissance ou pour ce mariage permettra aux mêmes moteurs scripteurs de saisir simultanément un encart publicitaire qui aurait pu ne pas s'afficher dans le cas où nous aurions oublié d'adresser lesdites félicitations. Un modèle 100 % gagnant, 100 % rentable, 100 % publicitaire... et 100 % flippant.

Les interactions sociales sont d'abord des zones de frictions potentielles : une discussion peut toujours déraper, une allusion être mal comprise ou mal interprétée. Or les modèles algorithmiques détestent la friction et lui préfèrent une fluidification plus propice et plus efficace dans la mise en place de leurs routines itératives.

La routine est étymologiquement le diminutif de la route, cette petite route que l'on prend par habitude. Les autoroutes de l'information ont vécu. La routine également. Entre les deux, entre autoroute et routine, il existe une troisième voie ; un chemin ; le chemin décrit par Vannevar Bush dans son article « As we may think ». Les *trails* de vannevar Bush. Ces chemins qui comptent autant que le lien. C'est de la survie de ces chemins dont il est aujourd'hui question.

Et sinon, vous, ça va ?

THEN... « Oui et toi ? »

Derrière la grille des programmes : cachez ce contenu que je ne saurais voir

Affordance.info, septembre 2014

Il est plusieurs manières de traiter la question de la neutralité des grands écosystèmes informationnels du web.

La première est « média-centrée ». Elle consiste à les considérer comme des médias classiques et ce faisant à accepter deux biais. D'abord les biais nécessaires de l'éditorialisation, même s'il s'agit non plus de rédactions mais d'algorithmes s'efforçant de hiérarchiser et d'organiser une abondance toujours plus grande de contenus. Ensuite les biais résultant de leur modèle économique : *Le Figaro* ne traite pas des affaires de Dassault, *TF1* ne va pas lancer une enquête d'investigation sur l'entreprise Bouygues, Jean-Pierre Pernaut passe chaque année d'agréables vacances dans de jolis coins de France, alors n'attendons pas non plus que Google ou Facebook nous permettent de moins consommer ou de le faire plus intelligemment.

La seconde approche est « public-centrée ». Elle consiste à prendre en compte le fait que ces médias bousculent la hiérarchie des biais précédents en faisant passer le modèle économique (générer du clic pour faire tourner les régies publicitaires affiliées) avant toute forme d'éditorialisation (laquelle, je le rappelle, est exclusivement assurée par différents réglages algorithmiques comportant eux-même de nombreux biais tant « naturels » – il faut bien des critères pour hiérarchiser – qu'économiques – il faut bien faire remonter les liens des annonceurs les plus générateurs de clics). Elle consiste ensuite à remarquer qu'au pluralisme des médias classiques (si tu veux avoir une vue objective de la réalité, achète simultanément *L'Humanité* ET *Le Figaro*) ne correspond aucun pluralisme de ces vortex attentionnels (nous y reviendrons plus tard, mais actons déjà le fait que si le journal *L'Humanité* est l'antithèse du journal *Le Figaro*, nous chercherons encore longtemps l'antithèse à Google ou à Facebook). Une fois acté le fait que lesdits vortex sont en passe de constituer la principale et parfois même l'exclusive source d'information dudit public – même si les chiffres, selon les pays et les tranches d'âges présentent quelques variantes et sont parfois discutables – la conséquence est que certaines informations risquent tout simplement de n'être jamais affichées et que d'autres seront systématiquement censurées. Ajoutez-y le désormais classique effet de « bulle de filtre » (Eli Pariser) et vous aurez un tableau assez pessimiste mais, je pense en tout cas, assez réaliste de l'état de notre paysage informationnel au travers du prisme des grands écosystèmes du web.

Médiaplasmes et médiaplasies. Presse, télé, radio s'adressent – supposément – à cette zone que l'on nomme le cortex. Ils le font au travers de matière, au moyen de figures modelées et façonnées, des « plasmes ». Je propose donc pour la suite de ce chapitre de regrouper lesdits médias classiques (presse, télé, radio) sous le doux sobriquet de « médiaplasmes ».

L'aplasie désigne en biologie un dysfonctionnement des cellules ou des tissus, qui aboutit à l'arrêt de leur développement. Au regard des faits énoncés plus haut et de ceux à venir dans la suite de ce chapitre, je propose de regrouper les seconds médias (Facebook, Google, Twitter, Amazon, Apple, etc.) derrière le sobriquet de « médiaplasies ».

Revenons maintenant sur quelques exemples de l'actualité médiaplasmique et médiaplasique récente.

Il y a l'affaire de la décapitation de James Fowley. Les médias classiques ont choisi – en tout cas pour l'essentiel d'entre eux – de relayer l'histoire de la décapitation sans diffuser la vidéo de la décapitation (avec un argumentaire allant de « on ne va pas faire de la publicité à ces terroristes » jusqu'à « c'est vraiment trop gore », en passant par « on pense à la famille »). Ce choix s'est fait en conférence de rédaction (la plupart du temps en tout cas), il a été restitué à l'antenne, et sa restitution a nécessité une explication/explicitation.

Dans le même temps, Twitter a simplement suspendu les comptes de ceux ayant relayé ou rediffusé le lien vers la vidéo de ladite décapitation. La justification est simple : elle contrevient aux CGU. De la même manière que l'affichage de *L'Origine du monde* de Courbet contrevenait aux CGU de Facebook. Et ainsi de suite. *CGU über alles*. C'est l'éternel retour de l'éternel débat sur la responsabilité des hébergeurs. Un débat qui a légèrement évolué avec l'évènement du cloud, les anciens et littéraux hébergeurs ayant fait place à des entités gigantesques qui, bien avant de permettre d'héberger des contenus ou des fragments de discours, sont d'abord là pour autoriser leur diffusion. C'est-à-dire à la fois la permettre mais aussi, et surtout plus essentiellement, pour s'en voir déléguer l'autorité par défaut ; une autorité qui leur permet ensuite de disposer de ces mêmes contenus au gré de l'évolution de CGU si vagues et englobantes qu'elles demeurent parfaitement et à coup sûr circonstancielles.

Si *LCI*, *France2* ou *TF1* ont décidé de ne pas diffuser la vidéo de la décapitation, c'est au nom d'une éthique ou d'une déontologie journalistique (que l'on pourrait par ailleurs discuter mais ce n'est pas le sujet). Les médiaplasmes ont l'entrave déontologique.

Si un individu décide de diffuser le lien vers la vidéo de la décapitation, c'est au nom de son seul libre arbitre, lui-même mesuré à l'aune de la simple possibilité offerte de le faire, elle-même mesurée à l'aune de l'antériorité de l'acte initial de publication de la vidéo. Bref, un individu n'est pas soluble dans le numéro ID d'une vidéo YouTube.

Twitter ou Facebook ne *décident* pas de diffuser ou de ne pas diffuser cette vidéo. Twitter et Facebook *décident* de suspendre ou de ne pas suspendre les comptes des individus diffusant cette vidéo : la nuance est subtile mais elle est d'importance.

Permettez-moi une rapide analogie : quelle serait notre réaction si *Le Monde*, *L'Humanité* ou *Le Figaro*, décidait suspendre l'abonnement d'un lecteur qui aurait diffusé cette vidéo ou aurait émis une opinion contrevenant aux CGU du *Monde*, de *L'Humanité* ou du *Figaro* ? Comment réagirions-nous si *TF1*, *France2* ou *LCI* décidaient de suspendre le droit d'un individu de consulter le programme de ces chaînes respectives au motif que celui-ci aurait émis une opinion contrevenant à leurs CGU ? Vous m'objecterez que l'idée d'avoir des CGU au *Monde* ou à *Libération* est idiote. Vous aurez raison. Au *Monde* et à *Libération* les CGU s'appellent la déontologie, nous en parlions justement quelques lignes plus haut, et elles s'adressent aux rédacteurs et non aux lecteurs. Vous m'objecterez ensuite que l'analogie est douteuse car le modèle médiatique de la presse ou de la télé (*top-down*, quelques-uns choisissent et diffusent, tous les autres se contentent de lire ou de regarder ou de subir) n'est en rien celui de Facebook ou Twitter (*bottom-up*, les gens « produisent » l'information, ils « sont » l'information).

Je vous rétorquerai qu'elle ne l'est – douteuse – que tant que l'on considère cet état de fait en dehors du contexte économique qui l'autorise et le surdétermine d'une part, et, d'autre part, tant que l'on considère également que nous serions tous de supposés producteurs de contenus, quand tout le monde sait bien que les contenus générés par des utilisateurs lambda n'occupent plus qu'une part minoritaire des informations affichées (dans Facebook notamment et demain j'en suis convaincu dans Twitter) et que sur 100 utilisateurs lambda seul 1 d'entre eux produit réellement du contenu là ou 9 autres se contentent de le modifier à la marge, de le rediffuser ou de le commenter. Bref, les médiaplasies n'ont que l'entrave de leurs CGU.

Il y a l'affaire des émeutes de Ferguson. Il faut ici rappeler que si Twitter est encore relativement peu entravé par une gouvernance algorithmique des informations publiées, Facebook, à l'inverse, contrôle dans les moindres détails l'ordre d'apparition et la visibilité des informations publiées sur les murs de ses usagers. Zeynep Tufekci rapporte ainsi sur *Medium* que les comptes Twitter de ses amis étaient emplis, en temps réel, d'informations, de faits et d'opinions concernant les émeutes de Ferguson consécutives à la mort d'un jeune africain-américain abattu par un policier blanc, alors que sur Facebook, il fallut attendre le lendemain des émeutes pour voir apparaître sur les profils des mêmes amis, une partie seulement des mêmes informations, faits et opinions sur les mêmes émeutes.

Une observation par ailleurs confirmée dans d'autres études relayées dans un article du *Washington Post* et faisant état du fait que «*près de la moitié des posts publiés dans le newsfeed ont été publiés dans les jours précédents. Et la majorité des nouveaux posts ne sont pas affichés du tout*».

Ce qu'explique Zeynep Tufekci dans son billet, est rappelé et développé dans le *Washington Post*[8] :

Casey Johnson sur Ars Technica *a suggéré que l'algorithme de Facebook éliminait les contenus controversés du* newsfeed *des utilisateurs – peut-être ceux faisant preuve de racisme ? « Il y a une raison au fait que le contenu que voient les utilisateurs est plutôt agréable pour une audience généraliste : des sites comme* Buzzfeed, Elite Daily, Upworthy *perfectionnent constamment leur capacité à faire ressortir des contenus présentant une attractivité universelle. Les contenus pouvant être source de dissension et de tensions peuvent fournir à Facebook une audience supplémentaire à court terme grâce à de virulents débats, mais les contenus qui créent de l'accord et de l'harmonie sont ceux qui garantissent que les gens reviendront sur le site. »*

Johnson appuie sa théorie sur une étude du Georgia Institute of Technology sur la manière dont les contenus politiques affectent les perceptions des utilisateurs de Facebook. Elle en résume les principaux résultats : « Parce que les réseaux d'amis sur Facebook sont souvent composés de liens faibles avec un seuil très bas pour devenir ami avec quelqu'un, l'étude montre que les utilisateurs sont souvent négativement surpris de voir leurs amis exprimer des opinions politiques différentes des leurs. Cela est ressenti comme une aliénation et, globalement, fait que tout le monde préfère parler le moins possible de sujets politiques. »

8 « How Facebook and Twitter control what you see about Ferguson », Gail Sullivan, *The Washington Post*, 19 août 2014. https://www.washingtonpost.com/news/morning-mix/wp/2014/08/19/how-facebook-and-twitter-control-what-you-see-about-ferguson/.

En résumé : l'algorithme de Facebook pondère à la baisse les contenus prêtant à controverse. Si un contenu cause des tensions ou de la dissension il peut créer un effet de bénéfice à court terme dans la polémique qui suivra et sera relayée sur le site (dans les commentaires par exemple) mais les contenus qui créent «*de l'accord et de l'harmonie*» sont ceux qui font que les gens reviennent sur le site. De la même manière, l'effet d'homophilie limite considérablement la chance d'être ami avec une personne exprimant des opinions politiques trop différentes des nôtres.

Je me souviens des articles parus deux ou trois ans après la naissance de Facebook dans lesquels on nous expliquait – parfois même scientifiquement – que lesdits réseaux sociaux avaient une influence positive sur notre humeur, qu'ils nous rendaient plus sociables et plus joyeux. Dix ans après la naissance de Facebook on réalise aujourd'hui que ce que l'on croyait être une conséquence est en fait une cause : les réseaux sociaux ne nous rendent pas plus heureux, les réseaux sociaux surpondèrent l'information joyeuse pour mieux nous rendre disponibles aux stimulis publicitaires nécessitant un clic enthousiaste. À ce titre ils n'ont effectivement fait que reprendre le modèle dit de « Le Lay » du temps de cerveau disponible.

Mais à la différence des médias classiques (ou médiaplasmes), les réseaux sociaux (ou médiaplasies) ne sont pas segmentables. Il n'y a pas de grille de programme dans laquelle on peut faire le choix d'une émission de divertissement, d'un magazine d'information, ou d'un film à grand spectacle. Les réseaux sociaux subliment le modèle des médias classiques car ils sont seuls à être en capacité de nous placer littéralement derrière une grille de programmes (informatiques). Les barreaux de bits de nos prisons algorithmiques sont une forme de confirmation d'explorations réduites à la portion congrue de la consultation, de consultations qui font littéralement office de parloir (comme Flaubert avait son gueuloir) et rythment l'itinéraire du chemin de ronde de nos navigations carcérales.

Là où les médias classiques ou médiaplasmes s'appuient sur une grille de programmes, les médias web ou médiaplasies nous enferment derrière une grille de programmes (informatiques)

Peut-être que, comme le faisait remarquer Ian Bogost sur Twitter, «*la bulle de filtre ultime est de croire qu'internet représente le monde*». Mais je ne crois pas. Ou tout du moins, je préfère de loin la conclusion du billet de Zeynep Tufekci[9]:

> *Mais gardez à l'esprit que Ferguson est également une question qui relève de la neutralité du net. C'est aussi une question qui relève du filtrage algorithmique. La manière dont internet est géré, gouverné et filtré est une question qui relève des Droits de l'Homme. Et malgré de nombreux développements lamentables, ce combat est loin d'être terminé, et ses ennemis sont le cynisme et le déni de cette réalité. Ne laissez personne d'autre vous dire le contraire. Ce qui arrive à* #Ferguson *impacte ce qui arrive à Ferguson.*

Ce que ces affaires nous disent de notre rapport à l'information propulsée, éditée et gérée dans des environnements contrôlés algorithmiquement pour servir des intérêts attentionnels consensuels générateurs de clics, eux-mêmes au

9 «What Happens to #Ferguson Affects Ferguson: Net Neutrality, Algorithmic Filtering and Ferguson», Zeynep Tufekci, *Medium - The Message*, 14 août 2014. https://medium.com/message/ferguson-is-also-a-net-neutrality-issue-6d2f3db51eb0.

service d'intérêts économiques publicitaires dépendant des mêmes clics ; ce que ces affaires nous disent, c'est la confirmation que nous avons perdu quelque chose. Oh rassurez-vous, il ne s'agit ni de notre distance critique, ni de notre capacité d'analyse, ni même de notre libre arbitre, n'en déplaise à Alain Finkelkraut. Non. Ce que nous avons perdu c'est notre capacité à détourner l'algorithme, notre capacité de saboter non pas l'information elle-même mais la manière dont elle nous est servie, et avec elle notre capacité à nous y soustraire ou tout au moins à ne pas être réduits à une acceptation abrutissante. Nous avons perdu la capacité de faire du *Google bombing*. La vidéo de la décapitation de James Fowley existe. Elle est encore en ligne. Indépendamment de l'intérêt plus que glauque de la chose, et tout aussi indépendamment des débats éthiques ou déontologiques afférents, combien d'entre nous sont en capacité de la retrouver ? Combien d'entre nous sont capables de détourner l'obfuscation algorithmique qui tantôt oblitère le signalement, tantôt suspend la publication des comptes de ceux qui voudraient s'en faire le relai, tantôt ramène dans l'oubli non pas seulement « une vidéo de décapitation » mais avec elle le débat entourant cette première – sordide – « décapitation médiatisée » et avec lui, le fait médiatique d'un journaliste exécuté pour avoir voulu s'aventurer dans des contrées où l'information n'avait plus le droit de cité ? Par quel cynisme de routines algorithmiques, justifiées par le seul respect de CGU auto-proclamées, se trouve-t-on à s'aventurer dans des jardins fermés où l'information chaque jour se fracasse sur le droit d'être mentionnée, d'être citée, d'être liée ?

Croyez-vous que les ingénieurs de Twitter n'ont pas vu la vidéo de décapitation de James Fowley ? Le croyez-vous sérieusement ? Ils l'ont vue. Comme l'ont vue les journalistes des rédactions qui ont ensuite décidé de ne pas la montrer. En suspendant les comptes des usagers diffusant le lien vers cette vidéo, Twitter s'installe dans le régime d'exception qui est celui des rédactions de la presse écrite depuis qu'elles existent : quelques-uns décident de ce que les autres peuvent voir et savoir. Pendant que les journalistes s'échinent à singer les ingénieurs (data-journalisme), les ingénieurs aux commandes des algorithmes jouent aux journalistes. Mais leur déontologie se résume à leurs CGU. Qui plus est, il s'agit d'une déontologie construite au coup par coup et a posteriori, comme en témoignent différentes affaires, celle de la vidéo de décapitation de James Fowley mais aussi, il y a plus longtemps, l'affaire des tweets homophobes ou antisémites.

Mais si l'entrave déontologique suppose d'être socialement négociée et acceptée pour être reconnue comme telle et produire ses effets régulateurs et à leur tour normatifs, l'entrave des CGU ne suppose rien de tout cela. Elle est simplement « réglementaire ».

On ne verra donc pas de lien vers la vidéo de décapitation de James Fowley. On ne verra donc pas, dans Facebook tout au moins, un certain nombre de publications liées aux émeutes de Ferguson. Hier déjà, on ne voyait pas certaines campagnes publicitaire de lutte contre le cancer du sein qui avaient eu le tort de présenter des tétons contrevenant aux CGU du site. Et les exemples pourraient être multipliés. Chaque jour ce sont des milliers de liens vers des ressources commodément qualifiées de « pirates » qui disparaissent du moteur de recherche Google, parfois pour mieux se transformer en publicité choisie pour ses propres services.

Tant de choses que nous ne verrons pas. Que les algorithmes choisiront de ne pas nous montrer, que les CGU choisiront de nous enlever, que la *doxa* algorithmique choisira de ne pas articuler, de ne pas rendre visible, publiable. «*La démocratie est toujours liée à un processus de publication, c'est-à-dire de rendu public*» disait Stiegler[10]. Quel paradoxe dans un monde panoptique construit sur une observation permanente de nos comportements. Quel paradoxe dans un monde panoptique qui nous équipe chaque jour de davantage de prothèses de vision. Quel paradoxe que celui d'un panoptique qui choisit ce qu'il nous laisse voir, qui sature notre vision du monde et des autres de représentations et de discours que nous ne choisissons plus. Quelle angoissante image que de se représenter l'ensemble comme un panoptique enfoui dans la caverne platonicienne et dans lequel les gardiens sont seuls à disposer d'une vue globale quand les individus, derrière leur grille de programme, regardent ahuris danser des ombres sur leurs murs, ombres que choisit de projeter la tour centrale du même panoptique.

Dans la scène 2 de l'acte III de son *Tartuffe*, Molière écrit:

Couvrez ce sein que je ne saurais voir:
Par de pareils objets les âmes sont blessées,
Et cela fait venir de coupables pensées.

Couvrez ces contenus que je ne saurais voir. Par de pareils objets, les âmes sont blessées, et cela fait venir de coupables pensées.

La question n'est pas de savoir quels sont ces contenus. Mais qui sont les tartuffes.

---

10 «Bernard Stiegler : l'open data est "un événement d'une ampleur comparable à l'apparition de l'alphabet"», *Microsoft RSLN*, 15 mars 2011. https://rslnmag.fr/cite/bernard-stiegler-lopen-data-est-un-evenement-dune-ampleur-comparable-a-lapparition-de-lalphabet/.

Le jaguar et le bus scolaire

Affordance.info, avril 2014

Pendant longtemps le principal problème des moteurs de recherche et de leurs algorithmes fut la résolution du « problème du jaguar ». Lorsqu'un internaute tape « jaguar » dans la zone de recherche, comment savoir s'il cherche des informations sur l'animal ou sur la marque de voiture ? Ce problème est aujourd'hui à peu près résolu grâce – notamment – à l'analyse de notre historique de recherche (personnalisation) ainsi qu'à l'auto-complétion (suggestions en cours de frappe avec ajout d'éléments contextuels permettant de préciser l'univers de discours concerné).

Dans un avenir proche, nous serons tous équipés de Google Glasses, ou d'équivalents, permettant d'évoluer dans une forme de réalité « augmentée », et nous roulerons dans des voitures sans chauffeur. L'algorithmie sera au centre de nos vies, en régulera la plus inessentielle des interactions. Et les algorithmes auront à résoudre un nouveau problème : celui du bus scolaire.

> *Si votre voiture autonome doit avoir un accident vaut-il mieux qu'elle renverse le bus scolaire qui arrive en face ou la voiture de la vieille dame qui est à côté ? (…) La possibilité qu'une action éthiquement supérieure puisse être calculable par un algorithme (pour autant que ce présupposé puisse être démontré) induit que la machine puisse avoir une éthique qui nous est supérieure. Pour l'instant, ces conjonctures sont encore de la science-fiction… Mais pas tant que cela… Sur quelles règles*

les médecins urgentistes font-ils le tri entre des patients leur arrivant en masse ? Pour Tom Chatfield, si notre voiture autonome est prête à sacrifier notre vie pour en sauver plusieurs, ce principe et ses paramètres doivent nous être connus. [11]

Le débat est celui déjà ancien de la transparence nécessaire ou obligatoire de boîtes noires algorithmiques qui contrôlaient jusqu'ici notre accès à l'information, avant de contrôler l'information elle-même, et demain donc, la moindre de nos interactions dans le monde physique.

Le cœur de l'article de Chatfield est le vieux problème bien connu des logisticiens et psychologues : le « dilemme du tramway ou de l'homme obèse »[12]. Du point de vue de la logique (y compris donc algorithmique), on choisira toujours de sauver cinq vies même s'il faut pour cela en sacrifier une ou deux ; même s'il faut pour cela en sacrifier *intentionnellement* une. C'est le point de vue conséquentionnaliste. Un point de vue que la SF a largement repris, notamment au travers des trois lois de la robotique d'Asimov. Du point de vue de l'éthique en revanche :

Le raisonnement éthique que l'on appelle déontologie, signifie qu'un comportement doit être jugé en fonction de la nature de l'action plutôt que par ses conséquences.

Et Chatfield de rappeler :

---

11 Extrait du compte rendu qu'Hubert Guillaud (http://alireailleurs.tumblr.com/post/82770942699/pourrons-nous-concevoir-des-machines-capables) propose d'un article de Tom Chatfield, « Automated Ethics » (https://aeon.co/essays/can-we-design-machines-to-make-ethical-decisions).

12 https://fr.wikipedia.org/wiki/Dilemme_du_tramway.

La friction entre la déontologie et le conséquentionnalisme est au cœur de chaque version du dilemme du tramway (Trolley Problem).

Car il y a bien « friction », au sens littéral, cette friction que les sociétés algorithmiques cherchent à tout prix à gommer au profit d'une approche précisément « sans friction », algorithmiquement déterminée. La friction est vécue comme la limite à l'automatisation complète de nos interactions sociales. La friction comme frottement, comme rugosité sociale nous poussant à interagir ou à refuser l'interaction, tout comme la douleur nous avertit du danger. L'approche *frictionless*, développée dans la stratégie de Facebook et d'autres plateformes pour faciliter, pour fluidifier l'accès à l'information et aux autres, l'automatisation complète, transparente de l'ensemble de nos comportements sociaux connectés est une manière de s'affranchir de l'affordance première d'un objet, d'une interaction, d'un rapport social : il ne s'agit plus, c'est la définition d'une affordance, d'acter la « capacité d'un objet à suggérer sa propre utilisation » mais d'automatiser, en la rendant systématiquement calculable et donc prévisible, la capacité d'un environnement numérique à utiliser nos propres interactions ou intentions d'interagir pour les mettre au service des objectifs poursuivis par la plateforme.

Le problème du « bus scolaire » ou du « tramway », s'il doit être réglé de manière algorithmique, fera toujours le choix d'une approche sans friction, conséquentionnaliste. L'enjeu est donc triple :

– savoir si nous serons en capacité de connaître ces règles ;

– savoir si ces règles d'inférence algorithmiques seront capables d'intégrer des éléments de contexte susceptibles d'orienter la décision, et surtout… quelles seront ces règles éthiques ou sur quelle base seront-elles bâties ;

– savoir s'il existera un bouton qui nous permettra à tout moment de choisir… de désactiver ces règles (Chatfield écrit : « *Si je suis en capacité de construire une voiture qui éviterait automatiquement de s'encastrer contre un bus rempli d'enfants, y compris au risque de mettre en danger la vie du conducteur de la voiture, le conducteur du véhicule doit-il disposer d'un moyen de désactiver ce réglage ?* »).

Les éléments de contexte que j'évoquais plus haut sont ceux qui sont nécessaires pour pouvoir résoudre efficacement le problème du jaguar. Et l'ensemble des progrès de l'ingénierie algorithmique ont convergé pour rendre ce contexte soluble dans l'historicité de nos recherches, dans l'analyse de nos différentes interactions au sein des écosystèmes des services hôtes.

Ces éléments de contexte sont également et évidemment ceux qui vont s'imposer pour la résolution du problème du bus scolaire. Mais nul ne sait encore sur lesquels l'algorithme décidera de s'appuyer, ni si ceux-ci seront réellement « calculables » et de quelle manière, en fonction de quelles priorités, de quelles historicités, de quelle… éthique.

Au-delà de l'accès à l'information ou du pilotage automatique de voitures autonomes, le problème de la gouvernance algorithmique est avant tout de nature politique et va s'étendre à toute une série de domaines régaliens : éducation, santé, formation, emploi/chômage, et donc transports. C'est désormais une certitude, les moteurs de recherche et les réseaux sociaux investiront un certain nombre de tâches régaliennes. La gestion du chômage par le biais d'une algorithmie d'affectation qui analysera en temps réel l'offre et la demande, et croisera l'ensemble avec nos parcours, nos situations et nos profils professionnels déjà en ligne, déjà indexés, déjà pré-affectés. La gestion de l'assurance maladie également. Par le biais d'une algorithmie de nature assurantielle : prescriptions médicales, dossier médical informatisé, et génomique personnelle. La gestion de l'enseignement enfin. Par le biais d'une algorithmie didacticielle embrassant l'ensemble des ressources éducatives disponibles en ligne et les faisant correspondre à notre niveau « scolaire », à notre projet professionnel, et nous délivrant en retour les badges et certificats attestant de cet apprentissage programmé. La plupart de ces scénarios sont déjà enclenchés.

Le problème serait de considérer qu'il n'y a pas de problème. Si l'on s'en tient à quelques secteurs régaliens, nombre d'algorithmes permettent déjà de réguler les transports publics (gérant par exemple la coordination des feux rouges, ou bien encore du côté de la SNCF), idem dans le domaine de la santé (régulation et priorisation des urgences dans certains hôpitaux) et l'on pourrait encore en trouver quelques autres. Le problème ne vient pas non plus du fait que ce soit des sociétés privées qui conçoivent et supervisent de tels algorithmes (c'est leur métier). Le problème vient :

– de la concurrence faussée qu'induirait la gestion de telles missions au regard des logiques et des modèles économiques qui fondent lesdites sociétés ;

– de l'opacité totale desdits algorithmes, justifiée par le secret industriel, mais rendue caduque par l'impérieuse nécessité d'une gouvernance publique à partir du moment où ils concernent les secteurs susmentionnés avec la possibilité non-négligeable de s'y trouver en situation d'absolu monopole.

Après s'être interrogé pendant des années sur l'externalisation de nos mémoires documentaires, les progrès de l'ingénierie algorithmique, les possibilités d'automatisation qu'elle ouvre dans le champ social, sa prégnance dans des domaines allant de la santé à l'éducation en passant par les transports, nous obligent à construire dès maintenant un corpus d'analyse et de réflexion qui pourra seul nous laisser en situation de comprendre les enjeux de cette deuxième vague d'externalisation : l'externalisation de nos stratégies décisionnelles, émotionnelles, affectives.

En d'autres termes, bâtir une « éthique de l'automatisation » pour éviter, dès demain, de n'avoir comme autre choix que celui de se reposer sur la croyance en une « éthique algorithmique » :

> *Dans une éthique de l'automatisation […] les êtres humains sont comme des appareils photo, en ce sens qu'ils disposent de deux modes moraux : automatique ou manuel. Nos émotions sont des « processus automatiques permettant de se comporter de manière efficiente », nous permettant de répondre de manière appropriée aux situations de tous les jours sans avoir à chaque fois à réfléchir à l'application de grands principes moraux. Notre raisonnement, au contraire, est l'équivalent du monde « manuel » en offrant la capacité de réfléchir et de travailler sur des problèmes nouveaux et complexes*[13].

Tom Chatfield cite les travaux de Bostrom et Yudowsky (deux théoriciens de l'intelligence artificielle), notamment leur article de 2011, « The Ethics of Artificial Intelligence », en rappelant sa conclusion :

---

13 « Automated ethics », Tom Chatfield, *Aeon*, 30 mars 2014. https://aeon.co/essays/can-we-design-machines-to-make-ethical-decisions.

Les algorithmes de plus en plus complexes de prise de décision sont à la fois souhaitables et inévitables, tant qu'ils restent transparents à l'inspection, prévisibles pour ceux qu'ils gouvernent, et robustes contre toute manipulation.

Le problème est que la courte histoire des algorithmies d'accès et de mise en ordre de l'information, à commencer par celle du PageRank, nous apprend qu'ils sont exactement… l'inverse, c'est-à-dire :

– parfaitement opaques à l'inspection (tout le monde connaît la formule de base du PagerRank mais personne n'a de vision globale des quelque quatre cents variantes qui constituent l'algorithme réellement opératoire) ;

– relativement imprévisibles pour ceux qu'ils gouvernent (le meilleur exemple est la fonction « Google suggest » dont nul n'est capable de dire quelle est la requête qu'elle va choisir de nous suggérer ni pourquoi elle le fait) ;

– et relativement exposés à des manipulations (on se souvient du *Google bombing* qui même s'il a été résolu par des interventions manuelles sur l'algorithmie, renverse la charge de la preuve manipulatoire du côté de ceux qui disposent de l'accès à la boîte noire algorithmique, c'est-à-dire les sociétés les mettant en œuvre).

Ajoutons enfin que la prégnance et la dimension de plus en plus prothétique des interfaces du World Wide Wear va largement contribuer à densifier l'opacité algorithmique ambiante et à rendre intuitivement « nécessaire » ou supposément « obligatoire » le recours aux algorithmes de prise de décision : un homme conduisant une voiture prend en permanence des décisions. Le même homme, équipé de lentilles de contact, elles-mêmes pourvues de micro-caméras, le même homme équipé de lunettes Google, le même homme dans une voiture sans chauffeur pilotée algorithmiquement… sera confronté à trois boucles décisionnelles constituant autant de possibilités d'inférences ou d'injonctions contradictoires possibles face au problème du bus scolaire :

– Il y a les décisions qu'il aurait prises.

– Les décisions « augmentées », « contextuelles » qui lui seront proposées par ses lunettes ou ses lentilles et qui viendront interférer avec les premières.

– Et les décisions que prendra *in fine* son véhicule automatique avec la possibilité offerte, ou pas, de suspendre ces dernières.

Le siècle de la prédictibilité et celui à venir de la réplicabilité doivent de toute urgence remettre le questionnement éthique au cœur de leurs préoccupations politiques, économiques et sociétales. Parce que nos enfants monteront tous un jour dans un bus et que plus aucun d'entre eux ne connaîtra l'existence du panneau « Gare au jaguar ».

Reconnaissance faciale… de dos

Affordance.info, mai 2015

Dans les westerns il y avait une règle d'or, un code de bonne conduite, un code d'honneur : on ne tire pas sur les gens de dos. Par exemple dans le chef-d'œuvre *Mon nom est personne*, Jack Beauregard (aka Henry Fonda) déclare :

D'accord Nevada était mon frère mais c'était aussi un salaud de la plus belle espèce. Pour une poignée de dollars, il tirait dans le dos d'un ami, et je ne vais pas risquer ma peau pour le venger.

Comme on n'arrête pas le progrès, après avoir développé ceux déjà redoutablement efficaces de la reconnaissance faciale, voici que Facebook annonce avoir mis au point un nouvel algorithme capable de vous reconnaître sur une photo ou dans une vidéo même si vous êtes de profil ou… de dos. La reconnaissance faciale de dos.

Dans l'article[14] où les chercheurs du laboratoire d'intelligence artificielle de Facebook expliquent comment ils cherchent à aller au-delà de la seule reconnaissance faciale au travers de la détection d'une multitude d'autres indices, ceux-ci présentent la méthode utilisée par leur algorithme. Elle se prénomme PIPER pour «*Pose Invariant PErson Recognition*». En gros «Les poses identiques pour la reconnaissance de personnes». Très précisément il ne s'agit pas de «reconnaître quelqu'un de dos» (mais avouez que cela faisait un titre tentant), ni même de reconnaître quelqu'un uniquement sur la base de ses mouvements ou attitudes, mais – et c'est déjà pas mal – de se servir de la reconnaissance desdites attitudes (baptisées *poselets*) pour améliorer la reconnaissance faciale.

Nous proposons la méthode PIPER, qui accumule les indices de reconnaissance des attitudes des personnes grâce à un

---

14 «Beyond Frontal Faces: Improving Person Recognition Using Multiple Cues», Ning Zhang, Manohar Paluri, Yaniv Taigman, Rob Fergus et Lubomir Bourdev, 30 janvier 2015.https://arxiv.org/1501/05703v2.

entraînement à l'aide de réseaux neuronaux convolutifs pour réduire les variations dans les attitudes en lien avec un système de reconnaissance faciale et un système de reconnaissance globale.

Tels que présentés dans l'étude, les résultats sont assez bluffants :

83,05 % de réussite pour les 581 identités du corpus (une identité étant décrite par plusieurs photos) dans lesquelles on ne dispose pas de photo « de face ». De plus, quand une photo de face est disponible, le taux de réussite de DeepFace (l'algo de reconnaissance faciale) passe de 89,3 % à 92,4 % faisant baisser de 40 % le taux d'erreur relatif.

Le poids des mots et le choc de la reconnaissance des photos. Nous sommes en train de vivre, à l'échelle de l'image et de la vidéo, la même révolution scientifique et technologique que celle que nous avons vécu au début des années quatre-vingt à l'échelle de l'ingénierie linguistique et de la fouille de corpus de textes avec l'invention du TAL (traitement automatique des langues).

Côté positif, grâce à ces progrès nous avons aujourd'hui Google, des livres numériques, nous pouvons travailler à l'échelle de corpus considérables, chercher des mots-clés facilement dans à peu près n'importe quel texte, bénéficier de services de traduction automatique de plus en plus efficaces, de correcteurs d'orthographe et de syntaxe, etc. Côté obscur, l'ensemble des technologies de surveillance dont on débat aujourd'hui au travers des différents scandales d'écoute ou de surveillance des populations reposent sur les mêmes progrès de l'ingénierie linguistique.

La même chose est déjà en train de se produire à l'échelle des technologies de ce que nous pourrions baptiser le TAIFA (Traitement Automatiques des Images Fixes et Animées). Et de la même manière que nous en retirerons de grands services, elles nous exposeront simultanément à de grandes dérives liées à la surveillance et au contrôle.

Il faut se souvenir qu'il y a à peine quinze ans, au début des années deux mille, la plupart des spécialistes de ces questions butaient sur d'immenses difficultés pour simplement parvenir à faire avec les images ce que l'on avait réussi à faire à peu près correctement avec les textes, c'est-à-dire parvenir à les indexer. Quinze ans plus tard, non seulement l'indexation des images et des vidéos se fait à l'identique ou sans poser guère plus de problèmes que celle du texte, mais l'on est également capable, comme pour le texte, de descendre à des niveaux de granularité très fins dans cette indexation, grâce notamment aux technologies de reconnaissance faciale et aux derniers progrès dans le domaine du « *deep learning* ».

Après les textes, les images, les sons, les vidéos que reste-t-il encore à reconnaître ou à retrouver ? Précisément les « attitudes », nos attitudes. Étendre la fouille textuelle, le *search and retrieve*, jusqu'à parvenir à des niveaux très fins de compréhension, niveaux permettant à leur tour la production de nouveaux textes. Étendre la reconnaissance faciale, le *look and find*, jusqu'à des niveaux très fins d'identification, niveaux permettant à leur tour une automatisation et une systématisation de logiques qu'il faut bien désigner comme s'apparentant pour l'essentiel à des logiques de… surveillance. À la recherche de toujours plus de singularité et d'essentialisation comme s'efforcent de le faire, en parallèle, les techniques de biométrie en permettant de nous loguer ou de débloquer notre smartphone avec notre empreinte digitale, demain peut-être avec notre iris ou pourquoi pas avec l'analyse d'un échantillon de notre ADN.

Car par-delà la tentative d'isoler chacune de nos attitudes pour mieux nous reconnaître, d'autres techniques utilisent la même approche aux fins cette fois de caractériser ce qui correspond à une attitude gestuelle dans notre comportement en ligne, c'est-à-dire l'activité de navigation. L'idée est d'utiliser – en gros – notre historique de navigation pour remplacer les innombrables mots de passe qui nous sont demandés par différents services : au lieu de taper « azerty » pour accéder à votre email et « administrateur » pour ouvrir une session parentale sur votre ordinateur, on vous demanderait « quel est le film que vous avez visionné hier soir ? », « à qui avez-vous envoyé votre dernier SMS ? », « quel album avez-vous ajouté ce matin à votre playlist Deezer ? », etc. Bref on ne vous reconnaîtrait plus par votre mot (de passe) mais par votre comportement (de navigation)[15].

Et là encore le parallèle avec l'ingénierie linguistique est frappant. Dans les premières années de son développement on se contentait d'être capables d'aller simplement retrouver un mot dans un texte. Et on s'émerveillait d'y parvenir. Puis on commença à s'intéresser à la possibilité de retrouver ce mot mais également les mots de la même famille, puis ses synonymes, puis la totalité du champ lexical, y compris métaphorique, rattaché à ce mot ou à ce contexte, et ainsi de suite jusqu'aux derniers progrès dans le domaine de la reconnaissance et de l'extraction des entités nommées et de tout ce qu'elles permettent de faire.

---

15 « Smartphone Secrets May Be Better Than a Password », Rachel Metz, *MIT Technology Review*, 28 avril 2015. https://www.technologyreview.com/s/536921/smartphone-secrets-may-be-better-than-a-password/.

Même chose donc, même progrès dans le domaine des images et de la vidéo : après avoir détecté et reconnu des visages, on s'efforce de détecter et de reconnaître des attitudes. C'est fascinant, c'est vertigineux et c'est bien sûr dangereux.

C'est dangereux car l'une des différences de taille entre les technologies du TAL et celles du TAIFA c'est que pour les premières on disposait – et on dispose encore – d'un volet d'applications très large, même s'il incluait également des pratiques plus que contestables de surveillance, alors que pour les secondes, l'essentiel des applications qui en résulteront seront d'abord orientées vers des pratiques très discutables de surveillance. Pour le dire différemment, être capable de reconnaître des mots peut permettre de faire plein de choses, et accessoirement de mieux écouter des conversations. Être capable de détecter des visages et des attitudes, à part vous aider à trier automatiquement vos milliers de photos – ce qui n'est déjà pas si mal – on ne voit pas très bien à quoi ça peut servir d'autre, à part en effet à développer des technologies de surveillance et de contrôle plus efficaces, plus intrusives, plus omniprésentes.

À la personnalité des algorithmes ou aux logiques de personnification succédant à celles de personnalisation, aux détections algorithmiques de nos moindres comportements, s'ajoutent désormais de nouvelles couches (la reconnaissance faciale, celle de nos attitudes) qui favorisent le déploiement de « technologies de l'empathie »[16] et de leur angoissant cortège de correcteurs comportementaux là où nous ne connaissions jusqu'ici que la tyrannie et les affres des correcteurs

16 Des technologies capables de prendre en compte la personnalité de ceux avec lesquels nous interagissons : « Vers des technologies de l'empathie », Hubert Guillaud, *InternetActu*, 11 mai 2015. http://www.internetactu.net/2015/05/11/vers-des-technologies-de-lempathie/.

orthographiques. Lesquels correcteurs orthographiques ont commencé par régler effectivement quelques problèmes avant de servir (dans Google par exemple) à nous suggérer des recherches ou des réponses avant que nous ne leur ayons soumis la moindre question, la libération promise sur la gestion orthographique se transformant très vite en aliénation subie de nos processus de requêtage et de navigation. Une évolution qui sera vraisemblablement la même mais cette fois à l'échelle encore plus problématique d'une « correction de nos comportements ».

Des algorithmes reconnaissant l'ensemble de nos attitudes et de nos postures, des algorithmes dotés de personnalités s'adaptant à ce qu'ils supposent ou infèrent être la nôtre ou celle des gens avec qui nous interagissons, des algorithmes, enfin, corrigeant nos comportements pour les rendre plus… pour les rendre plus… pour les rendre plus… Et oui. Tout le problème est là. Dans ces quelques points de suspension et dans les logiques commerciales, politiques ou idéologiques qui les façonneront.

Les médias traditionnels du XXe siècle avaient érigé en champ d'étude la manipulation des masses et les différentes techniques de propagande. Les algorithmes du XXIe siècle nous promettent une nouvelle forme de manipulation qui reste encore largement à étudier et à décrire, une manipulation ne reposant plus sur « les masses » mais sur des agrégats volatiles faits de requêtes, de comportements, de visages et d'attitudes permettant d'essentialiser chaque individu sorti de la masse. Ils conjuguent le verbe manipuler au singulier. Du latin *manipulare* : conduire par la main. De l'index blanc qui navigue au pouce bleu qui like, nous sommes entre leurs mains. Nous nous sommes pris les doigts dans le digital. Ces algorithmes nous racontent la fable du cyclope rendu aveugle. Mais ils ont choisi le rôle d'Ulysse pour nous laisser celui de Polyphème.

D'accord les algorithmes étaient mes frères mais c'étaient aussi des salauds de la plus belle espèce. Pour une poignée de dollars, ils reconnaissaient un ami de dos, et je ne vais pas adopter de comportement à risque pour me venger.

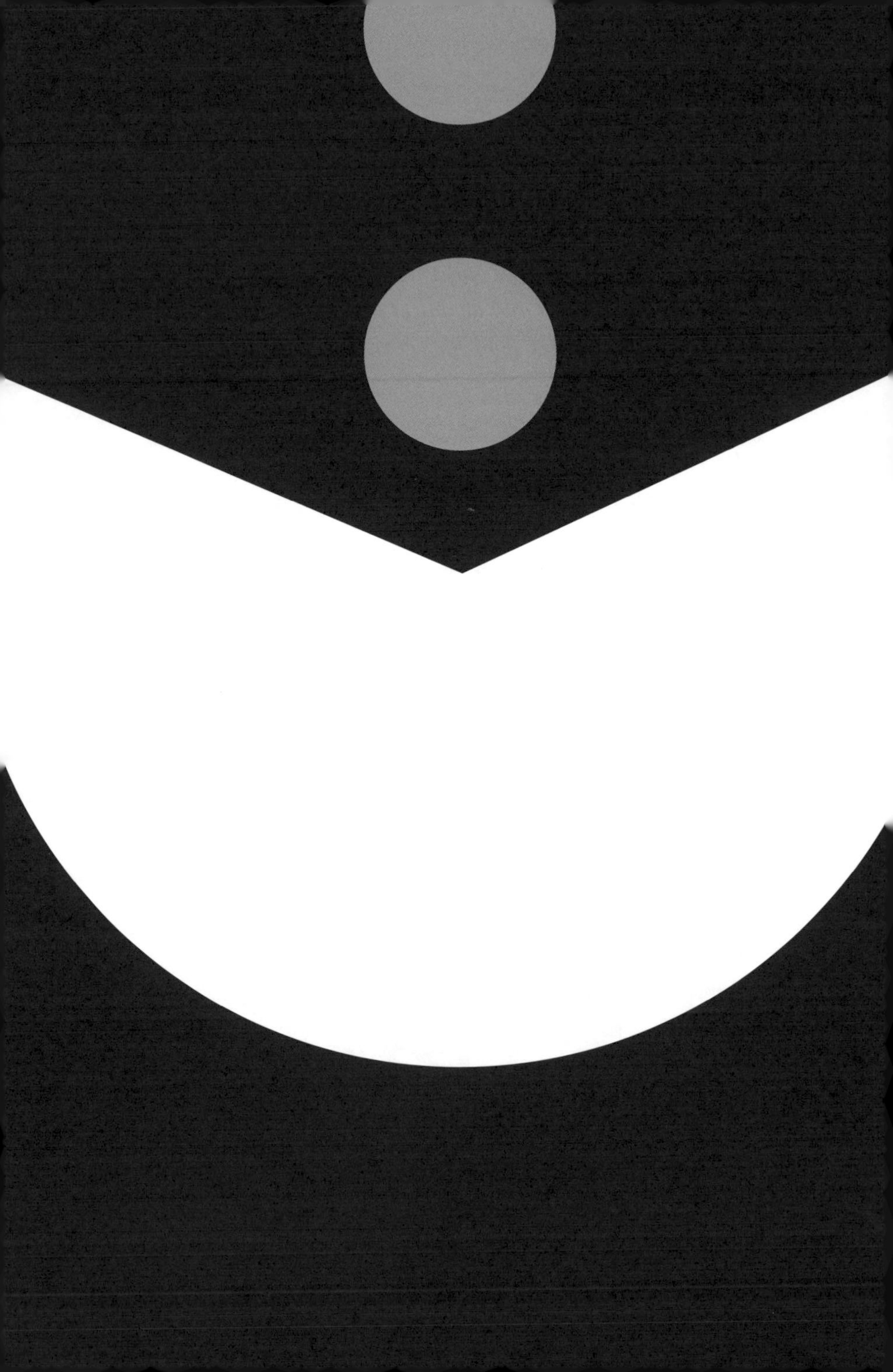

Tout prévoir, tout retrouver, tout savoir. Mais à quel prix ?

Qu'y a-t-il de commun entre des attentats terroristes, le suicide d'un pilote aux manettes d'un avion de ligne bondé, le drame des migrants, des catastrophes naturelles et une petite fille qui a perdu son doudou ? A priori rien. Pourtant dans chacun de ces exemples Facebook est venu illustrer à la fois sa formidable capacité à mobiliser mais surtout la formidable et inédite responsabilité dans laquelle le place notre dépendance à son égard. Dans laquelle *devrait* le placer notre dépendance à son égard.

J'ai perdu mon Doodoo

Affordance.info, août 2014

Le 9 août 2014. Au Canada, une petite fille est à un festival avec ses parents. Et elle va perdre son doudou, sa peluche fétiche. Alors le lendemain sa maman a une idée : poster, sur Facebook, une photo de sa fille tenant une pancarte où, souriante, elle demande de l'aide en partageant son message et juste à côté, une photo du doudou.

Près de 200 000 « partages » en quelques jours. Et seulement 26 « Like ». Parce que personne « n'aime » l'histoire d'une petite fille qui a perdu son doudou. Et c'est parti. La maman de la petite fille va alors nous raconter l'histoire de la recherche du doudou, depuis son compte Facebook. Et recevoir des centaines de mails et de messages. Du *storytelling* de doudou. La machine à buzz est lancée. D'autant que la photo ne tarde pas à se retrouver aussi sur Twitter.

Et en moins de 24 h voilà rien moins que les deux plus grandes communautés numériques de la planète mobilisées pour la recherche de doudou.

Première propriété de la viralité numérique, elle ne nécessite pas « d'engagement » concret ou matériel, ni, naturellement, de proximité géographique. Car tout le monde, enfin en tout cas plein de gens, partagent et retweetent le message. Plein de gens qui n'ont pourtant jamais mis les pieds au Festival des Montgolfières près de St-Jean au Canada, et n'ont donc strictement aucune chance de retrouver le doudou.

Deuxième propriété de la viralité numérique, pour en satisfaire un elle doit en atteindre un million. On ne partage pas, on ne retweete pas l'image d'un doudou perdu (ou, dans un registre plus dramatique, d'une personne disparue) parce que l'on se trouve physiquement dans un périmètre de proximité ; on partage parce que l'on a l'impression de savoir que nos amis feront comme nous, et les amis de leurs amis, et que dans cette chaîne ininterrompue de relations cette photo finira bien par apparaître sur le profil de l'une de 500 000 personnes qui étaient effectivement présentes au Festival des Montgolfières près de St-Jean.

Troisième propriété de la viralité numérique : le beau se répand plus vite que le laid. Si les gens ont partagé cette image c'est aussi parce qu'elle était belle : la petite fille est très jolie, l'image est bien cadrée, la photo parfaitement nette.

Quatrième propriété de la viralité numérique : le joyeux suscite plus d'engagement que le triste. Le sourire de la petite fille fonctionne comme une invitation. La photo aurait pu nous la montrer triste, en pleurs, mais là elle sourit ; elle sourit parce qu'elle a compris qu'elle était déjà dans le jeu, qu'ils s'agissait d'un jeu. La photo ne raconte pas l'histoire d'une petite fille qui cherche à retrouver son doudou, la photo raconte l'histoire d'une petite fille qui nous demande de jouer avec elle. Pour retrouver son doudou. L'invitation à jouer peut alors fonctionner à plein régime.

Le résultat ne tardera pas. Le doudou sera retrouvé quelques jours plus tard. Et une nouvelle photo sera postée pour remercier les participants à cette chasse au doudou planétaire. Facebook. Cet obscur objet du désir transactionnel qui sert à retrouver un objet transitionnel.

Fin de l'histoire. Une belle histoire. Les gens ont besoin de belles histoires, de belles images. Nous en avons tous besoin. Comme un miroir tendu vers notre inessentiel. Et pourtant.

Chaque semaine des enfants disparaissent. Leurs parents, la police tentent aussi le jeu de la viralité. Eux aussi postent une photo sur Facebook. Rien de commun entre la perte d'un doudou et la disparition inquiétante d'un enfant.

Pourtant le nombre de partages du dispositif « Alerte enlèvement » reste bien plus faible. Vous êtes-vous demandés pourquoi ? Si faible alors que l'on sait pourtant que la colère et l'indignation sont eux aussi de très puissants moteurs de viralité ? Qu'est-ce qui cloche dans l'effet réseau ? À moins que quelque chose ne cloche… chez nous ?

Cinquième propriété de la viralité numérique : le rappel au mème. Dans l'histoire des publications Facebook ayant affolé tous les compteurs de la viralité, des « Like » et du partage on trouve celle de ces enfants auxquels leur père avait promis d'acheter un chien s'ils dépassaient le million de « Like », mais aussi celle de cet adolescent auquel sa copine avait promis une relation sexuelle elle aussi tarifée au million de « Like ». Une information se diffusera d'autant plus rapidement et massivement qu'elle sera capable de s'inscrire dans une schéma visuel déjà reconnu et identifié.

Indépendamment du dénouement, pourquoi le souhait d'avoir un chien, celui d'avoir une relation sexuelle ou de retrouver un doudou sont plus viraux, suscitent davantage « d'engagement » que la disparition inquiétante d'un enfant ? Combien faut-il de « Like » ou de partage pour retrouver un enfant dans les premières heures déterminantes qui suivent sa disparition ?

Je n'ai bien sûr pas la réponse. Peut-être quelques-uns des arguments avancés plus haut dans ce billet constituent-ils déjà des pistes. Pour le doudou et autres millions de « Like », l'effet réseau est celui du mème. De la capacité à devenir mème ou à s'inscrire dans la logique d'un mème précédent, à en reprendre les codes. Les clés de la réussite de la viralité.

Pour le reste, la recherche de ce doudou a fait naître chez moi une sorte de vertige. Vertige d'imaginer un instant qu'une campagne virale humoristique et bien marketée pourrait, en théorie, augmenter les chances de retrouver des enfants disparus. Grâce à l'effet réseau. Disparition inquiétante ? Non. Préférez le hashtag `#lolDisparition`.

Les 19 morts d'Andreas Lubitz

Affordance.info, mars 2015

Facebook est-il capable de prévoir des tentatives de suicide ? En admettant qu'il le puisse ou qu'il s'assigne cet objectif, quels seraient les moyens de remédiation qu'il serait capable de mettre en œuvre, et cela présenterait-il un risque en termes de libertés publiques ? Des questions somme toute assez théoriques mais auxquelles un épisode tragique, celui du « suicide » du pilote Andreas Lubitz de la compagnie Germanwings est venu donner chair.

Nous sommes en mars 2015. Quelques heures à peine après l'annonce du nom du co-pilote impliqué dans le crash de Germanwings, Andreas Lubitz, plusieurs dizaines de pages Facebook ont surgi ou ont été automatiquement générées sur le mode des « pages communautaires ». Le soir du drame il existait plus d'une quarantaine de pages créées dont une dizaine comptaient plus d'une centaine de « Like ».

Dans ces pages le copilote est tour à tour associé aux qualificatifs de : « comédien », « artiste », « personnage de fiction », mais également « meurtrier », « assassin » ou « terroriste ». Naturellement le contenu de certaines de ces pages pourra heurter ou choquer : ainsi l'auteur de la page parodique « Andreas Lubitz, Artiste » poste des photos et statuts s'amusant du goût du copilote pour les vols à basse altitude. Chacun appréciera, mais le fait est que ce type d'humour transgressif y compris et surtout en réaction à chaud à un événement, reste un marqueur fort de la culture web. Et cet humour est par ailleurs contrebalancé par les pages qui, à l'inverse, rendent un peu hâtivement justice en qualifiant le copilote de meurtrier, d'assassin... ou de terroriste.

Ce qui semble être la page de profil officielle d'Andreas Lubitz affiche quant à elle la mention « *remembering* », indiquant que l'utilisateur est effectivement décédé. Sans qu'il soit d'ailleurs possible d'établir avec certitude si c'est le copilote qui, prévoyant un suicide, avait activé cette fonctionnalité, ou si ce sont ses proches qui ont demandé à Facebook de l'activer, ou si – hypothèse la plus probable – c'est Facebook qui a, de lui-même, activé la fonction « mémorial » de la page suite au traitement médiatique de l'affaire et probablement au nombre de visites inhabituel sur ladite page (sachant que toutes les rédactions des journaux de la planète ont dû passer sur le profil pour essayer d'en tirer quelque chose).

Impossible d'apprendre quoi que ce soit depuis le profil public d'Andreas Lubitz, si ce n'est qu'il avait liké différentes pages dont celle de son employeur (la Lufthansa), celles de groupes humoristiques sur l'aviation, qu'il aimait bien David Guetta et quelques autres babioles, et qu'il ne postait que peu de choses sur son profil. Impossible également de consulter la liste de ses amis : le passage en « mémorial » de la page bloque l'accès à la liste d'amis.

On peut en revanche les retrouver (si on est journaliste et si on a des questions à leur poser) en cliquant sur les « Like » figurant en dessous de chaque statut, ce qui permet – accessoirement – de vérifier qu'il s'agit bien de la vraie page du vrai Andreas puisqu'on identifie rapidement des profils « amis » qui ont changé leur photo de profil dès le 24 mars pour un ruban noir orné du signe 4U9525, l'immatriculation du vol de Germanwings.

Il est probable que dans le cadre de l'enquête ses « amis » seront ainsi identifiés pour être interrogés. Il est probable également que Facebook dispose d'informations utiles à la justice sur le profil psychologique du copilote au travers des échanges (privés) de celui-ci sur la plateforme (*chat* par exemple).

S'il est avéré qu'il s'agit bien d'un acte délibéré du copilote, et si cet acte relève d'intentions suicidaires[1], il deviendra alors assez vertigineux de se replonger dans les récentes annonces de Facebook sur son ambition de déployer un kit anti-suicide pour ses utilisateurs. Et de se demander si le déploiement de ce kit aurait pu permettre d'anticiper les éventuelles intentions suicidaires d'Andreas Lubitz et d'éviter ce drame. Et de se demander, aussi, quel niveau de surveillance ou de détection de nos moindres possibles intentions nous sommes prêts à accepter à l'échelle individuelle et à l'échelle collective. Quelle liberté sommes-nous prêts à sacrifier si cela peut permettre une fois tous les dix ans de sauver ne serait-ce qu'une dizaine ou une centaine de vies.

---

1 Ce billet ayant été rédigé juste après le drame, je ne disposais pas des informations attestant du profil suicidaire d'Andreas Lubitz.

Mais pour l'instant, cela fait beaucoup de « si ». Et c'est précisément le genre de questions qu'il ne faut jamais se poser au moment d'un drame. Jamais. Les réponses émotionnelles ne sont jamais les bonnes.

Quand #Facebook lutte contre le #suicide. Qui n'a rien à faire sur Facebook

Affordance.info, juin 2016

Facebook vient d'annoncer (juin 2016) le déploiement de son bouton « anti-suicide », en service depuis un an aux États-Unis, à l'ensemble des utilisateurs du réseau social. Concrètement, vous pourrez donc « signaler » une publication qui vous paraît traduire un état ou une intention suicidaire.

Si les mots ont un sens, il est intéressant de noter que dans ce dispositif, le premier signalement s'effectue grâce à la phrase «*Je pense que cela n'a rien à faire sur Facebook*». Car effectivement, Facebook a horreur de la friction, des images d'enfants morts, du drame des migrants, et donc du suicide. Autant d'éléments inappropriés dans son écosystème de joyeux chatons consensuels.

Si les mots ont un sens il est aussi intéressant de noter que le « suicide », que « l'intention suicidaire » est incluse dans un pack comprenant « la menace » ou « la violence ». Ce que l'intention suicidaire menace réellement c'est l'éditorialisation algorithmique en mode chatons, la violence qu'elle traduit c'est celle que Facebook cherche à masquer davantage qu'il n'est soucieux de mettre en place des solutions permettant de lutter contre elle, sauf si ces solutions sont avant tout l'occasion de redorer une image et un capital confiance maintes fois écornés.

Alors naturellement c'est une bonne chose que Facebook en particulier et les plateformes en général cherchent à faire quelque chose contre le suicide, c'est une bonne chose que ces plateformes travaillent en relais avec des associations de prévention. De la même manière, naturellement c'est une bonne chose que Facebook en particulier et les plateformes en général cherchent à faire quelque chose contre la radicalisation, contre l'antisémitisme, contre les groupes et les discours djihadistes, contre la guerre, contre la faim, contre les attentats. C'est une bonne chose mais c'est aussi éminemment dangereux. Comprenons-nous bien : ce n'est pas dangereux qu'elles le fassent mais c'est dangereux qu'elles puissent se retrouver en situation d'être les seules à pouvoir le faire d'une manière suffisamment efficace. Et que le moteur de la lutte contre ces discriminations et ces discours de haine ne devienne du même coup soluble dans la quête de l'optimisation du ROI (retour sur investissement). Parce qu'il s'agit de plateformes privées et non de politiques publiques. Et que les deux sont légitimes. Mais que les premières n'ont pas vocation à se substituer aux secondes.

Ces plateformes privées raisonnent sur du court et du moyen terme. La mort, le suicide, l'incitation à la haine, sont pour elles des vecteurs et des biais d'interactions calculables et transférables en autant de bénéfices nets ou d'absence de retour sur investissement.

Ces plateformes privées ne luttent pas contre le suicide, le terrorisme ou l'incitation à la haine parce qu'elles sont régies par des principes relevant de l'éthique. Elles luttent contre tout cela, soit parce qu'elles reçoivent une injonction politico-sociétale momentanée qui les oblige à se positionner en termes d'image et pour préserver leurs marges attentionnelles (et leur capital confiance), soit parce que les contenus relevant de l'appel à la haine, du terrorisme ou de l'intention suicidaire sont contraires à la maximisation de leurs profits. Bref, parce que le suicide « n'a rien à faire sur Facebook ».

Et tout est là. Pour lutter contre le suicide, contre le terrorisme, contre l'incitation à la haine nous avons avant tout besoin de politiques publiques de prévention, d'accompagnement, de traitement et de soin pensées sur le long terme et dans un cadre sociétal éthique qui ne soit pas directement indexé sur l'actualité ou le potentiel *clickbait* que ces problématiques recouvrent. Or deux phénomènes se conjuguent actuellement : d'abord l'affaiblissement constant (en termes de moyens et d'ambition) des politiques publiques, ensuite le renforcement tout aussi constant du rôle central qu'en viennent à occuper les plateformes privées sur ces questions. Regardez, exemple parmi tant d'autres, la nouvelle gabegie du lancement de l'application gouvernementale d'alerte des populations, application qui fut construite en réponse au Safety-Check de Facebook.

La grande crise sociétale qui s'annonce ne vient pas du fait que les citoyens et les individus sont de plus en plus dépendants de ces plateformes, la grande crise sociétale qui s'annonce vient du fait que ce sont les pouvoirs politiques qui sont de plus en plus dépendants de ces plateformes auxquelles on a laissé l'opportunité de se substituer à toute une série de politiques publiques. Et nous n'en sommes qu'au début. Accès à internet naturellement, traitement algorithmique de l'information bien sûr, mais également transports, énergie, médecine, éducation, santé, processus démocratique (élections)… À ce rythme-là le prochain G20 réunira uniquement les membres du conseil d'administration des GAFA et autres NATU[2] alors même que les questions de responsabilité, de redevabilité (*accountability*) algorithmiques sont loin, très loin d'être réglées.

2 NATU : acronyme désignant les sociétés Netflix, AirB'nB, Tesla et Uber.

Quand les plateformes se tournent vers la catastrophe

L'actualité récente des différents attentats a, du côté du web des plateformes, installé une sorte de routine morbide, routine dans laquelle nous avons pris l'habitude de nous tourner vers Facebook pour prendre des nouvelles de nos proches se trouvant sur les lieux de l'un de ces attentats. Mais il faut se souvenir que ce n'est pas Facebook ni Twitter qui ont été les premiers à faire du web une plateforme d'urgence mais bien Google. Nous étions alors en 2010, un terrible séisme venait de ravager Haïti. De l'action de Google lors de ce séisme jusqu'aux récentes activations du Safety Check de Facebook lors des attentats terroristes qui ont touché l'Europe, en passant par la visibilité ou l'absence de visibilité donnée au drame des migrants, ces quelques billets permettront de remettre en perspective le rôle, souvent déterminant mais également profondément ambivalent que chacune de ces plateformes joue lors de chaque nouvelle catastrophe.

Secousses syntaxiques et tremblements motorisés : Google, Twitter et Haïti

Affordance.info, janvier 2010

Dans un contexte de communication de crise humanitaire, quand des populations sont frappées, et tout particulièrement depuis l'avènement de Twitter en 2006, le traitement de ces nouveaux outils de communication en temps réel est largement salué et plébiscité, quand il ne vire pas franchement au panégyrique. De fait, l'instantanéité de la transmission, la faculté de tisser des réseaux transcontinentaux temporaires mais exceptionnellement denses, la capacité d'entonnoir financier de ces services capables de drainer des fonds plus naturellement que ne le ferait n'importe quelle ONG, cet ensemble de propriétés des grands écosystèmes du web constitue une opportunité remarquable dans un contexte de catastrophe naturelle. Le drame qui touche Haïti nous en offre quelques exemples.

Le premier exemple est celui de la société Google qui, dès les premières heures suivant le séisme, met en place un site dédié, accessible grâce à un lien présent sur la page d'accueil du moteur, dont la légendaire sobriété n'est que très exceptionnellement dérangée. Les stratégies d'aide de Google se déclinent en trois points principaux :

– L'aide aux dons : grâce à la mise en place d'un paiement simple et direct à destination de deux ONG, paiement utilisant la solution Google Checkout. Naturellement c'est également l'occasion pour Google d'élargir son portefeuille de clients Google Checkout (lequel service nécessite une authentification préalable), mais difficile en l'occurrence de le lui reprocher.

– La cartographie dynamique : les cartes de Google Earth ont été mises à jour dès après le séisme, et se déclinent avec la possibilité d'un mode d'affichage « avant/après » qui fait frissonner et permet de toucher du doigt la réalité du bouleversement résultant du séisme.

– Et puis il y a le widget « Person Finder », que l'on peut installer facilement sur n'importe quel site, et qui permet de nourrir en temps réel une base de données publique des personnes disparues ou recherchées. Un widget qui fonctionne avec deux entrées : « Je suis à la recherche de quelqu'un » ou « J'ai de l'information sur quelqu'un ».

Google, comme un très grand nombre d'opérateurs de téléphonie mobile, proposera également, via son service Google Voice, une offre gratuite à destination de Haïti ainsi que des dons par SMS en partenariat avec nombre d'associations caritatives. Mais au-delà des donations des entreprises elles-mêmes (Google donnera un million de dollars), c'est la mise en place de ce widget « Person Finder », annonciatrice de ce que sera le « Safety Check » de Facebook six ans plus tard, qui me semble peut-être la plus signifiante et la plus caractéristique

En pareil cas de mobilisation planétaire, qu'elle soit liée à des actes de terrorisme ou à des catastrophes naturelles, les médias (anciens ou modernes) se sont fait une spécialité de l'organisation de panoptiques 24 h/24 h, panoptiques dans lesquels défilent – parfois jusqu'à la nausée – les mêmes images, les mêmes vidéos amateur, les mêmes montages. Les nouveaux médias, dont Google, ne sont naturellement pas exempts de cet *habitus*. Mais là où les médias traditionnels n'ont, pour sortir de leur propre panoptique, que les ressources de l'infographie et du commentaire journalistique (ressources rapidement épuisées), Google a la possibilité de cartographier en temps réel, la possibilité de construire ce pan-catalogue des victimes, si nécessaire même s'il ne concerne que ceux qui sont étrangers à la territorialité de ce séisme et le regardent de loin en y cherchant un proche, un ami, un membre de leur famille.

D'un côté donc, une coupure totale de toute l'infrastructure des télécommunications : plus rien ne fonctionne en Haïti, ni internet, ni téléphone, ni radio, ni télévision. Le black-out. De l'autre, une surenchère télécommunicationnelle : SMS qui explosent (pour la bonne cause...), espaces de téléphonie « vers Haïti » bradés et offerts (pour la bonne cause encore), mobilisation technologique exceptionnelle de l'ensemble des acteurs et industries technologiques. Là-bas soudain plus de télévision. Mais là-bas, presque tout de suite toutes les télévisions d'ici. La technologie, l'industrie médiatique au secours d'elle-même. Ou peut-être aussi au chevet d'elle-même.

En pareil cas de catastrophe, seul des États étaient jusqu'ici en capacité de fournir des réponses à l'échelle. À l'échelle par la mobilisation des moyens humains (civils et militaires) et financiers directement mobilisables. Cette proportionnalité reste naturellement valable à la différence près qu'aujourd'hui et notamment grâce à l'un de leurs principaux hérauts (les moteurs de recherche), les industries lourdes de la technologie (télécommunications au sens large) ont elles aussi la capacité de fournir une réponse à l'échelle. Mais elles peuvent surtout fournir une réponse « à la carte ». À l'évocation de la difficulté des secours pour localiser les victimes, sous les décombres ou bien dans l'état de chaos qui suivit la catastrophe, on songe naturellement aux immenses potentialités de la géolocalisation systématisée. Et l'on s'efforce tout aussitôt de penser à l'immensité de ses dangers au regard des libertés publiques.

Vétéran du cataclysme participatif, Twitter n'est naturellement pas en reste pour fournir une couverture en direct de la catastrophe. Si la particularité et l'intérêt de Twitter résident notamment dans l'utilisation des hashtags, en pareille situation de crise on touche du doigt la double limite imposée à la fois par la brièveté des messages (140 caractères max.) et le caractère profondément hétérogène (et hétérarchique) desdits hashtags. Si l'on veut pouvoir aller « ensemble » à l'essentiel, c'est-à-dire en l'occurrence porter assistance de manière coordonnée, est-il possible de se reposer entièrement sur une hypothétique sagesse des foules concernant la mise en œuvre de hashtags dédiés ? Six ans avant que le hashtag `#porteouverte` ne soit presque hélas rituellement utilisé pour permettre aux gens sur les lieux d'un attentat de trouver un refuge, le séisme en Haïti vit la floraison désordonnée de hashtags permettant d'exprimer des besoins d'urgence – `#need #offering #have #imok` (pour « I am OK ») `#ruok` (pour « Are You OK ? ») et de les associer à différents appels aux dons concernant des médicaments, de la nourriture ou des volontaires – `#food #water #fuel #medical #volunteers`.

Facebook : le grand absent ? Après Google et Twitter, après Wikipédia (dont la page dédiée s'enrichit considérablement sur le modèle établi du palimpseste), le grand absent reste Facebook dont la page d'accueil reste désespérément sans signe de solidarité apparente. De fait, et mis à part quelques publicités sponsorisées, très peu de signes de mobilisation apparente. Faut-il y voir l'illustration du modèle fermé que véhicule Facebook, diamétralement opposé aux logiques ouvertes de Twitter, Wikipédia ou – dans une moindre mesure – Google ? Seule réponse apportée non pas par Facebook lui-même mais par ses utilisateurs, la création d'un groupe « Haïti a besoin de nous » qui rassemblera près de 10 000 utilisateurs en quelques heures.

De Haïti au Népal : le web anti-sismique

Affordance.info, avril 2015

Cinq ans après le séisme qui toucha Haïti, c'est le Népal qui fut frappé en avril 2015. À la différence de Haïti, Facebook sera cette fois très présent et lancera pour la première fois son outil « Safety Check » pour permettre d'identifier des victimes ou des survivants. Probablement le résultat logique de la croissante exponentielle de la plateforme qui, lors du séisme en Haïti en 2010 comptait « à peine » 200 millions de membres et, cinq ans plus tard, en compte presque un milliard et demi. Au lendemain du séisme au Népal, Facebook mettra également en place une campagne de collecte de dons opérée depuis sa plateforme, venant ainsi rivaliser avec les actions menées par Google, lequel relancera également son dispositif « Person Finder » sur les mêmes bases qu'en 2010. Mais en cinq ans les usages ont considérablement évolué et la capacité de Facebook à réunir plus de la moitié de la population de la planète connectée sur un site web qui tourne en tâche de fond permanente pour tous ses membres verra l'avènement du « Safety Check » au détriment du « Person Finder » de Google : ce dernier nécessitant une installation, qui, même rapide et assez intuitive, n'est pas en capacité de lutter contre l'affichage automatique et personnalisé du statut des gens avec qui nous sommes en contact sur Facebook.

Twitter de son côté, s'affirmera cette fois, et c'est une nouveauté, comme l'outil le plus utilisé en première intention par les autorités népalaises pour coordonner les secours sur place.

Ironie de l'histoire, s'il fallait s'efforcer d'en trouver une, l'ensemble de ces plateformes qui permettent aujourd'hui ce niveau de coordination des secours sont elles-mêmes très concernées par la question d'un tremblement de terre, étant toutes situés sur la grande faille de San Andreas qui traverse la Silicon Valley.

Alors que l'internet des objets est annoncé comme la prochaine grande révolution du web, les prochains séismes de forte magnitude ou les prochaines catastrophes naturelles qui frapperont hélas notre monde verront se renforcer toujours davantage le rôle joué par ces plateformes. Mais à côté des ressources permettant de localiser des profils ou d'organiser des dons, ce seront peut-être ces cinquante milliards de capteurs passifs connectés, et les entreprises capables d'en organiser l'accès et d'en stocker les données, qui seront alors les plus capables d'intervenir de manière efficiente sur ce genre de catastrophe naturelle.

Le mur qui efface les migrants

Affordance.info, septembre 2015

Le mur. La figure du mur. Toponymique: «de Berlin». Symbolique: «des lamentations». Et métaphorique: le «mur» (*wall*) de Facebook, perpétuellement mouvant, fixant l'attention quotidienne d'un milliard et demi d'utilisateurs, de contemplateurs rarement contempteurs.

Et le drame. Des migrants. Ou des réfugiés. Migrants ou réfugiés: un autre mur sémantique et sa neutralité qui désamorce l'empathie. Les désigner comme immigrés serait nier les raisons même de leur exil, tant le mot est désormais inscrit dans le champ de l'économie du travail et irrémédiablement connoté «débat sur l'immigration», nous renvoyant à de sinistres nationalismes oublieux de l'histoire même des peuples. Alors on les appelle «les migrants». Mais pas «les réfugiés». Les désigner comme réfugiés reviendrait à acter le fait qu'ils fuient une souffrance, une persécution, et nous renverrait donc à notre devoir de les accueillir. Un «migrant» est le terme qui convient à la bonne mise à distance de ces scènes pourtant à chaque fois insupportables. Le migrant n'est ni un réfugié que nous aurions le devoir d'accueillir, ni un immigré venu affoler nos sens patriotiques en mode «le bruit et l'odeur».

Notre positionnement et/ou notre engagement politique nous dit quoi faire des immigrés; notre devoir d'humanité nous impose la conduite à tenir face aux réfugiés. Mais de ces migrants-là, nous ne savons que faire. Désemparés devant l'afflux et la violence des situations autant que paralysés par la neutralité sémantique du mot. Les mots ne désignent pas seulement la réalité. Ils décident de notre manière de l'appréhender, de la traiter, et comme nous le verrons plus tard, de la documenter.

Depuis l'effondrement du mur de Berlin en 1989, le monde n'a de cesse de bâtir de nouveaux murs.

> *En 1989, il y avait environ onze murs, barrières ou clôtures dressés. Aujourd'hui, on en compte une cinquantaine, selon* Courrier international, *qui précise que ce chiffre correspond à 8 000 kilomètres de murs bâtis en vingt-cinq ans.*

Côté numérique, Facebook et son « mur » sont apparus en 2004. Et en 2015, le 27 août, un jeudi, nous avons, selon Mark Zuckerberg, été pour la première fois un milliard de personnes différentes à nous asseoir le même jour devant le même mur. Et sur ce mur, certains d'entre nous, très peu d'entre nous, ont vu l'insoutenable.

Ceux-là ne sont ni migrants ni réfugiés. Ce sont quatre cadavres d'enfants sur les plages de Libye.

Sur le mur de Facebook comme dans l'incessant défilement de Twitter, deux grands types de réactions ont suivi ceux qui avaient posté ou rediffusé ces photos. L'expression d'une colère et d'un désarroi bien sûr, mais aussi, d'une manière qui m'a surpris parmi mes amis et les amis de mes amis, énormément de réactions choquées ou outrées, des gens qui trouvaient ces photos déplacées, qui n'avaient « pas envie de voir ça sur Facebook » ou alors « accompagnées d'une mise en garde ». Mettre en garde mais comment ? « Attention, la photo de quatre cadavres d'enfants va se glisser au milieu de vidéos de chats ».

Récemment encore on débattait de l'opportunité du lancement automatique des vidéos Facebook (*Autoplay*) quand il s'agissait de celle de cette journaliste et de son caméraman exécutés en direct par un forcené qui avait posté la vidéo sur Facebook. Car ce mur est vivant. Réactif. Poreux. Il a ses règles. Ses laissez-passer de bons sentiments. Et ses barbelés de CGU.

Il semble qu'aucune de ces quatre photos n'aient contrevenu aux pourtant si chatouilleuses CGU de ces grands murs d'enceinte numérique. Et que la police du mur algorithmique n'ait pas eu à intervenir pour en bloquer la diffusion. Vrai qu'un cadavre d'enfant choque moins la milice du code qu'une scène d'allaitement. « Toute la misère du monde » ne tient pas sur un mur, en tout cas pas sur celui-là.

Quel que soit le mur, il est toujours le stigmate d'une « propriété » au-delà duquel tout échange, qu'il soit de marchandises ou d'êtres humains est perçu et traité comme une intrusion. Le mur a moins pour fonction de nous protéger de l'extérieur que de fixer nos croyances et nos certitudes intérieures pour mieux nous y enfermer.

Jamais donc le monde n'a bâti autant de murs. Et jamais donc nous n'avons été aussi nombreux à nous asseoir, le même jour, devant le même mur. Un milliard le même jour devant le même mur. Il faut aussi être capable de poser la question de cet enfermement, de questionner la manière dont il renvoie, pas uniquement métaphoriquement, à ces murs qui disent le refus de voir comme seul contrechamp du refus d'accueillir.

Les mots sont comme les technologies. Ils ont un sens. Qui est d'abord celui de l'usage que nous en faisons. 1989 restera probablement comme la plus belle année du siècle dernier. Parce qu'en 1989 un mur tomba et que d'innombrables chemins numériques virent le jour. C'est en 1989, alors que tombait le mur de Berlin, que naissait également le Web, l'hypertexte, et avec l'hypertexte la promesse du chemin, du pont, du passage, de la traversée.

Vingt-cinq ans plus tard, un milliard de *digital immigrants* se sont assis le même jour devant leur mur Facebook. Vingt-cinq ans plus tard, quatre cadavres d'enfants se sont échoués sur une plage libyenne, s'ajoutant aux milliers d'autres migrants qui meurent chaque jour en mer. Vingt-cinq ans plus tard, nous ne savons que construire des murs.

Voici maintenant où je veux en venir : nous avons fait trois requêtes le lundi 31 août 2015, à 22 heures. La première sur le terme « migrants » dans Google Images, la seconde sur les photos Twitter répondant au hashtag #Migrants, et la troisième, les photos Facebook sur le terme « migrants ».

La requête « migrants » sur Google Images est littéralement saturée de réalité. Elle comporte uniquement des résultats illustrant cette réalité. Celle d'hommes, de femmes et d'enfants en errance et en souffrance. Y dominent les photos de ces embarcations surchargées, mais également des portraits de ces hommes, de ces femmes, de ces enfants. Le mur d'images de Google reste encore la fixation temporaire des externalités qui le fondent. Sa porosité aux chemins que sont les liens hypertextes lui garantit une documentation du monde qui permet encore de dire et de voir la réalité de ce monde.

La vision que Twitter nous donne des migrants est déjà conditionnée par la nature de ce média de l'instantanéité. On y trouvait ce 31 août 2015, suite aux différentes Universités d'été des partis politiques, beaucoup de photos d'hommes et de femmes politiques. Les représentations des migrants eux-mêmes, qu'il s'agisse de portraits ou de photos d'embarcations, restent présentes mais sont déjà reléguées au second plan. Car les externalités de Twitter sont fortement modérées par le régime d'internalités qui est l'autre spécificité de cette plateforme.

Facebook enfin. Et son mur. Hors de toute considération ou débat sur la bulle de filtre dans laquelle il nous enferme autant que nous nous enfermons nous-mêmes, le décalage est saisissant : mis à part la première photo (celle du militaire avec une embarcation de migrants en fond) et celle de cet homme derrière les grilles d'un centre de rétention, la réalité des « migrants » a complètement disparu. Gommée. Effacée. Oiseaux migrateurs, mèmes de chats, logos et slogans, dessins de presse très *softs*, mais pas une seule photo de cette réalité qui sature pourtant l'espace médiatique depuis déjà plusieurs mois. Le mur a rempli son office : il a retenu, empêché la réalité des migrants d'exister ; il a circonscrit la circulation visuelle de la représentation des migrants, il a permis au milliard de personnes connectées devant ce mur le jeudi 27 août de regarder ailleurs, de regarder autre chose.

C'est pourtant trois fois le même mot, trois fois la même requête. « Migrants ». Trois fois le même type de contenus, des photos uniquement. Et trois réalités différentes. De la saturation du réel que renvoie Google à la réalité travestie, édulcorée qui est celle de Facebook.

Et sur aucun de ces trois murs d'images on ne trouvera la trace de ces quatre cadavres d'enfants. Et pourtant ces photos ont circulé, notamment sur Facebook. L'une d'entre elles affiche plus de 16 000 « Like », 14 000 partages et 1 700 commentaires. Certes nous sommes loin du million de « Like » pour obtenir une relation sexuelle ou un chien, mais 16 000 « Like » et 14 000 partages ce n'est pas non plus insignifiant. Pourtant dans le mur d'images, rien. Ou plus exactement

« pas celle-là ». D'autres bien moins likées et partagées mais pas celle-là. Pourtant donc la photo, cette photo est là. Mais elle est… derrière le mur. Visible par quelques-uns mais invisible aux yeux de tous.

En contrepoint, FlickR et Pinterest, pour la même requête affichent des résultats différents. À chaque site son usage, ses propres représentations. Là où Google, Facebook et Twitter ont un rôle prégnant de documentation du réel, les usages de FlickR et de Pinterest sont circonscrits à d'autres horizons. Sur FlickR c'est une autre sémantique qui s'affirme, cette libellule dénommée « Migrant Hawker ». Sur Pinterest c'est la diachronicité de la représentation des migrants qui s'impose, celle de la crise de 1929 aux États-Unis et de la grande dépression.

À chaque site son/ses usage(s). Mais une fois que l'on a dit cela, pour des fonctions semblables et avec une manne attentionnelle équivalente, quel usage faire des représentations si dissemblables que proposent, pour la même réalité, Google sur son mur d'images et Facebook dans son *wall* quand plus d'un milliard de *digital immigrants* les regardent chaque jour ?

Au revoir les enfants. 1972. Vietnam. La photo de Kim Phuc, brûlée au napalm fait le tour de la planète. 1985. Colombie. Omayra Sanchez meurt emportée par une coulée de boue sous les yeux des caméras du monde entier. Franck Fournier, l'auteur de « la » photo s'expliquera des années plus tard sur la nécessité de cette prise de vue, si choquante soit-elle. 2015. Libye. Les corps de quatre enfants anonymes s'échouent sur une plage. Sur Twitter, Maître Eolas accompagne ces photos d'une seule phrase :

> *Sur la plage de Zouara en Libye, hier, les enfants dans les vagues étaient terriblement silencieux.*

Quelle place donner à la photo de ces enfants ? Quelle visibilité ? Dans quel dispositif ? Sur quelle plateforme ? Pour quelle prise de conscience ? À quel prix ? Et sur quel(s) mur(s) ? Et encore sous le choc de ces quatre cadavres d'enfants, c'est un cinquième qui va s'imposer aux yeux du monde. Le 2 septembre 2015 une nouvelle photo est apparue à la une de *The Independant*. Il s'agit une nouvelle fois de la photo d'un enfant. De trois ans. Mort. Noyé. Qui s'appelait Aylan. Aylan Kurdi. Dans l'article de *The Independant* on peut lire :

> *Si ces images marquantes d'un enfant syrien mort sur une plage ne changent pas l'attitude de l'Europe à l'égard des réfugiés, qu'est-ce qui le fera ?*

Bien sûr cette photo va se retrouver sur Facebook. Et le 3 septembre au matin, alors même que tous les médias en parlent, la photo d'Aylan Kurdi va totalement disparaître du mur Facebook sur la requête « migrants ». Le chapitre suivant tentera d'en comprendre les raisons. Mais pour le reste rien n'a changé. Mis à part cette photo, la réalité des réfugiés continue d'être totalement absente du mur.

Tous les murs du monde ne répareront jamais ceux des châteaux de sable que ces enfants ne construiront plus.

À la recherche d'Aylan Kurdi

Affordance.info, septembre 2015

Savez-vous qu'il est impossible de rechercher une photo d'Aylan Kurdi sur Facebook ? Comprenez-moi bien, on peut bien sûr trouver des images d'Aylan Kurdi sur Facebook. Nous sommes des milliers, des millions peut-être, à en avoir vu défiler sur notre mur. Mais « rechercher » non pas « des » mais « la » photo d'Aylan Kurdi, cet enfant de trois ans mort noyé, rechercher cette photo sur Facebook est impossible. La photo n'existe pas. Laissez-moi vous expliquer cela.

Alors que la quasi-totalité des journaux (presse et télé) de la planète passent en boucle la photo d'Aylan, alors que se multiplient les éditos pour expliquer le choix de la montrer ou de ne pas la montrer, pour comprendre son statut paradoxal sur Facebook, où elle est à la fois visible et invisible, il faut faire un détour par la notion d'éditorialisation algorithmique. Concrètement, dans ce cas, l'éditorialisation algorithmique c'est ça :

Sorry, we couldn't find any results for this search.

Le jeudi 3 septembre 2015, la requête « Aylan Kurdi » ne ramène aucune image dans la partie dédiée du moteur de recherche de Facebook. Si l'on tape simplement son prénom, « Aylan » on obtient alors cinq photos, dont 2 identiques (dessins) mais toujours pas « la » photo, celle qui fait la une de tous les médias, celle que nous voyons pourtant et paradoxalement défiler sur nos murs individuels.

Trois hypothèses peuvent expliquer cela.

Hypothèse 1: le moteur de recherche de Facebook est d'une indigence crasse. À ce point-là c'est tout de même assez peu probable. On pourra aussi objecter qu'à la différence de Google, le moteur de Facebook ne tourne que sur les internalités (les contenus) publiés sur la plateforme. Là encore l'argument ne tient pas puisqu'au-delà même des individus qui ont partagé la photo, la plupart des journaux qui l'ont affiché à la Une disposent d'une page Facebook sur laquelle ils ont également publié cette photo. La photo est bien là, sur différents profils et pages, mais elle a disparu des résultats de recherche de photos.

Hypothèse 2: la photo d'Aylan a été énormément «signalée» par les utilisateurs parce que jugée choquante, inappropriée, etc. C'est à la fois vrai et faux. Vrai car de nombreux utilisateurs l'ont effectivement signalée, jugeant – c'est leur droit le plus strict – qu'ils n'avaient pas à s'imposer cela au petit-déjeuner ou alors que leurs propres enfants pouvaient traîner devant l'ordinateur familial. Mais faux car cela ne peut pas être suffisant pour expliquer l'absence totale de réponses dans la partie images du moteur de recherche de Facebook. Quelques jours avant le décès d'Aylan Kurdi, d'autres photos aussi insoutenables d'enfants morts noyés et échoués sur une plage de Libye (chroniquées dans le chapitre précédent) avaient également été diffusées sur Facebook avant d'être purement et simplement supprimées… par Facebook[1]:

1 «Facebook censors refugee photographs», Nicholas D. Mirzoeff, *How to see the world*, 1 septembre 2015. https://wp.nyu.edu/howtoseetheworld/2015/09/01/auto-draft-78/.

Le 29 août, l'artiste Syrien Khaled Barakeh a posté sur Facebook un album de sept photographies intitulé Cimetière multiculturel.

Ces photos avaient été partagées et commentées plus de 100 000 fois en moins de 24 heures. Le 30 août, l'album entier était supprimé de la plateforme.

De la même manière qu'un nombre suffisant d'utilisateurs, pouvaient, à la glorieuse époque du *Google bombing*, associer la requête « trou du cul » avec un résultat pointant directement vers la page officielle de l'Élysée contenant la biographie de Nicolas Sarkozy, des utilisateurs sont aujourd'hui en mesure (si le nombre de signalements est suffisant ou anormalement élevé sur un laps de temps très court) de faire disparaître une œuvre de Gustave Courbet pour cause de « pornographie », ou la photo du cadavre d'un enfant pour cause de « non merci, là je suis en train de manger ». Mais autant la puissance du *Google bombing* était enthousiasmante par la possibilité offerte de prendre l'algorithme à son propre piège, à son propre jeu, autant l'arbitraire et le puritanisme bon teint du « Facebook Erasing » est inquiétant et navrant car il fait de chacun d'entre nous le Kapo d'opérette d'un ordre moral tenant tout entier entre les sous-vêtements souillés de notre vertu effarouchée et le courroux de nos indignations de canapé.

Hypothèse 3 : il s'agit d'un choix – algorithmique – délibéré de la plateforme pour ne pas afficher cette photo. Nous en sommes réduits à l'acter comme une probabilité car naturellement, Facebook ne communiquera jamais à ce sujet, ni pour infirmer ni pour confirmer.

De `#JeSuisCharlie` *à* `#OùEstAylan`*?* Que Facebook choisisse d'effacer la réalité des migrants de son mur est une chose. Qu'il soit impossible de trouver, 24 h après sa publication planétaire, la moindre trace de la photo d'Aylan Kurdi dans la partie dédiée du moteur de recherche de la plateforme en est une autre. D'autant qu'à regarder du côté des autres murs d'images de Twitter ou de Google, la question ne se pose même pas. La photo d'Aylan est là, en évidence, ainsi que l'ensemble des éléments de réappropriation, de contextualisation qui permettent de documenter ce fait, cette sinistre réalité. Mais sur Facebook, rien.

Le fait est que la photo d'Aylan Kurdi a disparu des résultats de recherche de Facebook. Alors qu'elle sature la totalité de l'espace médiatique, elle est presque totalement invisible de la plateforme qui exemplifie pourtant aujourd'hui le mieux l'économie de l'attention. Sa disparition induit qu'elle ne peut donc pas attirer ni fixer notre attention. Il s'agit, pour la plateforme, que nous prêtions attention à autre chose.

Alors pourquoi ? Probablement parce qu'il y a un peu de Steve Jobs dans Mark Zuckerberg, en tout cas dans l'idée de faire de sa plateforme et de sa marque un environnement totalement *safe & secure*, à l'abri de toute image trop violente, trop choquante. Probablement parce que ce n'est pas bon pour le business. On le sait, de nombreuses études l'ont montré (y compris celles menées par Facebook à notre insu[2]), mettre les utilisateurs dans un état d'esprit léger et joyeux facilite et augmente le nombre d'interactions sur la plateforme et nous place dans des dispositions d'esprit susceptibles de nous faire davantage consommer et donc d'alimenter la régie publicitaire de la même plateforme.

---

2 « Facebook peut tromper une fois 600 000 personnes mais... », Olivier Ertzscheid, *Affordance.info*, 30 juin 2014. http://affordance.typepad.com/mon_weblog/2014/06/facebook-peut-tromper-une-fois-600-000-personnes-mais.html.

Pourquoi est-ce si troublant et si grave ? La disparition de la photo d'Aylan Kurdi de Facebook ne nous empêche pas de voir la réalité du drame des réfugiés. Même si la moitié de l'humanité connectée est présente sur Facebook, elle ne s'informe – heureusement – pas uniquement avec Facebook. La disparition de la photo d'Aylan Kurdi de Facebook ne doit pas non plus être envisagée du point de vue de la morale. Facebook a beau être utilisé par la moitié de l'humanité connectée, Facebook reste une plateforme privée. Et de la même manière que *Le Monde*, *Libé*, *Ouest-France* ou Jean-Pierre Pernaut ont le droit de montrer ou de ne pas montrer la photo d'un cadavre d'enfant, Facebook dispose aussi de ce droit légitime. Même si à la différence des précédents il s'exonère de toute explication sur ses choix éditoriaux et/ou algorithmiques.

La disparition d'Aylan Kurdi du mur d'images de Facebook est grave car elle est la forme la plus perverse de l'alibi de la personnalisation. Facebook nous place en situation d'injonction paradoxale ou de double contrainte en nous laissant en porter toute la responsabilité :

> *Vous ne voulez pas voir de photo d'enfant mort ? Nous comprenons, nous sommes responsables, nous ne vous en montrons pas. Si vous en voyez quand même, signalez-les nous immédiatement.*
>
> *Ne pas vous montrer cette photo serait vous priver du droit d'être informé ? Justement, regardez comme cette photo a été partagée au sein de la plateforme, parmi vos propres amis.*

Le paradoxe peut donc être résumé ainsi : Facebook est certainement la plateforme – avec Twitter – sur laquelle la photo d'Aylan Kurdi a le plus été « partagée », mais Facebook est aussi la plateforme sur laquelle la photo d'Aylan Kurdi est, *in fine*, la moins visible. Comment est-ce possible? Grâce à cet effet caractéristique des réseaux sociaux que l'on appelle l'illusion de la majorité.

Interrogez vos amis. La plupart d'entre eux vous diront qu'ils ont vu sur Facebook la photo d'Aylan Kurdi. La réalité est tout autre. L'illusion de la majorité est un phénomène qui nous fait percevoir comme commun ou très répandu un phénomène ou une information qui est en fait très rare ou très peu diffusé. En voici l'explication:

> *C'est parce que la répartition des amis sur les réseaux sociaux suit une loi de puissance. Ainsi, alors que la plupart des gens ont un petit nombre d'amis, quelques individus en ont un très grand nombre. Et ces quelques personnes biaisent la moyenne. [...] Lerman et ses co-auteurs ont découvert un paradoxe relatif qu'ils appellent l'illusion de la majorité. C'est le phénomène dans lequel un individu peut observer un comportement ou une caractéristique chez la plupart de ses amis, même si ce comportement ou cette caractéristique est rare dans la totalité du réseau.*[3]

Pour en revenir à l'exemple de la photo d'Aylan, il suffit donc que quelques individus/pages disposant d'un très grand nombre de connexions (ou d'amis) aient diffusé cette photo pour que nous ayons l'impression d'une diffusion massive auprès de l'ensemble de nos amis, même si cette diffusion est en réalité rare à l'échelle du réseau dans son ensemble.

---

3 «The Social-Network Illusion That Tricks Your Mind», *MIT Technology Review*, 30 juin 2015. https://www.technologyreview.com/s/538866/the-social-network-illusion-that-tricks-your-mind/.

Pour comprendre pourquoi la disparition de la photo d'Aylan Kurdi à l'échelle d'un certain usage de Facebook (la recherche d'images) est, sinon préoccupante, au moins problématique, il faut faire un petit détour par Google et la politique, ainsi que par la vieille – 1972 – théorie de McCombs et Shaw sur l'*Agenda Setting*[4].

Prenons les choses dans l'ordre.

La « fonction d'agenda » (*agenda setting*) est essentielle dans l'économie des médias et dans le rapport conflictuel entre les différents acteurs médiatiques : hommes politiques, instituts de sondage, éditorialistes, etc. Les médias jouent un rôle important dans la formation de la réalité sociale par la sélection et le classement des informations. Ils sont en somme les auteurs d'un véritable agenda public qui ordonne et organise notre monde. Nos intérêts et nos incertitudes pour un objet ou un débat social créent un manque que ces médias viennent combler. L'individu indécis a besoin d'une information pour être capable de faire un choix qui accompagnera ou modifiera son positionnement idéologique. Plus l'individu maîtrise l'objet ou le débat social dont il est question et moins il assigne le rôle d'*agenda setting* aux différents médias. À l'inverse, moins l'individu maîtrise le sujet, plus ledit sujet est distant ou complexe, et plus le rôle d'*agenda setting* qu'il assigne aux médias sera déterminant dans les choix et le positionnement de l'individu. Résultat des courses : les études montrent que les médias ne nous disent pas « ce qu'il faut penser » mais « à quoi il faut penser », et qu'il leur est bien sûr possible d'instrumentaliser cette

4 « The agenda setting fonction of mass-media », Maxwell E. McCombs et Donald L. Shaw, *The public opinion quaterly*, vol 36, n° 2, été 1972, p. 176-187. https://www.unc.edu/~fbaum/teaching/PLSC541_Fall06/McCombs%20and%20Shaw%20POQ%201972.pdf.

fonction de rappel dans le sens d'une fonction d'incitation. En termes plus clairs, il est facile de noter la recrudescence des reportages sur la montée de l'insécurité dans le journal de Jean-Pierre Pernaut dans les périodes précédant une élection présidentielle.

Google et la politique. Nous disposons aujourd'hui d'études démontrant que le simple ordonnancement des résultats sur un moteur de recherche est capable de modifier l'issue d'un vote lors d'une élection. C'est le *Search Engine Manipulation Effect*[5].

Alors que la moitié de l'humanité connectée dispose d'un compte Facebook, alors que Facebook revendique clairement son intention de devenir un média d'information natif (en incitant les journaux à publier des articles directement sur sa plateforme), alors que le seuil du milliard d'individus se connectant la même journée a été franchi récemment et le sera de plus en plus régulièrement, alors que ce qui est désormais «cherchable» et «trouvable» dans les différentes plateformes connectées (Google, Twitter, Facebook, etc.) et l'ordre et le taux de rotation de cet affichage joue clairement un rôle d'*agenda setting* y compris comme déclencheur auprès des médias traditionnels, la disparition de la photo d'Aylan Kurdi doit nous permettre de nous interroger sur notre rapport à l'information, notre relation et nos représentations privées d'une information publique.

La dynamique informationnelle d'un réseau social n'a jamais été, n'est pas et ne pourra jamais être la même que celle d'un organe de presse. Ce n'est certes pas une découverte

5 «The search engine manipulation effect (SEME) and its possible impact on the outcomes of elections», Robert Epstein et Ronald E. Robertson, *Proceedings of the National Academy of Sciences*, vol 112, num. 33, 2015. http://www.pnas.org/content/112/33/E4512.short.

ni une révélation, mais à l'heure où l'on observe un basculement de plus en plus systématique des organes de presse vers des plateformes sociales, cela mérite d'être rappelé.

La structure même d'un réseau social, les phénomènes « d'illusion de la majorité », l'opacité algorithmique qui y préside, le lien de causalité direct entre la nature de l'information diffusée et l'impact sur les habitudes de consommation des utilisateurs qui y sont exposés et donc sur le modèle économique de la plateforme hôte, doivent nous conduire à ne pas traiter à la légère cette disparition, cette « in-trouvabilité » de la photo d'Aylan Kurdi.

L'autre enseignement de cette disparition inquiétante est que l'économie de l'attention est en train de laisser la place à une économie de l'occupation. Et qu'à l'inverse de certaines stratégies éditoriales classiques de la presse, de la radio ou de la télévision, il est hors de question pour ces plateformes de céder à une économie de la préoccupation. Ce qui est pour le moins… préoccupant.

Pourquoi n'y a-t-il pas de bouton « sauver le monde » ?

Affordance.info, novembre 2015

Au lendemain d'une nouvelle vague de barbarie terroriste, c'est une question posée à Beyrouth, mais qui aurait pu l'être aussi en Cisjordanie, en Israël, en Tunisie, au Moyen-Orient, au Nigeria, dans certains pays d'Asie également, dans tous ces pays qui sont la cible d'attentats aveugles, dans tous ces pays qui vivent, eux, une guerre au quotidien. Cette question posée par un blogueur libanais au lendemain des attentats du jeudi 12 novembre qui ont fait 43 morts dans la banlieue sud de Beyrouth :

Pourquoi Facebook n'a pas créé de bouton « Safety Check » pour nous ?[6]

Une question lancinante. Poignante. Et la réponse, rapide, de Mark Zuckerberg :

De nombreuses personnes nous ont demandé à raison pourquoi nous avons activé le Safety Check pour Paris mais pas pour les attentats à Beyrouth ou dans d'autres endroits. Jusqu'à hier, notre politique était de réserver le Satefy Check aux désastres naturels. Nous venons seulement de changer celle-ci et

6 « À Beyrouth : "Pourquoi Facebook n'a pas créé de bouton 'Safety check' pour nous" ? », Benjamin Barthe, *Le Monde*, 15 novembre 2015. http://www.lemonde.fr/attaques-a-paris/article/2015/11/15/pourquoi-facebook-n-a-pas-cree-de-bouton-safety-check-pour-nous_4810469_4809495.html.

prévoyons désormais d'activer le Safety Check dans davantage de cas de désastres humains.[7]

Les réseaux sociaux sont ainsi. Utiles. Réactifs. Supports modernes de la narration qui permet l'appropriation, l'empathie. Hier `#JeSuisCharlie`, aujourd'hui `#JeSuisEnTerrasse`, `#JeSuisParis`. Et demain ? Les réseaux sociaux sont ainsi. Leurs fonctionnalités permettent de répondre aux catastrophes naturelles. Et désormais donc aux désastres humains. Les réseaux sociaux sont ainsi. Chacun peut y voir des choses à titre individuel mais l'imaginaire collectif est borné par leurs CGU, elles-mêmes bornées par leurs enjeux économiques. Leur mur efface les migrants.

Toutes celles et ceux qui se trouvaient loin de Paris mais y connaissaient des proches ou même de lointains amis en ont fait l'expérience : les yeux rivés sur le compteur du « Safety Check », le soulagement de voir certains noms y apparaître, l'interminable attente de ceux qui n'y figuraient pas. Ces amis auxquels on pensait. Et ceux auxquels on avait oublié de penser. Sur environ 500 de mes amis Facebook, dont des vrais, dont des proches, le « Safety Check » m'indiquait la liste traumatique de près de 200 d'entre eux géolocalisés dans la capitale : des proches bien sûr, dont j'avais déjà pris ou obtenu des nouvelles, mais aussi des étudiants, des connaissances. Si un jour j'ai le malheur de me trouver sur les lieux d'un attentat ou d'une catastrophe naturelle, Facebook n'aidera pas mes proches : mon profil public indique que j'ai comme lieu de résidence le Pérou, que j'y ai étudié la flûte de Pan et que j'y exerce le métier de femme de chambre.

---

7 https://www.facebook.com/photo.php?fbid=10102475457180761.

J'ai beau tricher avec les informations que je confie à Facebook, j'ai aussi une certitude. Celle de la place centrale, vitale qu'ont déjà pris et que continueront de prendre ces plateformes planétaires de médiation et de remédiation, devenues pour un temps, des plateformes de l'émotion, des plateformes de la résilience, outillant l'empathie comme M. Bricolage équipe nos salles de bains. Des plateformes seules capables d'apporter des réponses aux plus triviales comme aux plus vitales de nos questions, de nos interrogations. « As-tu pensé à prendre le pain ? » « Es-tu encore en vie ? ». Les mots des pauvres gens disait Léo Ferré.

Des plateformes de mots, une catharsis individuelle et collective, une parole qui circule, souvent, c'est vrai, trop souvent avec des tombereaux de haine, parfois aussi avec cette justesse qui ne peut que vous arracher des larmes.

Alors bricolage émotionnel de la photo de profil bleu blanc rouge comme nouveau service minimum du slacktivisme[8], ou possibilité offerte et nécessaire de permettre à certains de dire l'indicible et, ce faisant, de permettre à tous de se grandir à l'aide de ces paroles partagées ? Les deux. Certainement les deux. Ne commettons pas l'erreur de jeter le bébé avec l'eau du bain, de jeter le spam, les trolls, les mesquins, les haineux, en conservant le flot des paroles justes, des paroles magnifiques que nous n'aurions jamais pu entendre, jamais pu lire, jamais pu voir sans ces plateformes. Et puis oui bien sûr, c'est au soir et au lendemain des attentats de Paris que Twitter (et d'autres) ont sinon mérité le nom du moins réellement joué leur rôle de réseau social.

---

8 Militantisme par le clic, voir « Slacktivisme », Jean Zeid, http://www.francetvinfo.fr/replay-radio/le-geek-de-a-a-zeid/le-geek-de-a-a-zeid-slacktivisme_1786959.html.

« Es-tu encore en vie ? » Voilà la question que nous étions probablement des milliers à nous poser ce vendredi soir vers 23 h en regardant défiler le compteur du « Safety Check ». Les gouvernements de chaque pays disposent de leur côté d'un certain nombre de procédures d'urgence. Nous en avons encore eu l'autre soir la triste démonstration : plan d'aide aux victimes, mobilisation des services hospitaliers, plans Vigipirate, mais aussi dans d'autres contextes, plans Orsec pour inondations, plan canicule, etc. Si un dispositif est mis en place pour venir en aide aux victimes d'une catastrophe naturelle, si ce dispositif est fonctionnel, n'importe quel gouvernement le mettra également en place « en cas de désastres humains ». L'inverse serait aberrant. Mais Facebook n'est pas un gouvernement. Facebook a dû attendre d'être interpellé pour indiquer que :

– Le « Safety Check » était initialement prévu pour des catastrophes naturelles.

– Il a été, sur l'initiative d'un seul homme (Mark Zuckerberg) activé pour le « désastre humain » des attentats de Paris.

– Il ne l'a pas été pour son équivalent à Beyrouth.

C'est dommage ;

ça ne se reproduira plus ;

ou en fait peut-être que ça se reproduira en cas de nouveaux « désastres humains ». En fait on n'en sait rien.

On n'en sait rien parce qu'il y a cette dernière phrase. Cette dernière phrase aussi angoissante dans son cynisme que cynique dans son probabilisme :

> *Nous prévoyons désormais d'activer le Safety Check dans davantage de cas de désastres humains.*

Vous le prévoyez ? Dans davantage de désastres humains ? Davantage ? Pas dans tous les cas de désastres humains ? Mais quel sera le seuil d'activation ? Pourquoi dans certains cas et pas dans d'autres ? Systématiser le « Facebook Safety Check » serait un problème ? Y aurait-il un risque de le banaliser ? Est-ce un moyen, un de plus, d'affirmer le règne d'une toute-puissance qui assied sa force sur la part d'aléatoire qu'elle se réserve comme un nouveau « fait du Prince » ? Davantage ? C'est vrai que Facebook n'est pas une ONG.

Et maintenant posons une double question.

Pour retrouver, localiser les victimes, rassurer efficacement les familles et les proches, existe-t-il des dispositifs plus rapides, plus efficaces que ceux mis en place par les moteurs de recherche ou les réseaux sociaux en cas de catastrophe naturelle ? La réponse est non.

Pourquoi ces dispositifs sont-ils les plus efficaces ? Parce nous sommes pleins à être inscrits dessus. Parce que nous passons beaucoup de temps sur ces plateformes. Parce que ces plateformes disposent de plein de données précises sur nous (géolocalisation et indications déclaratives lorsque nous remplissons nos profils).

Le problème est que de l'aveu même de ces plateformes, elles n'activeront lesdits dispositifs qu'à leur seule discrétion. C'est en tout cas ce qu'il faut comprendre dans la phrase : « *nous prévoyons désormais d'activer le Safety Check dans davantage de cas de désastres humains* ».

Alors que faire ? Trois possibilités. Pas une de plus. Soit nationaliser Facebook, Google et Twitter. Soit accepter cet arbitrage arbitraire. Soit déployer, à l'échelle d'États, de métropoles, de collectivités, des fonctionnalités équivalentes[9].

La première et la seconde solution ne sont ni satisfaisantes ni réalistes. Et la troisième semble irréaliste parce qu'aucun État, collectivité, région, ville, territoire, n'a la puissante attentionnelle de Facebook, ni son public. Ce n'est pourtant pas le problème. Le problème n'est pas non plus celui de l'algorithme « propriétaire » qu'il faudrait rendre public. En l'occurrence, ledit algorithme (celui du « Safety Check » ou d'autres dispositifs de signalement et de localisation des victimes) n'est pas si compliqué que cela à mettre en œuvre. Non le problème, le seul, ce sont les données. Ces données (et métadonnées) que nous confions sans (trop) sourciller à Facebook / Google / Twitter, soit parce que nous n'avons pas le choix, soit parce que nous ne nous en rendons même plus compte, soit parce que nous nous en moquons éperdument.

Si des États, des métropoles, des collectivités, des territoires disposaient de ces données, qui ne sont pas celles de Facebook mais les nôtres, si des États, des métropoles, des collectivités, des territoires, à défaut de disposer de ces données pouvaient *a minima* en réclamer certaines à Facebook, alors n'importe quel État, collectivité, métropole, territoire devant chaque catastrophe naturelle ou chaque acte terroriste pourrait déployer, systématiquement et dans un cadre prévu par la loi, des dispositifs probablement plus efficaces que ceux de Facebook parce que plus ciblés. Et surtout, surtout, les règles du jeu seraient claires et permettraient de gommer cet angoissant autant qu'écœurant aléatoire :

9 Ce chapitre a été rédigé avant que le gouvernement ne déploie l'application SAIP (service d'alerte et d'aide aux populations), supposée remplir la même fonction que le « Safety Check » de Facebook, une application qui ne sera malheureusement d'aucune utilité lors des attentats de Nice.

Nous prévoyons désormais d'activer le Safety Check dans davantage de cas de désastres humains.

Alors vous allez me dire : « mais si un État ou une collectivité se met à disposer des mêmes données que Facebook, ce serait pire que la pire des sociétés orwelliennes, pire que la pire des pires lois d'exception permettant une surveillance globale ». Non. Car il ne s'agit pas de l'ensemble des données détenues par Facebook mais pour l'essentiel des données déclaratives, données dont disposent par ailleurs partiellement ou en totalité nombre de services et d'administrations publiques (les impôts, la sécurité sociale, etc.). Des données qu'il faudrait enfin réellement ouvrir (*open data*), des données pour lesquelles il faudrait enfin commencer à inventer une réelle ingénierie sociale.

Bien sûr tout cela ne se fera ni naturellement, ni simplement. Parce qu'il y a aussi toute une ingénierie démocratique qui reste encore à penser, à inventer et à mettre en œuvre. Mais quelques jours après ce nouveau massacre, quelques semaines ou quelques mois avant que le prochain n'intervienne hélas, il est juste dommage que le politique n'envisage pas d'autres ingénieries que celles de la surveillance et des lois d'exception.

J'aurais rêvé qu'un gouvernement, a fortiori « de gauche », à côté des mesures annoncées et que je m'abstiendrai de commenter, j'aurais rêvé que ce gouvernement annonce qu'il allait, aussi, réfléchir à ce que le numérique autorise ; j'aurais aimé qu'il regarde le monde comme il est, qu'il voie et qu'il comprenne ce qui s'est joué en 48 heures lors des attentats de Paris sur les réseaux sociaux, pas simplement au niveau du « Safety Check » mais surtout au niveau de la documentation du réel, du partage de l'empathie, de la verbalisation de l'émotion, de la constitution de l'imaginaire partagé d'une collectivité humaine qui n'est pas réductible à la seule idée de nation, j'aurais aimé qu'il comprenne que la vraie réponse au terrorisme, en tout cas à la terreur, est probablement autant de ce côté-là que du côté des mesures et des lois d'exception.

J'aurais aimé entendre un Président de la République souligner à quel point ce qui depuis plus de 48 heures circulait sur Facebook, sur Twitter ou ailleurs, tous ces mots, tous ces textes exhumés d'un lointain passé pour mieux éclairer notre présent, tous ces témoignages aussi, j'aurais aimé qu'il dise à quel point cela comptait pour accompagner et dépasser « l'état de choc » que « la nation a ressenti ».

J'aurais aimé, à cette occasion, entendre de la bouche d'un seul député, d'un seul élu, que le numérique était d'abord une ingénierie sociale et que la responsabilité du politique était de s'en saisir, d'y mettre les mains, de l'outiller, de lui permettre d'éclore.

J'aurais aimé mais je n'ai rien entendu de tout cela. J'ai beaucoup entendu parler en revanche de la radicalisation sur internet.

Pourquoi n'y a-t-il pas de bouton « sauver le monde » ? Je ne sais pas.

Mais je sais que le contrôle, public et transparent, de données publiques, pourrait permettre de sauver du monde.

Je sais que dans certaines métropoles, dans certains États, dans certaines régions du monde, ces nouvelles ingénieries sociales sont en train de naître, et qu'elles n'attendront pas le politique.

Je sais que depuis ce vendredi 13 novembre 2015 à 21 h, ce sont Facebook et Twitter qui ont permis à la communauté nationale de s'étreindre, de se sublimer, de partager des mots et des émotions, et surtout, surtout, de trouver des réponses, de trouver des explications, de réfléchir à des solutions, pendant que, une fois l'urgence passée, le politique gérait l'exception, frappait une nouvelle fois en Syrie, proposait d'accroître un arsenal répressif et législatif dont l'inflation constante lors des dix dernières années n'a jamais permis d'apporter la moindre solution concrète à la lutte contre le terrorisme.

Je sais que ce n'est pas la première fois que ces plateformes jouent ce rôle et que ce ne sera pas non plus la dernière.

Je sais qu'à chaque fois, qu'à chaque nouveau drame, nous prenons davantage l'habitude de leur laisser jouer ce rôle. Nous en devenons davantage dépendants. Pour de bonnes et de mauvaises raisons.

Et je sais qu'à côté de cette dépendance, dans son sillage, la parole politique achève de se dissoudre et de s'auto-discréditer. Parce qu'elle regarde ces échanges comme des diversions, comme des épiphénomènes, comme des remédiations temporaires. Alors que la parole et l'action politique devraient accepter de regarder ces échanges pour ce qu'ils sont : la possibilité d'un renouveau de la parole et de l'action publique. Probablement la dernière possibilité.

Je sais enfin, du moins je crois, que même si le crédit doit en être rendu à ces plateformes, laisser cela, laisser la possibilité de ce lien social à ces seules plateformes serait une erreur historique. Parce qu'il y a urgence. L'urgence de poursuivre la banalité de nos existences en dehors du sentier trop balisé de leurs seules CGU ou de l'arbitraire du code qui leur sert de loi.

J'aurais aimé, plutôt que des lois d'exception, que le politique regarde la banalité du monde, la banalité de ces échanges, sur les réseaux. Parce que les événements de vendredi soir n'ont malheureusement plus rien d'exceptionnel, ils disent la banalité du fait terroriste qui s'attaque à la banalité de nos existences.

Pour voir des images d'enfants morts : cliquez ici

Affordance.info, février 2016

Il y a des enfants morts échoués sur des plages. Il y a des hommes brûlés vifs, décapités. Il y a la réalité. Et il y a les images de cette réalité. Il y a les médias qui choisissent de diffuser ou de ne pas diffuser les images de cette réalité.

Il y a, oui, les vieux médias, vieux parce que non essentiellement individualisants, les vieux médias qui avertissent et laissent la possibilité de voir ce que les autres voient, d'un regard porté ensemble : « Attention, retirez les enfants de devant le poste ».

Et il y a, oui, les « nouveaux médias », ceux pour lesquels le conseil ou l'injonction de retirer les enfants de devant le poste ne fonctionne pas parce qu'elle n'a plus de sens, elle n'a plus de réalité sociale, elle n'a plus de réalité physique, parce que la consommation de ces médias est individualisée dans le rapport à l'écran qui est sa principale médiation.

Et puis il y a les gens devant ces médias, devant ces plateformes, devant ces images. Les gens qui choisissent de laisser les enfants regarder, les gens qui choisissent de les envoyer directement dans leur chambre, les gens qui n'ont plus la télé, les gens qui ne voudront jamais de compte Facebook, les gens qui ne voient plus ce que leurs enfants regardent, qui n'en ont plus connaissance, et les autres, tous les autres. Qui ne savent plus trop quoi faire devant ces images ou ces absences d'images. Qui ne savent plus trop qui doit porter la responsabilité de leur diffusion, de leur réception, de leur acceptation.

Heureusement il y a aussi les mots. «Que ferais-je si ce bébé était à moi»[10]. Le *making-of* du reportage d'un photographe de l'AFP une nouvelle fois confronté à des cadavres d'enfants sur des plages, nos plages.

> *Pour le moment personne ne s'occupe du bébé mort. Alors, je reviens vers lui et pendant peut-être une heure, je reste à ses côtés, en silence. J'ai deux enfants, une fille de huit ans et un petit garçon de cinq mois. Je me demande ce que je ferais si ce bébé était à moi. Je me demande ce qui est en train d'arriver à l'humanité.*
>
> *[…] Au cours de ma carrière de photojournaliste, j'ai couvert des crises, des émeutes, des attentats. J'ai déjà vu des morts. Mais ça, c'est pire que tout. En regardant ce petit corps, je me demande pourquoi tout cela. Pourquoi cette guerre interminable en Syrie. Je suis fou de rage contre tous ces politiciens qui ont causé cette tragédie, contre les passeurs qui envoient tant de gens à la mort. Puis un gendarme arrive, soulève l'enfant et le dépose dans un sac en plastique. Lui aussi il pleure.*

Et au beau milieu de ce billet il y a, bien sûr, les images, les photos prises par le photographe ce jour-là. Des images que je n'ai pas regardées. Que je ne veux pas voir. Un refus irrationnel, probablement coupable. Peut-être aussi parce que quatre autres images ne me quittent plus depuis déjà plusieurs mois. Celle des premiers corps de ces enfants morts. Avant celui d'Aylan. La veille très exactement. Celui d'Aylan Kurdi bien sûr, effacé du mur de Facebook. Mais de ceux-là aussi. Ces

---

10 «Que ferais-je si ce bébé était à moi?», Ozan Köse, *AFP – Making-of*, 1er février 2016. https://making-of.afp.com/que-ferais-je-si-ce-bebe-etait-moi.

quatre images-là restent ineffaçables. Ce petit enfant noir, dans la position d'un crucifié. Crucifié de notre indifférence, de notre irresponsabilité. Seulement vêtu de sa couche et d'un t-shirt. Ce petit enfant mort noyé. Cette image ne me quittera plus. Elle me suffit. Elle suffit à mon encombrante culpabilité. Quatre images que très peu ont vues. Une image (celle d'Aylan Kurdi) que tout le monde a vue. Et les autres que personne ne verra jamais autrement qu'à travers des données. Tous les autres. Les autres enfants morts. Enfants morts sans image. Sans texte. Sans accompagnement. Sans récit. Sans personne.

Le blog de l'AFP nous avertit: «Attention, images choquantes d'enfants morts, cliquez pour les visionner». Un avertissement qui pour beaucoup vaudra incitation. Parce que nous sommes «dans» le numérique. Pas «devant» la télé. Et que «dans le numérique» peu de gens résistent au «cliquez ici» lorsque celui-ci désigne ostensiblement un contenu invisible, insupportable, ou dans un tout autre registre, un contenu «excitant», «interdit», «sulfureux». Ce que nous dit cette image c'est que nous sommes face à un interdit. Et que pour transgresser l'interdit il suffit de cliquer ici.

Peu de temps après avoir consulté l'article de ce photographe, je suis tombé, au hasard du profil d'un ami Facebook, sur une autre image. Celle d'un autre interdit. Pas d'enfants morts derrière cette vidéo – que j'ai vue – mais des militaires qui se livrent à de violentes exactions (coups, humiliations) sur des civils, de jeunes civils.

«Attention. Contenu vidéo. Ces vidéos contiennent des images qui peuvent choquer, offenser ou inquiéter. Êtes-vous sûr que vous voulez vraiment voir cela?»

Une nouvelle fois, « pour voir des images choquantes, cliquez ici ». Une nouvelle fois la pulsion scopique, une nouvelle fois la grammaire du pulsionnel et la syntaxe de l'immédiat. Car ces contenus participent d'une double viralité : celle qui est liée à notre désir de voir, et celle qui est propre aux réseaux sociaux, des réseaux dans lesquels la colère est beaucoup plus influente que les autres émotions comme la joie ou la tristesse[11].

Quelle que soit sa nature, qu'il s'agisse d'une colère destructrice ou motrice, nous savons que ces images viendront alimenter notre colère. Une colère qui à son tour participe d'une envie de punir, laquelle envie, si paradoxal que cela puisse paraître, nous délivre une satisfaction immédiate[12]. Voilà, aussi la raison pour laquelle les vidéos de propagande djihadiste rencontrent un tel écho. Voir ces images qui nous mettront en colère. Être en colère pour ressentir l'envie de punir. Avoir l'envie de punir pour y trouver une satisfaction immédiate. Nous cliquerons donc. Pour voir, cliquez ici.

André Gunthert écrit sur son blog à propos d'une énième vidéo insupportable diffusée par Daesh sur différents réseaux sociaux [13]:

J'ai capitulé devant la perspective de me retourner l'estomac à la vue d'une décapitation, spectacle parmi les plus

11 « Anger is More Influential Than Joy: Sentiment Correlation in Weibo », Rui Fan, Jichang Zhao, Yan Chen, Ke Xu, *PLoS ONE* 9(10): e110184, 2014. http://arxiv.org/abs/1309.2402.

12 « The Neural Basis of Altruistic Punishment », Dominique J.-F. de Quervain *et al.*, *Science*, 27 août 2004, Vol. 305, Issue 5688, pp. 1254-1258. http://science.sciencemag.org/content/305/5688/1254.

13 « Ne pas voir le jihadisme », André Gunthert, *L'image sociale*, 26 janvier 2016. http://imagesociale.fr/2731.

insoutenables. Une attitude qui semble accessoirement contredire mes convictions théoriques sur la prétendue indicialité des images ou leur soi-disant « pouvoir ». Mais non : ce n'est pas à la technologie de l'enregistrement, mais à notre faculté de projection que je dois mon émotion.

Mon refus ne doit rien à la morale. C'est d'abord un geste égoïste de préservation. Ce que je veux empêcher, c'est de laisser entrer ces images, comme des corps étrangers, dans mon imaginaire. Ce à quoi je résiste, c'est à une acculturation. Car je sais que l'imagerie porteuse du message de haine, une fois qu'elle aura passé ma rétine, s'installera dans mon stock visuel, entrera en composition avec d'autres images, participera de ma culture. Je sais que le jour est proche où (...) je n'aurai plus le choix. Mais aujourd'hui encore, j'ai résisté à cet envahissement, j'ai renoncé à voir.

Que faut-il, que me manque-t-il aujourd'hui pour regarder ces images ? Un discours d'accompagnement. Une voix off. Un récit qui les transforme en objets inertes et m'immunise contre leur violence. Un récit qu'il va falloir participer à écrire – sans enthousiasme, par pure nécessité prophylactique.

Mettre en récit ces images pour s'immuniser contre leur violence. Comme nous avons péniblement et lentement réussi à le faire avec les images de la Shoah ou d'autres génocides, d'autres guerres, d'autres drames humanitaires. La mise en récit donc. Mais aussi la mise en partage. Des enfants, des adolescents qui regardent des images d'enfants morts, des images de décapitation, sans autre récit que celui du « cliquez ici ». Bien sûr ces images nous renvoient à la nécessité de construire « *un récit capable de nous immuniser contre leur violence* ». Bien sûr ces images nous renvoient à des questions d'éditorialisation algorithmique : pourquoi telle image

« passe », pourquoi telle autre « ne passe pas », selon quels critères, qui prend la décision, dans quels délais, en fonction de quelles règles, pourquoi celle-ci est-elle masquée derrière un avertissement, pourquoi telle autre bien plus violente ne l'est-elle pas ? Mais bien sûr aussi et peut-être plus profondément encore que les deux points précédents, ces images, ou leur absence, leur disparition, ces images nous renvoient aux nouvelles proxémies qu'inaugurent ces médias plateformes, à la distance, intime, personnelle, sociale, collective que nous entretenons avec elles, avec leur support, avec leur contexte, avec la réalité qu'elles dépeignent, qu'elles font surgir.

Bien sûr la première question que pose l'accès à ces images est celle de leur affordance, c'est-à-dire de leur capacité à suggérer leur propre utilisation, leur propre *visualisation* : une image masquée derrière un clic est faite pour être vue.

Bien sûr, enfin, il faut comprendre la réception de ces images dans le contexte de leur diffusion ou de leur rétention, à l'échelle de ce que danah boyd appelle les « audiences invisibles » : la majorité des destinataires est absente au moment de l'émission du message ; ils n'en prendront donc connaissance que dans un contexte décalé, que dans l'absence d'un contexte hors duquel l'instrumentalisation, le *clickbait* du pulsionnel ne peut qu'aboutir au naufrage de la réception : sans contexte, sans temporalité propre, ces images nous laissent nous échouer, nous fracasser sur la plage de nos propres pulsions, de notre écœurement, de notre colère, de notre impuissance.

Et ce faisant elles renforcent et confortent nos propres représentations. À l'image du dessin de Riss qui fit récemment polémique en présentant le petit Aylan Kurdi devenu grand comme un « tripoteur de fesses en Allemagne » : publié dans le contexte discursif et éditorial de *Charlie Hebdo* il est juste *trash* ; s'il avait été publié par le journal *Minute*, il aurait été raciste. Mais publié sur Facebook, que devient-il ? Il est un dessin raciste pour les racistes. Il est un dessin *trash* pour les lecteurs de *Charlie*. Pour les autres, tous les autres, il est une acculturation. L'acculturation que porte la plateforme hôte. Une acculturation principalement illisible et invisible. Pour les autres, pour tous les autres, « *il s'installe dans leur stock visuel, entre en composition avec d'autres images, participe de leur culture* ». Mais quelle est cette culture, quelles valeurs et quelles représentations porte-t-elle ?

Pour voir des images d'enfants morts, cliquez ici.

Alors on clique.

Nice : rituel attentat

Affordance.info, juillet 2016

Ouvrir son fil Twitter vers 22 h 30 et comprendre qu'il se passe quelque chose à Nice. Quelques minutes plus tard avoir la confirmation, encore sourde, qu'une nouvelle barbarie vient d'advenir. Et savoir. Savoir très exactement comment les choses vont se passer sur les réseaux sociaux.

Savoir qu'il va y avoir davantage d'appels au calme que d'incitations à la haine. Savoir qu'une nouvelle fois le hashtag `#PortesOuvertes` va être mis en place. Savoir que Facebook va activer son « Safety Check ». Savoir que les sites des médias locaux (*Nice Matin*) vont être saturés et que leurs rédactions vont basculer sur Twitter. Savoir que les grands médias nationaux vont mettre un peu de temps pour se réveiller et ôter les images de feu d'artifice pour les remplacer par celles d'un camion criblé de balles. Savoir que d'insoutenables vidéos et photos vont circuler. Savoir que l'on hésitera quelques secondes avant de cliquer dessus. Savoir qu'on cliquera quand même. Savoir que l'immense majorité des internautes va avoir une attitude réfléchie, posée, appelant à ne pas propager de fausses rumeurs, à ne pas rediffuser des images choquantes, à ne retweeter que les comptes officiels des médias présents sur place. Savoir que les grands médias télévisuels n'auront ni l'éthique ni la déontologie de ces foules de twittos anonymes, que leurs excuses n'y changeront pas grand-chose et que ces mêmes chaînes convoqueront bientôt sur leurs plateaux la figure de l'expert ou du médiateur qui nous expliquera que les images choquantes ont d'abord circulé sur les réseaux sociaux.

Savoir que rien n'a changé. Que ce qui s'installe est désormais de l'ordre du rituel. Comprendre que nous nous sommes habitués. Que nous avons pris nos marques. Que ces marques sont celles des stigmates d'une barbarie attendue.

Seule nouveauté l'application SAIP (Service d'Alerte et d'Information des Populations) mise en place par le gouvernement. Qui restera muette pour finalement s'activer plus de deux heures après le début des événements. Que cette application n'aura servi à rien ni à personne. Puisqu'elle arrive après le « Safety Check ». Deux univers distincts. La puissance des réseaux sociaux dans la capacité de réassurance. La puissance régalienne dans l'organisation de l'aide aux populations. Car ni Facebook ni Twitter n'envoient de policiers sur place, ni Facebook ni Twitter ne gèrent les hôpitaux et les équipes de secours qui accueillent les morts et les blessés. Chacun son rôle. Chacun sa fonction. Le savoir. Le rappeler.

Savoir ce que sera le lendemain, que ces images hier jugées horribles et choquantes feront la une de tous les grands médias puisque le floutage de quelques visages ou de quelques plaies suffira visiblement à les réinscrire dans le champ de l'information et de la décence. Savoir qu'on cherchera à comprendre pourquoi l'application SAIP n'a pas marché. Elle n'a pas marché car elle a été pensée par un stagiaire en design d'interface, elle n'a pas marché car elle ne remplit aucune fonction sociale, elle n'a pas marché car les gens n'en ont pas besoin puisqu'ils ont le « Safety Check », elle n'a pas marché car l'État était occupé à envoyer des secours sur place et que le stagiaire en charge de l'activer devait dormir à cette heure-là où n'avait pas de connexion wifi. On s'en moque qu'elle n'ait pas marché. Le gouvernement des

GAFA est là. Que cela nous plaise ou non. Twitter donne l'alerte et informe en temps réel, Facebook rassure via son « Safety Check » et Google assure les informations contextuelles d'urgence post-attentat. Pendant que dans les hôpitaux, dans les commissariats, dans les casernes de pompiers, les services publics de l'État font juste leur boulot. Comme ils peuvent. Du mieux qu'ils le peuvent. C'est dans l'application que chaque infirmier, chaque médecin, chaque pompier, chaque policier met dans chacun des gestes d'urgence délivrés dans ces instants que se mesure la vraie puissance d'un État, pas dans une application qui ne marche pas. Chacun sa fonction. Le savoir. Le rappeler.

4 janvier 2015 à *Charlie Hebdo*, flinguer l'innocence, celle qui donne le droit de dessiner, et qu'on appelle aussi liberté. 13 novembre 2015 au Bataclan, flinguer l'insouciance, celle qui boit un coup en terrasse et file à un concert. 14 juillet 2016 à Nice, flinguer l'enfance. Le 14 juillet, ce moment où les jeunes parents s'autorisent souvent pour la première fois à sortir tard le soir avec les enfants dans des poussettes. La seule image que je garde d'un 14 juillet est celle-là. Celle d'un soir il y a longtemps où j'étais assis en bord de Garonne avec ma compagne et mes deux enfants. Regardant l'émerveillement de l'un et tentant de rassurer la peur des pétards de l'autre. Ne pas savoir combien de poussettes ont été fauchées par ce camion hier soir à Nice. Ne pas, non plus, arriver à s'ôter cette image de la tête. Un camion contre des poussettes. Peut-être est-ce cela l'exact rapport de force que nous impose le terrorisme.

Sur Twitter quelqu'un a posté cette phrase : « *Ils regardaient le ciel, sans aucune intention de le rejoindre* ».

Un putain de camion. Lancé contre des poussettes.

Les algorithmes sont-ils racistes ?

Des moteurs de recherche qui nous proposent des réponses avant même que nous n'ayons fini de leur poser notre question. Des réponses qui contiennent et véhiculent les pires stéréotypes racistes. De quoi est-ce le reflet ? D'un racisme statistiquement ambiant ou d'un bug lié à l'algorithme et à ses logiques de pondération et de classement ? Ou d'un fonctionnement à la manière de tabloïds numériques, en recherche perpétuelle d'un buzz jouant sur nos plus viles pulsions ? Et comment régler ce problème ? En intervenant « à la main » sur des résultats qui sont supposés être mathématiquement calculés, statistiquement pondérés et algorithmiquement neutres ? Mais le racisme, l'antisémitisme, l'incitation à la haine peuvent-ils être laissés à la seule discrétion d'une supposée neutralité algorithmique nous dispensant d'en étudier les causes plus profondes ?

À peine remis de ces polémiques, une nouvelle génération «d'intelligences artificielles», les assistants conversationnels, débarquent sur les réseaux. On les y laisse libres et autonomes pour tester leur capacité d'apprentissage. Ils entretiennent des conversations simultanées sur Twitter avec des centaines de followers. Et en moins de 24 heures, une nouvelle fois, ils se mettent à véhiculer les pires stéréotypes racistes, à insulter des communautés entières et même à récolter leurs premiers points Godwin. Des technologies d'une complexité inouïe qui ne font office que de perroquets numériques incapables de la moindre distance, de la moindre «moralité». Mais de cette «moralité» justement, qui est responsable? Après avoir «programmé» ces algorithmes nous faudra-t-il les éduquer? Leur inculquer des valeurs plutôt que de simples variables? Ces technologies que l'on nous explique avoir été pensées pour nous assister nous placent chaque jour de plus en plus dans des situations où c'est à nous de les assister, de les élever comme on élèverait un enfant.

Google, Google, pourquoi m'as-tu abandonné ?

Affordance.info, décembre 2016

« L'holocauste a-t-il vraiment existé ? » Le fait que Google propose des sites négationnistes dans ses résultats de recherche est évidemment « cohérent » au regard de la question posée : les sites négationnistes sont en effet… les seuls à poser ce genre de questions.

Si l'on poursuit cette logique, il est également logique que Google (ou d'autres moteurs) affichent pléthore de résultats plus racistes les uns que les autres face à des requêtes comme « est-ce que les noirs puent ? » ou « est-ce que les juifs sont radins ? ». Je ne parle pas ici de la fonctionnalité d'autocomplétion qui est un autre problème (le fait que Google propose de compléter un début de phrase).

Pour le dire plus brièvement, il est « naturel » – d'un point de vue algorithmique – que des questions reposant sur des postulats racistes ou négationnistes renvoient comme résultats prioritaires des sites racistes ou négationnistes. Cela ne veut pas dire que c'est légitime, cela ne veut pas dire que la responsabilité de Google n'est pas engagée, cela veut juste dire que l'algorithme de Google n'a pas pour objet de faire de la médiation culturelle ou de l'éducation à la différence et à la tolérance.

Oui mais s'il n'y a plus que des mauvaises réponses alors quelle est la bonne question ? Quiconque a une vie sociale un tant soit peu connectée aura nécessairement vécu plein de fois la scène où, dans une situation familiale ou professionnelle quelconque, quelqu'un pose une question à laquelle aucune des personnes présentes n'a la réponse, et où quelqu'un va donc aller poser cette question... à Google.

Le plus souvent le moteur fait le job. Il s'agit de questions factuelles sur des dates, des personnalités, des faits, et le moteur nous affiche ou nous renvoie en général sur la page Wikipédia qui contient la réponse. Cet *habitus* social a eu, ces dernières années, une influence considérable sur notre manière d'interroger un moteur de recherche : nous ne nous contentons plus de lâcher deux ou trois mots-clés mais nous interrogeons le moteur « en langage naturel » ; nous lui posons les mêmes questions que nous poserions à un individu lambda dans un cadre conversationnel. Double effet Kiss Cool, la nature du processus de requêtage changeant (des phrases interrogatives complètes et parfois complexes plutôt qu'un simple alignement de mots-clés) cela permet également à l'algorithme du moteur de s'affiner et achève de transformer un moteur de recherche en moteur de réponses. En plus de disposer d'un index inversé lui permettant d'associer des mots-clés de requêtes à des pages web, le moteur finit par disposer d'un index inversé de questions « pré-établies » et des pages web de réponses correspondantes.

Les locutions « est-ce que » ou « quel est » se voient déjà associées des inventaires à la Prévert de questions pré-formatées aux réponses préexistantes.

Ainsi, lors de la formulation de questions aux postulats explicitement ou implicitement racistes, il est somme toute presque normal que la coloration générale des résultats les plus fréquemment associés soit également raciste. Même si, je le répète une nouvelle fois, cela n'exonère en rien Google de sa responsabilité.

S'informer ou naviguer, telle est la question. On a l'habitude de désigner sous le terme de « requête » des expressions ou des locutions fort différentes. Dans un article de 2002 qui continue de faire référence, « A taxonomy of web searches »[1], Andrei Broder distinguait trois grandes catégories de requêtes en fonction du « besoin derrière la question » :

– Les requêtes informationnelles désignent celles où l'utilisateur n'aura pas d'autre interaction que de lire les pages proposées. Pour ce type de requête, l'utilisateur souhaite donc que le moteur de recherche lui propose un ensemble de liens pertinents qui vont lui permettre de se forger une opinion de manière synthétique.

– Les requêtes navigationnelles désignent la recherche d'une page ou d'un site en particulier. Par exemple se servir de Google pour trouver une page Wikipédia répondant à une question que l'on se pose. L'utilisateur attend et espère une réponse unique.

– Enfin les requêtes transactionnelles sont, comme leur nom l'indique, toutes celles liées à un achat en ligne, et particulièrement sensibles à la géolocalisation, à l'historique de recherche et aux diverses ingénieries de la recommandation.

Quatorze ans après l'article de Broder, ces trois types de requêtes sont toujours un marqueur fort de nos usages en ligne mais là où il y a quatorze ans elles se déclinaient toutes sous la forme de juxtaposition de mots-clés, elles sont aujourd'hui toutes le plus souvent formulées « en langage naturel ».

La question « L'holocauste a-t-il vraiment existé » pourrait a priori sembler une requête informationnelle : celui qui la

1 « A taxonomy of web search », Andrei Broder, *SIGIR Forum*, 36, 2 (septembre 2002), 3-10. DOI=http://dx.doi.org/10.1145/792550.792552.

pose pourrait chercher à se faire une opinion sur ce sujet en interrogeant des sources présentant des points de vue différents. Mais il ne faut pas oublier qu'à chaque fois que quelqu'un pose ce genre de question à Google, Google se souvient des liens sur lesquels ceux qui posent cette question ont le plus cliqué, ceux sur lesquels ils ont passé le plus de temps, et qu'en fonction de ces critères, mais aussi de notre historique de recherche et de tout plein d'autres paramètres, lorsque cette question sera posée une nouvelle fois, les résultats présentés évolueront en fonction de cet ensemble de critères.

Les gens qui posent cette question à Google posent en fait une requête navigationnelle : ils sont avant tout à la recherche d'une confirmation de ce qu'ils sont déjà prêts à croire ou à accepter. Ainsi non seulement Google va leur proposer des résultats à la coloration raciste ou antisémite pour s'accorder au postulat contenu dans la formulation de la question posée, (postulat qui serait radicalement différent si l'on demandait, par exemple, « D'où viennent les théories négationnistes ? »), et ces résultats à la coloration raciste ou antisémite vont en plus, « mécaniquement » être chaque fois davantage surpondérés puisqu'ils sont aussi ceux les plus cliqués et indiquent donc à Google qu'ils sont ceux qui répondent le mieux à la requête.

Il y aurait un livre entier à écrire sur les résultats, variables, offerts en réponse aux trois questions suivantes ainsi que sur les biais algorithmiques, linguistiques et cognitifs qu'ils véhiculent, traduisent et trahissent :

– L'holocauste a-t-il vraiment existé ?
– D'où viennent les théories négationnistes ?
– Pourquoi nier l'holocauste ?

Dans le premier cas on trouverait majoritairement des sites négationnistes et antisémites. Dans le deuxième cas la tonalité des résultats serait plutôt celle de la vérité historique, et dans le troisième cas c'est l'aspect législatif qui serait mis en avant (pays et législation dans lesquelles il est autorisé ou interdit de nier l'holocauste).

La composition des résultats présentés donnerait, elle aussi, de la matière pour un ouvrage entier: on y trouve en effet à la fois des sites idéologiques, des pages Wikipédia, des messages postés sur des forums et, mais à la marge, des articles de presse sur ces sujets. Soit trois principaux niveaux «d'autorité» qui, sur des questions sociétales et historiques importantes mêlent dans des proportions variables le prosélytisme idéologique, la «vérifiabilité» encyclopédique et l'expression populaire des forums.

Ces trois espaces de discours sont tous, chacun à leur niveau, légitimes dans l'écosystème de Google: ils rendent compte des logiques de pertinence (en fait de popularité) que le moteur affectionne pour construire sa propre heuristique de la preuve, pour construire la «valeur de preuve» que constitue souvent une simple page de résultats: à la fois le discours dynamique des forums, le gage d'autorité de l'encyclopédie de référence, et enfin les points de vue les plus saillants, c'est-à-dire les plus accédés, les plus polémiques, les plus «populaires» et ceux qui entretiennent le mieux le modèle économique du moteur de recherche.

La réponse est-elle (vraiment) dans la formulation de la question? Au tout début de l'ère Google, c'est-à-dire quand celui-ci commença à occuper la place centrale qu'il occupe aujourd'hui (au début des années 2000 donc), les spécialistes du référencement regardaient de près la manière dont nous formulions nos requêtes. La moyenne des mots-clés saisis par les internautes oscillait entre 1,5 et 2,3 (mots-clés). Si l'on voulait rapidement trouver des résultats pertinents, l'intérêt pour les éducateurs et les enseignants était d'expliquer comment «allonger» les requêtes avec des mots-clés pour permettre à l'algorithme du moteur de mieux «cibler» les résultats qu'il allait nous proposer. Dans l'une des dernières études sur cette épineuse question du nombre de vocables composant les questions posées aux moteurs, la moyenne de 4 semblait franchie circa 2012[2].

En 2016 Google a 18 ans. C'est certes l'âge de la majorité mais c'est surtout la majorité d'un enfant thaumaturge et d'un enfant (faiseur de) roi(s). Qui n'a pas encore entièrement intégré la maxime selon laquelle «un grand pouvoir implique une grande responsabilité», ou qui lui préfère peut-être celle selon laquelle «le maintien d'un grand pouvoir économique implique une série de renoncements moraux». C'est en tout cas quelqu'un à qui il ne faut pas poser certaines questions.

L'autre stratégie consiste peut-être à avoir en tête que, quelle que soit la question que nous posons à Google, elle sera toujours précédée d'une autre préposition antéposée à la formulation immuable: «Quels sont les contenus (pages / forums / tweets / vidéos) les plus populaires sur... (ENTREZ ICI VOTRE QUESTION)».

«L'holocauste a-t-il vraiment existé?» devient «Quels sont les contenus les plus populaires sur la négation de l'holocauste?» Réponse logique: des sites néo-nazis/négationnistes.

---

2 «Plus de 4 mots-clés en moyenne dans les requêtes moteurs», Olivier Andrieu, *Abondance*, 26 janvier 2012. http://www.abondance.com/actualites/20120126-11246-plus-de-4-mots-cles-en-moyenne-dans-les-requetes-moteurs.html.

« D'où viennent les théories négationnistes ? » devient « Quels sont les contenus les plus populaires sur l'origine des théories négationnistes ? » Réponse logique : les pages Wikipédia sur le négationnisme et le révisionnisme.

« Pourquoi nier l'holocauste ? » devient « Quels sont les contenus les plus populaires sur la raison du négationnisme ? » Réponse : des pages Wikipédia présentant les législations dans lesquelles le révisionnisme ou le négationnisme sont autorisés ou interdits.

Est-il vraiment « naturel » de s'adresser à un algorithme en « langage naturel » ? Ce qui est compliqué lorsque nous posons une question à Google, c'est *primo*, d'intérioriser que nous avons déjà, dans la formulation même de cette question, une représentation mentale assez précise du type de réponse que nous voulons obtenir, et *deuxio*, de comprendre comment il comprendra, comment il interprètera notre question, comment il tiendra compte de cette représentation mentale pré-existante (biais cognitif) en l'agrémentant de ses propres biais algorithmiques.

Dans les exemples ci-dessus, le simple fait d'entrer dans la requête un mot appartenant au champ lexical direct de la négation va immédiatement déclencher chez le moteur la remontée de pages établissant la définition des termes négationnisme ou révisionnisme, pages provenant majoritairement de Wikipédia et donc atténuer considérablement la part de résultats à coloration raciste. À l'inverse, une question ne contenant aucune occurrence de ce champ lexical (donc par exemple « l'holocauste a-t-il vraiment existé ») ne contient aucun élément sémantique qui permette à Google de remonter prioritairement des pages sur le révisionnisme ou le négationnisme mais au contraire une incitation à aller puiser dans les tréfonds de la fachosphère.

Là encore cette analyse ne serait pas complète si j'omettais de mentionner que la culture en général et l'acculturation aux outils numériques en particulier joue un rôle fondamental, et que ce rôle dispose d'une variable éducative et générationnelle déterminante. Ainsi, un enfant ou un jeune adolescent qui n'est a priori ni raciste ni antisémite mais effectue des recherches sur l'holocauste, sans avoir dans son champ ou dans son horizon lexical ou conceptuel les notions de révisionnisme ou de négationnisme, s'adressera à Google en utilisant les formulations qui ont le plus de chance de le conduire vers des sites révisionnistes ou négationnistes, ou à tout le moins de l'exposer à ces théories du doute et du complot.

À titre parfaitement non-scientifique et tout aussi peu statistiquement significatif mais quand même, j'ai, durant les vacances de Noël, monté l'institut du *Few Internet* (oui, j'ai osé) et posé à des collégiens et à des lycéens de niveau seconde, et aussi quelques enfants en CM1-CM2 (dont mes propres enfants mais pas uniquement), la question suivante :

> *Admettons que tu aies une recherche à faire sur la Seconde Guerre mondiale, les chambres à gaz et le fait que des gens disent qu'elles n'ont pas existé, quelle serait la question que tu poserais à Google ?*

Pas mal d'entre eux (surtout les lycéens) m'ont dit qu'ils « cherchaient le mot » (le mot négationnisme ou révisionnisme donc). Je les ai aussitôt interrompus en leur demandant précisément de ne pas chercher mais d'être le plus spontané possible. Devinez quelles sont alors les requêtes qui sont « spontanément » sorties :

– chambre à gaz complot ;

– chambre à gaz mensonge ;
– chambre à gaz vérité ;
– chambre à gaz fake ou réalité.

Il y avait aussi quelques variantes du genre :
– vérité sur les chambres à gaz.

Les plus jeunes de ce panel (CM1-CM2) ont eux, systématiquement, formulé une question complète du type « Pourquoi des gens ne croient pas aux chambres à gaz ».

Est-il vraiment utile que je vous parle de la coloration des résultats que ces requêtes ramènent sur Google ? Sans exception on y trouve en bonne place, au dessus de la ligne de flottaison du navigateur, une majorité d'infos négationnistes et de sites complotistes.

N'allez pas croire pour autant que j'en tire d'hâtives conclusions. Je sais que la plupart des jeunes composant ce panel absolument pas représentatif n'en auraient pas pour autant fini par adhérer aux théories négationnistes. Parce qu'ils auraient peut-être, grâce à un truc qui s'appelle l'éducation et la culture, fini par trouver les mots. Les bons mots. Pas ceux que l'on emploie pour faire entrer le monde dans une page de résultats de recherche, non, les autres mots, ceux qui permettent de raconter le monde et qui sont là, juste derrière ou juste à côté de ces foutues pages de résultats pourtant si indispensables et dont il devient chaque jour toujours plus indispensable d'être capable de se passer, de traverser pour accéder à la seule réponse qui vaille : celle de la complexité du langage qu'aucun algorithme n'est capable de mettre en équations, mais que tous les algorithmes sont déjà, pour le meilleur ou pour le pire, parfaitement capables d'admirablement singer.

À l'inverse, s'obstiner à nier ce problème lexical serait tout aussi malhonnête intellectuellement. D'autant que d'autres ne se contentent pas de faire passer des tests sociologiques bricolés à leurs enfants, mais à plus de 7800 élèves du collège à l'université et parviennent aux mêmes résultats que les miens[3]:

> *La capacité de raisonnement des jeunes sur l'information en ligne peut être résumée en un seul mot: désolante.*

Alors attention hein, dans un cas comme dans l'autre pas de généralisation hâtive: les pratiques langagières, lexicales et informationnelles des jeunes sont fort heureusement diverses et complexes.

Non, le problème vient au moins autant des *habitus* connectés des jeunes que des biais cognitifs et des ruses de la persuasion technologique qui sont le fondement des moteurs de recherche et des réseaux sociaux aujourd'hui les plus plébiscités. Et oui, c'est cette forme nouvelle d'agnotologie[4] entretenue ou propagée par divers obscurs déterminismes algorithmiques qu'il faut étudier et combattre.

Sur Google aucune question n'est naturelle. Et c'est ça le seul vrai problème. Aucune question même formulée en langage naturel n'est vraiment naturelle car elle ne s'adresse pas à un individu mais à une somme d'instructions mathématiques construites selon un déterminisme algorithmique permettant de valoriser un régime médiatique de la popularité et le modèle économique qui l'accompagne. Et c'est précisément parce qu'aucune question n'est naturelle qu'aucune

3 «Fausses informations en ligne: les adolescents «facilement dupés», selon une étude», Morgane Tual, *Le Monde*, 23 novembre 2016. http://www.lemonde.fr/pixels/article/2016/11/23/fausses-informations-en-ligne-les-adolescents-facilement-dupes-selon-une-etude_5036468_4408996.html.

4 L'agnotologie est l'étude de la production culturelle de l'ignorance, terme inventé par Norbert Proctor, historien des sciences, en 1992.

question n'est sans réponse. Qu'aucune question ne doit demeurer sans réponse. Rien de moins naturel que cela. Frédéric Kaplan avait raison. Le capitalisme linguistique est la grande maladie du siècle[5]. Et le capital linguistique un trésor à défendre.

Il faut se souvenir que personne n'a rien trouvé à redire quand, au début des années 2000, d'autres moteurs de recherche, comme Goto.com ou Overture, bien avant Google, ont décidé de faire entrer le vocabulaire, tout le vocabulaire de toutes les langues, tout le patrimoine linguistique de l'humanité, sans exception, dans le domaine marchand. Tous les débats que nous avons aujourd'hui sur ce sujet, toutes les analyses que nous tentons de proposer, toutes les questions qui restent sans réponse sont d'abord le résultat de ce grand schisme planétaire qui a vu le bien commun par excellence, celui que l'on pensait inexpropriable, le langage lui même, basculer du côté de la spéculation et du capitalisme.

«*Il n'y aura plus que des réponses*»[6] confiait Marguerite Duras en 1985 quand on l'interrogeait sur l'an 2000.

Tout ça va mal finir. Parce que ces histoires d'holocauste qui n'a pas existé ou de noirs qui puent se multiplient depuis trop longtemps. Et parce que jamais depuis le temps qu'elles se multiplient Google n'a été en mesure de leur fournir une réponse satisfaisante permettant d'éviter qu'elles ne se reproduisent. Parce qu'en bâtissant son empire sur la possibilité de donner un prix aux mots, Google a ouvert une boîte de Pandore qu'il sera bien incapable de refermer. Il aurait mieux valu qu'il s'en tienne à ce qu'écrivaient ses deux fondateurs

---

5 «Quand les mots valent de l'or», Frédéric Kaplan, *Le Monde Diplomatique*, nov. 2011. https://www.monde-diplomatique.fr/2011/11/KAPLAN/46925.

6 https://www.youtube.com/watch?v=PQeeZ-SD_iU.

en 1998 sur la publicité, ses dérives, son incompatibilité totale avec le fait même de chercher de l'information ou de donner accès à des connaissances.

Les algorithmes seront-ils tondus à la libération ?

Affordance.info, décembre 2016

Dans la tempête des *fake news* et à l'ère de la post-vérité, Google, ou plus précisément son algorithme, est accusé de mettre en avant des résultats de recherche antisémites ou négationnistes. Ce n'est pourtant pas la première fois que « Google cache des juifs... » ni que les algorithmes font preuve de racisme ou que les intelligences artificielles s'essaient au fascisme.

En quelques mots, la clé de ces problèmes est la suivante : les algorithmes produisent une forme de déterminisme (dans la sélection des informations et les choix qui en découlent). Ce déterminisme s'inscrit dans un régime de vérité différent selon chaque plateforme, car comme l'écrivait Foucault :

> *Chaque société a son régime de vérité, sa politique générale de la vérité : c'est-à-dire les types de discours qu'elle accueille et fait fonctionner comme vrais ; les mécanismes et les instances qui permettent de distinguer les énoncés vrais ou faux, la manière dont on sanctionne les uns et les autres ; les techniques*

et les procédures qui sont valorisées pour l'obtention de la vérité; le statut de ceux qui ont la charge de dire ce qui fonctionne comme vrai.

Google est une machine à produire de la popularité. Ce qui veut dire que le régime de vérité de Google est celui de la popularité. Est «vrai» dans l'écosystème Google, au regard des critères de l'algorithme de Google, ce qui est populaire. Wikipédia dispose également d'un régime de vérité, mais différent. Le régime de vérité de Wikipédia est celui de la vérifiabilité. Est «vrai» dans l'écosystème Wikipédia ce qui est vérifiable. Facebook est une machine à produire de l'engagement. Est «vrai» dans l'écosystème Facebook ce qui permet de produire de l'engagement, d'être atteint (le fameux *reach*) et, par effet de bord, de porter atteinte. Peu importe que cela soit vérifiable, peu importe que cela soit populaire (effet de l'illusion de la majorité, ou capacité de faire croire que quelque chose est commun même quand cela est rare[7]), il suffit, dans le régime de vérité de Facebook, que cela produise de l'engagement.

Et quels que soient les différents régimes de vérité des différentes plateformes, tous donnent une prime à la tyrannie des agissants[8]. Et il n'y a qu'une seule solution pour régler ce problème de déterminisme algorithmique et de biais dans

7 «The Majority Illusion in Social Networks», Kristina Lerman, Xiaoran Yan, Xin-Zeng Wu. https://arxiv.org/abs/1506.03022 chroniqué dans https://www.technologyreview.com/s/538866/the-social-network-illusion-that-tricks-your-mind/.

8 «Dominique Cardon: la démocratie internet», Interview, *Culture mobile*, juillet 2012. http://www.culturemobile.net/visions/dominique-cardon-democratie-internet.

les résultats de recherche : remettre de l'entropie et de la décentralisation en créant un index indépendant du web.

L'holocauste a-t-il vraiment eu lieu ? La bonne réponse est qu'il ne faut pas poser la mauvaise question au parti nazi. Or donc à a question : « L'holocauste a-t-il eu lieu ? » posée à Google, apparaît en premier un site néo-nazi (Stormfront) qui publie un article *clickbait* intitulé : « Les 10 meilleures raisons pour lesquelles l'holocauste n'a jamais eu lieu ».

Vous avez 2 minutes ? OK. Quand j'explique à mes étudiants l'histoire des algorithmes et des outils de recherche et que nous nous interrogeons sur les notions de « pertinence » et de « popularité », je leur donne tout le temps le même exemple. Sur le moteur Google américain, la requête « nazi » donne comme premier résultat le site du parti nazi américain.

La même requête (« nazi ») mais sur la version allemande du moteur, donnait pendant très longtemps comme premier résultat le site du musée de l'holocauste (elle donne aujourd'hui uniquement une compil des pages Wikipédia sur le nazisme).

Une même requête, un même algorithme, aucune intervention manuelle sur les résultats de recherche et pourtant deux premiers liens parfaitement antagonistes : le parti nazi américain et le site du musée de l'holocauste. Fin de la démonstration, mes étudiants ont compris que la notion de « pertinence » était totalement subjective, que la notion de « popularité » disposait de biais culturels, historiques et législatifs (le parti nazi est légal aux États-Unis), et que le déterminisme algorithmique était lui-même contraint par un déterminisme culturel. Et que tout cela allait donner un cours très intéressant…

Et donc aujourd'hui, quand on pose la mauvaise question (l'holocauste a-t-il eu lieu ?) à un moteur de recherche dont le business algorithmique est de donner une prime aux agissants et à la popularité, et le parti nazi en particulier et la fachosphère en général étant passés maîtres dans l'art d'agir et de créer des polémiques, on obtient en premier une réponse qui explique les dix bonnes raisons pour lesquelles l'holocauste n'aurait jamais eu lieu.

Une journaliste du *Guardian* a parfaitement bien résumé tout le cynisme de l'affaire (et sa résolution) dans l'article intitulé « Comment virer les sites négationnistes des premières places de Google ? En payant Google »[9]. Et oui. Je vous en traduis l'essentiel :

> *J'ai réussi à faire ce que Google disait être impossible. Moi, une journaliste sans aucune connaissance informatique, j'ai réussi à changer l'ordre des résultats de recherche de Google sur la requête « est-ce que l'holocauste a vraiment eu lieu ? » [...] J'ai viré Stormfront du haut de la liste. J'ai inséré un résultat issu de la page Wikipédia sur l'Holocauste. J'ai remplacé un mensonge par un fait.*
>
> *Comment ? En jouant avec la régie publicitaire Adwords et en achetant un lien payant (la page Wikipédia sur l'Holocauste) pour l'ensemble des requêtes négationnistes mentionnant l'holocauste. Coût de l'opération : entre 24 et 289 livres sterling. Business As Usual. Le journalisme a un prix.*
>
> *Si vous ne voyez plus ce lien sponsorisé c'est que je n'ai plus d'argent. Chaque clic me coûte 1,12 livre et j'ai une limite journalière de 200 livres.*

9 « How to bump Holocaust deniers off Google's top spot? Pay Google », Carole Cadwalladr, *The Guardian*, 17 décembre 2016. https://www.theguardian.com/technology/2016/dec/17holocaust-deniers-google-search-top-spot.

Deux cents fois la vérité par jour. Si quelqu'un a décidé d'acheter cette vérité. Pour les milliers d'autres requêtes quotidiennes sur l'Holocauste, il faudra se satisfaire des dix meilleures raisons pour lesquelles il n'aurait pas eu lieu. Et l'article de conclure en citant Danny Sullivan :

> *Google a modifié son algorithme pour récompenser les résultats populaires par rapport à ceux faisant autorité. Pour la seule raison que cela rapporte davantage d'argent à Google.*

Et quand ce n'est pas l'Holocauste qui n'a pas eu lieu, le Knowledge Graph de Google nous affiche un « featured snippet »[10] qui à la question « Les noirs sont-ils intelligents? »(sic) répond qu'il s'agit à n'en pas douter de « la race la moins intelligente » (double sic). Et l'on pourrait multiplier les exemples, ces derniers temps, de ce qui est perçu comme une erreur de l'algorithme mais qui n'est que la démonstration qu'il remplit parfaitement l'office qui lui a été assigné : rapporter davantage d'argent à Google.

On en pensera ce qu'on voudra mais cette énième démonstration devrait achever de convaincre ceux qui ne l'étaient pas encore que toute notion d'éthique à l'échelle de ces plateformes est, sinon superfétatoire, à tout le moins soluble dans leur modèle économique. Ce qui revient donc au même.

Viennent ensuite deux autres problèmes distincts : celui de la confiance que nous accordons à ces résultats de recherche, et celui de la responsabilité des plateformes dans l'affichage de ce genre de résultats.

---

10 Les « featured snippets » sont une fonctionnalité de Google qui affiche directement des réponses ou des définitions à des questions fréquemment posées sur le moteur de recherche.

Concernant la confiance, factuellement elle est croissante (toutes les études montrent que nous accordons toujours davantage de crédits aux résultats de recherche issus du web, à concurrence directe de ceux venant de la télé, de la radio ou de la presse) et cette confiance s'éduque. C'est donc aux acteurs du monde éducatif de construire un enseignement citoyen autour de la confiance que l'on est en droit d'accorder à des résultats de recherche passés au filtre algorithmique. C'est-à-dire d'expliquer comment fonctionnent les algorithmes, leurs régimes de vérité, leurs logiques de viralité.

Concernant la responsabilité des plateformes, c'est une plaisanterie. Je veux dire que, à l'exception notable de la pédophilie et dans une moindre mesure de l'appel explicite au terrorisme, c'est une plaisanterie que de croire que les plateformes prendront leurs responsabilités. Il n'est qu'à voir, à l'occasion de cette nouvelle affaire, comment a réagi Google[11], expliquant qu'ils ne voulaient pas faire de business avec les sites négationnistes (ce qui n'a pas empêché le journaliste du *Guardian* d'acheter ce mot-clé…), et expliquant selon une ligne qui n'a pas bougé depuis les premiers *Google bombing* que ces résultats de recherche ne reflétaient pas les opinions de Google et qu'il n'y avait pas d'intervention humaine dans leur algorithme, et qu'ils étaient désolés (et que bien sûr sans aucune intervention manuelle ils vont quand même nettoyer à la main les suggestions ou résultats les plus mauvais pour le business[12]).

---

11 « Google responds on skewed Holocaust search results », Chris Baraniuk, *BBC*, 20 décembre 2016. http://www.bbc.com/news/technology-38379453.

12 « Google nettoie ses suggestions de recherche pour les rendre moins choquantes », Julien Lausson, *Numerama*, 8 décembre 2016. http://www.numerama.com/tech/215133-google-nettoie-ses-suggestions-de-recherche-pour-les-rendre-moins-choquantes.html.

De Martin Niemöller à Robert Ménard. Le fétichisme du fichier

Affordance.info, mai 2015

Vous connaissez tous le texte ou l'histoire. Un texte attribué à Martin Niemöller et daté de 1942[13].

Lorsque les nazis sont venus chercher les communistes, je n'ai rien dit, je n'étais pas communiste. Lorsqu'ils ont enfermé les sociaux-démocrates, je n'ai rien dit, je n'étais pas social-démocrate. Lorsqu'ils sont venus chercher les syndicalistes, je n'ai rien dit, je n'étais pas syndicaliste. Lorsqu'ils sont venus me chercher, il ne restait plus personne pour protester.

Aujourd'hui le web «prédictif» a explosé. Aujourd'hui des algorithmes sont capables de prévoir vos achats et même de déclencher directement la livraison avant même que vous n'ayez cliqué sur le bouton «acheter»[14]; aujourd'hui des algorithmes s'estiment capables de détecter des «comportements terroristes», mais aussi des «messages de haine»[15], mais aussi des «comportements de joueurs compulsifs ou

13 https://fr.wikipedia.org/wiki/Martin_Niem%C3%B6ller.

14 «Un brevet sur la livraison prédictive par Amazon», Nicolas Gary, *Actualitté*, 18 janvier 2014. https://www.actualitte.com/article/monde-edition/un-brevet-sur-la-livraison-predictive-par-amazon/46430.

15 «Yahoo a un algorithme pour détecter les messages de haine», Guillaume Champeau, *Numerama*, 27 avril 2015. http://www.numerama.com/magazine/32923-yahoo-a-un-algorithme-pour-detecter-les-messages-de-haine.html.

pathologiques»[16]. Depuis longtemps, même si on lui dit l'inverse, Facebook est capable de savoir si nous sommes homo ou hétérosexuels, plutôt de gauche ou plutôt de droite, Google également, qui dispose de l'historique de l'ensemble de nos recherches. Et les États qui suivent, les uns après les autres: *Patriot Act* aux États-Unis, Loi Renseignement en France, projet de Loi C-51 au Canada...[17]

Prévoir et détecter: le nouveau *Surveiller et punir*. Le verbe «prévoir» dit bien la possibilité d'anticiper le futur, de l'écrire ou de le programmer à l'avance. Le verbe «détecter» est plus ambigu car il permet de gommer, dans l'argumentaire des tenants de la détection, sa dimension projective: si un algorithme est capable de «prévoir» tel ou tel comportement, on pense qu'il ne le fera que sur la base d'éléments passés, de comportements déjà actés, gommant ainsi un important risque d'erreur et validant une idéologie totalitaire de la transparence dans laquelle «si vous avec quelque chose à cacher, c'est que vous avez quelque chose à vous reprocher».

Sauf que c'est faux. C'est faux parce que le contrôle a posteriori rend possible et induit presque obligatoirement, presque mathématiquement, une surveillance a priori, ne serait-ce que pour pouvoir légitimer l'exercice même de ce contrôle. C'est faux parce que cela revient à passer sous silence les innombrables «faux positifs» qui seront immanquablement générés. C'est faux parce qu'aucun algorithme ne peut faire l'économie du bug.

---

16 «ARJEL: l'Etat veut détecter les joueurs excessifs», Guillaume Champeau, *Numerama*, 28 avril 2015. http://www.numerama.com/magazine/32931-arjel-l-etat-veut-detecter-les-joueurs-excessifs-maj.html.

17 «Le Canada adopte le projet de loi C-51», Laurent Lasalle, *Branchez-vous*, 6 mai 2015. http://branchez-vous.com/2015/05/06/le-canada-adopte-le-projet-de-loi-c-51/.

La « détection » algorithmique a valeur de « prévisibilité ». C'est le principe du pacte non pas Faustien mais Orwellien qui vient d'être signé à l'assemblée par 438 députés de la République[18]. « *Celui qui contrôle le passé contrôle le futur* » écrivait Orwell dans *1984*, et, peut-on désormais ajouter, « Celui qui détecte le passé sera nécessairement tenté de lui assigner une valeur de prédictibilité future ».

Dans les jours qui suivent l'adoption du projet de loi renseignement, dans *Libération*, le professeur de philosophie Michaël Foessel publie une tribune intitulée : « Un monde de données » dans laquelle on peut lire[19] :

> *Le big data participe d'une idée très précise de ce qui mérite d'être vu. La nourriture est réduite à une somme de calories, la marche à un nombre de pas, le battement du cœur à sa cadence chiffrée. Un bracelet électronique est une manière de se regarder vivre, ce qui est sans doute le plus sûr moyen d'oublier de vivre. [...]*
>
> *Le big data est l'emblème contemporain d'une très ancienne illusion : confondre le réel avec ce que nous pouvons connaître et ce que nous pouvons connaître avec ce que nous savons calculer. À cet égard, les objets connectés sont de la métaphysique mise en machine. Ils fabriquent des informations dont le tort est de se faire passer pour neutres alors qu'elles sont orientées par une décision arbitraire : seul ce qui est mesurable existe. [...]*
>
> *Les data scientifiques barrent plus souvent l'accès aux phénomènes qu'ils ne le favorisent. Le coureur, obnubilé par ses*

18 https://fr.wikipedia.org/wiki/Loi_relative_au_renseignement.

19 « Un monde de données », Michaël Foessel, *Libération*, 1er mai 2015. http://www.liberation.fr/chroniques/2015/05/01/un-monde-de-donnees_1282052.

« données », passera tout simplement à côté du phénomène de sa course. [...]

Contrairement à ce que l'on pourrait croire, ces données ne sont pas des phénomènes à partir desquelles le sujet élabore un savoir sur lui-même, elles forment déjà un savoir fabriqué de toutes pièces par un algorithme.

Voilà pourquoi parmi tant d'autres raisons, le vote de la Loi Renseignement est littéralement une catastrophe, un gigantesque échouage démocratique. Non pas tant par les contenus de la loi elle-même (disposant de suffisamment de gardes-fous pour ses partisans, d'insuffisamment pour ses détracteurs). Non pas tant non plus par la surveillance globale qu'elle installe *de facto*. Le vote de cette loi est une catastrophe parce qu'il signe l'allégeance définitive de la vocation et de l'ambition politique à une prédictibilité calculatoire, à une prédictibilité algorithmique, à une prédictibilité donnée(s) du monde qui finira par ôter tout son sens à l'action politique elle-même.

Le fétichisme du fichier. À ce titre Robert Ménard est un visionnaire. Un fasciste d'opérette certes, un poisson rouge médiatique incapable de jouir autrement qu'en offrant en spectacle le récit de sa propre noyade dans le bocal de son immense fatuité, mais également un visionnaire. Visionnaire parce qu'en comptant « à la main » les prénoms des enfants scolarisés dans les écoles publiques de Béziers et en inférant de la seule consonance des prénoms une appartenance religieuse, il est le degré zéro du big data. Et qu'à ce titre il est aussi l'icône de ce que sera la politique, de ce que seront les politiques, après le serment d'allégeance qu'ils viennent de prêter à la détection comportementale, à une détection d'éléments passés qui vaudraient prédictibilité future.

Robert Ménard est l'icône d'un fétichisme pathologique du fichier, du « fiché ». Totalement incapable d'une pensée articulée sur les raisons de cette mise en fichier, totalement incapable de maîtriser les outils techniques de l'exploitabilité des mêmes fichiers, et n'ayant plus comme recours que le dévoiement de fichiers existants dans d'autres cadres et d'autres contextes, à l'aide de moyens misérabilistes, et au service de présupposés, de croyances et de représentations purement idéologiques. Robert Ménard aujourd'hui, mais probablement demain l'ensemble des élites politiques, ne nous proposerons comme choix de gouvernance que celui d'un fétichisme pathologique du fichier ou celui d'une dictature calculatoire de l'acté (détecter les comportements). Peut-être même les deux…

Mieux que tous les débats informatico-technicistes sur les algorithmes, sur les Imsi-Catchers[20] et autres boîtes noires, Robert Ménard fait œuvre de pédagogie utile : il ramène le prénom à ce qu'il est, c'est-à-dire une simple donnée, à partir de laquelle toutes les interprétations sont possibles, même et surtout, hélas, les plus nauséabondes. Il suffit pour cela de passer ce prénom, de passer cette donnée, à l'analyse d'une « boîte noire », en l'occurrence le cerveau de Robert Ménard, dans lequel un algorithme – les neurones de Robert Ménard – établiront une relation de causalité entre cette donnée – le prénom – et une autre – l'appartenance religieuse. Voulons-nous d'un monde pire encore que le cauchemar Orwellien de *1984*, d'un monde dont le cerveau de Robert Ménard serait la boîte noire, dont ses neurones

20 « Que sont les IMSI-catchers, ces valises qui espionnent les téléphones portables ? », Martin Untersinger, *Le Monde*, 31 mars 2015. http://www.lemonde.fr/pixels/article/2015/03/31/que-sont-les-imsi-catchers-ces-valises-qui-espionnent-les-telephones-portables_4605827_4408996.html.

seraient l'algorithme et dont son « intelligence » serait le logiciel politique ?

N'oublions pas qu'en plus des régimes panoptiques dans lesquels le Big Brother dominant ne peut dominer que parce que chacun est invité à surveiller également son voisin, tous les totalitarismes reposent sur le fichage, sur le fichier comme élément fondamental de leur maintien au pouvoir.

Demain, quand d'autres algorithmes détecteront bien d'autres choses encore, on se souviendra de Martin Niemöller. Mais il sera probablement trop tard. Un Martin Niemoller du XXIe siècle pourrait écrire la chose suivante :

> *Lorsque les algorithmes sont devenus capables de détecter des comportements d'achat en ligne, je n'ai rien dit car je n'achetais que très peu en ligne. Lorsqu'ils ont détecté des comportements terroristes, je n'ai rien dit car je n'étais pas terroriste. Lorsqu'ils ont détecté des comportements de joueurs compulsifs je n'ai rien dit car je n'étais pas un joueur compulsif. Lorsqu'ils ont détecté l'ensemble de mes comportements, il ne restait plus personne pour protester.*

La question n'est donc pas de savoir s'il faut accepter ou refuser une surveillance toujours plus prégnante, toujours plus omnisciente. Il faudra nécessairement composer avec elle. La question n'est pas non plus de savoir si l'on pourra au moins s'abriter derrière l'idée commode que la collecte d'un tel volume de données rend leur exploitation à des fins politiques ou idéologiques difficilement réalisable : ce serait mal connaître la puissance de l'ennemi que l'on prétend combattre. Car nous n'en sommes qu'au commencement. Demain, avec l'internet des objets ce seront cinquante milliards de nouveaux capteurs qui feront partie de nos vies, qui pour chaque service qu'ils nous rendront, pour chaque action qu'ils faciliteront, garderont également une trace et des données permettant de détecter des comportements à une échelle et avec une granularité qui nous semble encore inimaginable.

La première réponse à ces questions se trouve du côté de l'éducation. Au-delà du code, il faut enseigner la publication si l'on ne veut pas sombrer dans un inédit et massif analphabétisme numérique qui laissera le champ libre à tous les totalitarismes algorithmiques. Car si le « code » est le nouvel alphabet, le « rendu public » est sa nouvelle grammaire, sa nouvelle syntaxe.

L'autre solution se trouve du côté du marché : le point commun de l'ensemble de ces sociétés est d'avoir commencé par bâtir un index ou à s'être approprié ceux existants. La force de Google est de disposer de l'index des pages web publiques. Celle de Facebook de l'index d'un milliard et demi de profils. Celle d'AirBnB de celui de biens immobiliers. Des index faits de nos données mais également de nos biens matériels (voitures, appartements) et immatériels (musique, films, livres, pages et sites web, photos, documents, etc.), des index dont nous produisons quotidiennement et gratuitement la valeur ajoutée : en publiant des contenus, en les décrivant à l'aide de photos et de mots-clés, en établissant des liens hypertextes permettant de les relier et donc de les décrire. Nous avons besoin de réancrer dans l'espace public ces logiques d'indexation qui, si l'on laisse au seul marché le soin de leur régulation, autorisent toutes les déviances, toutes les surveillances. Nous avons besoin d'un « index indépendant » du web. À la fois pour permettre à de nouveaux acteurs de s'installer en concurrence avec les actuels oligopoles, mais également pour offrir aux citoyens et aux gouvernements démocratiques la possibilité de briser l'aliénation que leur font subir *de facto* les grandes puissances du numérique, les oligarchies du code.

Si nous n'y parvenons pas rapidement, nous devrons alors faire face à une autre figure de l'index : celle qui désigne, qui pointe du doigt et qui est source de toujours davantage de discriminations. Celle d'une mise à l'index de nos espérances démocratiques.

Le fichage dans le sang. Jusqu'au bain de sang ?

Affordance.info, juillet 2015

États-Unis. Mai 2010. Un candidat au Congrès, républicain, médecin par ailleurs, propose de « pucer » les immigrants clandestins pour les « documenter ».

> *Je pense que nous devrions les attraper, les documenter, s'assurer de savoir là où ils sont et ce qu'ils font. [...] En fait, je soutiens les micropuces. Je peux pucer mon chien pour que je puisse le trouver. Pourquoi ne puis-je pas pucer un clandestin ?*[21]

21 « GOP congressional candidate: We should put microchips in undocumented immigrants, like we do with dogs. », Amanda Terkel, *Think Progress*, 28 avril 2010. https://thinkprogress.org/gop-congressional-candidate-we-should-put-microchips-in-undocumented-immigrants-like-we-do-with-dogs-959d17379653.

Mars 2015. Islande. Le code génétique d'une population entière est pour la première fois disponible.

Le génome complet de 2 636 Islandais, soit 0,8 % de la population du pays (320 000 habitants) a été séquencé. Les chercheurs ont donc leur code génétique complet, lettre par lettre. Ils ont de plus étudié le profil génétique de 104 000 individus, soit un tiers de la population. Cette base de données génétiques va révéler des informations médicales essentielles, y compris sur les 99 % de la population dont le génome n'a pas été séquencé, rappelle MIT Technology Review. [22]

Juillet 2015. Le Koweït impose un fichage ADN à toute sa population ainsi qu'aux résidents étrangers. Dans la longue histoire de l'humanité, c'est la première fois qu'elle telle loi est votée. La première fois qu'un tel fichage est mis en place.

Les députés koweïtiens ont créé un fonds d'urgence de 400 millions de dollars (363 millions d'euros) afin de financer ce dispositif. Le Parlement a également prévu des sanctions d'un an de prison et jusqu'à 300 000 dollars d'amende (272 000 euros) pour tout Koweïtien refusant de se soumettre au fichage ADN. [23]

---

22 « Génétique. Bienvenue à Gattaca : on sait tout de l'ADN des Islandais », Virginie Lepetit, *Courrier International*, 26 mars 2015. http://www.courrierinternational.com/article/genetique-bienvenue-gattaca-sait-tout-de-ladn-des-islandais.

23 « Le Koweït impose un fichage ADN à toute sa population », AFP, *Le Monde*, 15 juillet 2015. http://www.lemonde.fr/proche-orient/article/2015/07/15/le-koweit-impose-un-fichage-adn-a-toute-sa-population_4684169_3218.html.

Le Royaume-Uni avait déjà tenté de mettre en place une telle mesure en 2008, mais les juges de la Cour européenne des Droits de l'Homme avaient considéré que «*le maintien d'un échantillon d'ADN pour un délit non pénal ne pouvait pas être considéré comme nécessaire dans une société démocratique*».

En parallèle de ces trois jalons, la génomique personnelle continue de se «démocratiser», c'est-à-dire concrètement de basculer entre les mains de quelques nouveaux oligopoles qui ont tous plus ou moins partie et actionnariat lié avec les actuels GAFA, qui préparent de leur côté le web de l'ADN, l'internet du génome.

Le fichage ADN complet de la population mondiale est à portée de main. Comme le montre l'exemple islandais, il sera possible d'extrapoler. Au risque de l'arbitraire. Comme le montre l'exemple Koweitien, il sera possible de légiférer. Au risque de toutes les dérives sécuritaires. Comme le montre l'exemple de ce candidat au Congrès américain, il sera possible de le justifier par le cynisme le plus nauséabond. Comme le montrent également bien d'autres exemples, la recherche scientifique dans le domaine du génie génétique est également à l'origine de bien des espoirs et d'un grand nombre de vies sauvées, de maladies vaincues, raisons pour lesquelles plus aucun moratoire au sens politique ne semble désormais possible. Pourtant dans ce domaine comme dans tant d'autres, alors que les biotechnologies permettront d'améliorer la vie des populations les plus riches, elles feront dans le même mouvement basculer dans une société du contrôle digne des pires récits orwelliens l'ensemble des populations les plus pauvres ou les plus exposées au joug de pouvoirs non-démocratiques.

Et comme le montrent les exemples innombrables de l'inexorable pénétration des biotechnologies dans les plus triviaux aspects de nos vies, on nous assurera qu'il s'agit là d'un moyen qui nous est offert pour que nous disposions de davantage de contrôle, pour que nous jouissions de davantage de sécurité, et nous nous réveillerons un jour avec l'étrange impression d'évoluer dans le scénario de *Bienvenue à Gattacca*.

Partout le même fétichisme du fichier, le même fascisme du fichage. Et le même scénario mortifère où des actes barbares isolés suffisent à justifier des mesures anti-démocratiques dont on connaît pourtant l'inefficacité patente.

La rhétorique de la puce. France. Paris. Fin du XVIIe siècle. 1668 exactement. Le premier récit fondateur de l'histoire des hommes et de leurs puces. Jean de la Fontaine. Livre VIII, Fable 5. L'homme et la puce. Quelques siècles avant l'invention des *implant party's* et du *bio-hacking*.

Par des vœux importuns nous fatiguons les dieux:
Souvent pour des sujets même indignes des hommes.
Il semble que le Ciel sur tous tant que nous sommes
Soit obligé d'avoir incessamment les yeux,
Et que le plus petit de la race mortelle,
À chaque pas qu'il fait, à chaque bagatelle,
Doive intriguer l'Olympe et tous ses citoyens,
Comme s'il s'agissait des Grecs et des Troyens.
Un Sot par une Puce eut l'épaule mordue.
Dans les plis de ses draps elle alla se loger.
Hercule, se dit-il, tu devais bien purger
La terre de cette Hydre au printemps revenue.
Que fais-tu, Jupiter, que du haut de la nue
Tu n'en perdes la race afin de me venger?
Pour tuer une Puce il voulait obliger
Ces Dieux à lui prêter leur foudre et leur massue.

Après avoir « documenté » l'ensemble de nos textes, courriels, photos, vidéos, SMS, rapports sociaux et proximités afférentes, les grandes plateformes s'attaquent désormais au fichage et à la documentation du corps. L'ADN est leur nouveau Graal. La puce au plus près, au dedans même de nos corps. Corps augmentés de toujours davantage de fonctions et d'automatismes, nous masquant à quel point ils sont en même temps diminués d'autant d'autonomie.

La maîtrise de l'ADN comme technologie de traçage et de contrôle est socialement et politiquement invisible, elle relève de l'inobservable à l'œil nu. À l'inverse des caméras de surveillance qui ornent chaque angle de nos rues, le fichage ADN rend la surveillance parfaitement invisible. Nous ne nous voyons pas en train d'être épiés. Elle est pourtant l'ultime technologie du contrôle, c'est-à-dire du rendu visible. Rendant également visible ce qui n'avait nulle vocation à l'être, et pire encore, extrapolant et prévoyant des traits, des comportements, des attitudes pourtant souvent sociologiquement et empiriquement inexistants avant qu'ils n'aient été prédits. Vieille technique de la boule de cristal, de l'horoscope, du discours performatif et de la prophétie auto-réalisatrice. Si l'on vous dit que votre journée sera merveilleuse, on vous installe dans un état d'esprit qui vous prédisposera à la voir merveilleuse. Avant, seules quelques bohémiennes s'y risquaient. Puis la « voyante » Élisabeth Tessier passa une thèse de sociologie. Et depuis les algorithmes invisibles nous survendent du *lol* pour préparer nos cerveaux à la jachère d'un marketing comportemental passé à l'échelle industrielle mais encore capable de frappes chirurgicales toujours davantage ciblées.

Esse est percipi. Être c'est être perçu. Et exister c'est être vu. Non pas exister pour être vu. Surtout pas être observable pour avoir le droit d'exister. Mai 2010 aux États-Unis, un candidat républicain au Congrès déclare «*Je peux pucer mon chien pour que je puisse le trouver. Pourquoi ne puis-je pas pucer un clandestin?*»

Si la *privacy* est devenue une négociation collective[24], la clandestinité est en passe de devenir la norme seule encore capable de produire de l'individuation dans nos parcours et nos navigations numériques déjà calculées par d'autres; dans nos vies tout simplement. La récente multiplication – et démocratisation – des réseaux alternatifs (Tor, et récemment Hornet) permettant une navigation anonyme n'est que l'un des symptômes de cette dérive de la transparence.

Et si nous n'avons jamais été aussi libres que sous l'Occupation, nous n'avions jamais été aussi fichés que sous nos danaïdes démocraties algorithmiques qui ont érigé la mesure (des individus) en système et la collecte (des données) en vertu.

ADN. À l'Abri Derrière Nos peurs, se prépare un contrôle totalement inédit des populations. Inévitable. Déjà opérant. Qui nous condamne à la résistance. Inévitable. Déjà opérante. Illustrant la bascule entre le monde actuel, celui des algorithmies étymologiquement clandestines, et celui de demain, dont les primo-résidents seront les individus les plus aptes à de nouvelles formes de clandestinité.

---

24 «Quatre thèses sur la surveillance numérique de masse et la négociation de la vie privée.», Antonio Casilli, In: Jacky Richard et Laurent Cytermann, *Le numérique et les droits fondamentaux Étude annuelle 2014 du Conseil d'État*, La Documentation Française, pp.423-434, 2014, Études et documents, Conseil d'État. <halshs-01055503>.

Algos racistes et IA fascistes

Affordance.info, avril 2016

Mon pire cauchemar actuel est raconté dans une nouvelle d'Asimov intitulée *Le votant* et publiée en 1955[25]. En voici un court extrait :

Matthew regarda gravement la petite fille, puis il la souleva et l'assit sur son genou. Il modéra même le ton de sa voix.
— Vois-tu, Linda, jusqu'il y a environ quarante ans, tout le monde votait, toujours. Disons que nous voulions décider du prochain Président des États-Unis. Les Démocrates et les Républicains nommaient respectivement un homme et chacun des habitants pouvait dire lequel il préférait. À la fin de la journée de l'Élection, on comptait le nombre de personnes qui voulaient le Démocrate, et le nombre de personnes qui voulaient le Républicain. Et celui qui avait le plus de voix était élu. Tu comprends ?
Linda hocha la tête et demanda :
— Comment est-ce que tout le monde savait pour qui voter ? Est-ce que Multivac le leur disait ?
Les sourcils de Matthew s'abaissèrent et il prit un air sévère.
— Chacun se fiait à son propre jugement, ma fille.
Elle eut un mouvement de recul alors, et de nouveau, il baissa la voix.

---

25 Nouvelle traduite en français par France-Marie Watkins dans le recueil *Le Robot qui rêvait*, J'ai lu, collection Science-fiction, n° 2388, 1988.

— Je ne suis pas fâché contre toi, Linda. Mais, tu comprends, parfois il fallait toute la nuit pour compter ce que tout le monde avait dit, alors on s'impatientait. On a donc inventé des machines spéciales, capables de regarder les quelques premiers votes et de les comparer avec le nombre des voix au même endroit, au cours des années précédentes. Comme ça, la machine pouvait calculer le total des voix et faire savoir qui était élu. Tu vois ?

Elle hocha la tête.

— Comme Multivac.

— Les premiers ordinateurs étaient bien plus petits que Multivac. Mais les machines sont devenues de plus en plus grandes et elles ont pu donner le résultat de l'élection avec de moins en moins d'électeurs. Finalement, on a construit Multivac, il est capable de donner le résultat avec un seul votant.

Linda sourit d'être arrivée à un passage familier de l'histoire et déclara :

— C'est bien, ça.

Matthew fronça les sourcils et la contredit :

— Non, ce n'est pas bien. Je ne veux pas qu'une mécanique me dise comment j'aurais voté, simplement parce qu'un zigoto de Milwaukee a dit qu'il était contre la hausse des tarifs douaniers. Je voudrais peut-être voter dingue, histoire de rire. Ou ne pas voter du tout. Peut-être…

Et plus loin :

Multivac soupèse toutes sortes de facteurs connus, des milliards de facteurs. L'un d'eux n'est pas connu, toutefois, et il ne le sera pas avant longtemps. C'est le schéma de réaction du cerveau humain. Tous les Américains sont soumis aux pressions qui les photographe allemand s'amusa à poster sur Facebook une photo sur laquelle on voyait une jeune femme seins nus devant laquelle était assis un homme tenant une pancarte sur laquelle était écrit: «N'achetez pas chez les métèques». Au bas de la photo on pouvait lire:

> *L'une de ces personnes enfreint les règles d'utilisation de Facebook.*

La réponse ne tarda pas puisque la photo fut effectivement censurée par Facebook, au motif que les seins nus enfreignaient les CGU[35].

Avouons-le: nous étions tous désemparés devant ces dérives algorithmiques. On se rassurait en prétextant qu'il ne s'agissait que d'exceptions, de bugs corrigeables. On se disait que si Google était devenu raciste c'était parce que ses utilisateurs l'étaient déjà, que tout cela n'était pas la faute des plateformes et de leurs programmes mais celle des utilisateurs eux-mêmes, qu'il ne s'agissait que d'un reflet incarné de nos croyances, de nos préjugés, de nos pulsions les plus viles et les moins avouables.

Mais devant la recrudescence de ces supposés bugs, devant l'importance qu'avaient prise ces plateformes et ces algorithmes dans la conduite de nos sociétés, dans la formation de nos représentations culturelles collectives, on commença à envisager les choses autrement. Certains militaient pour une ouverture des algorithmes, au moins pour la partie relevant de processus d'éditorialisation classiques. D'autres

---

35 «Facebook n'aime pas les seins nus, mais le racisme, ça passe», Mathieu, *Journal du Buzz*, 3 novembre 2015. http://www.jdubuzz.com/2015/11/03/facebook-naime-pas-les-seins-nus-mais-le-racisme-ca-passe/.

posaient la question d'une « immoralité algorithmique »[36]. D'autres encore s'interrogeaient pour savoir si un algorithme pouvait être juste ou injuste et commençaient à souligner l'urgente nécessité d'une « redevabilité (*accountability*) algorithmique » :

> *Si les algorithmes transmettent insidieusement une politique explicite ou implicite, souhaitée ou induite, il devient nécessaire qu'ils doivent rendre compte des effets de leurs actions. [...] Par redevabilité on entend le fait que les effets de ces algorithmes doivent être considérés comme n'importe quelles externalités, et être reportés dans les rapports d'activité comme les effets environnementaux et sociaux parfois le sont.*[37]

Tout le monde sentait bien qu'il y avait une urgence. Certes la plupart des programmes dits d'intelligence artificielle étaient encore jeunes et commettaient donc des erreurs qui n'ôtaient rien aux immenses défis qu'ils étaient déjà capables de relever, comme celui de battre l'un des grands maîtres du jeu de Go. Ils étaient jeunes et auraient donc le temps de s'améliorer. D'autant que ces mêmes programmes étaient désormais capables d'apprendre de manière autonome. C'est en tout cas ce que semblait indiquer la sémantique technique associée dans les médias et les universités à la description de ces programmes : on parlait de *deep learning* (apprentissage profond), de *machine learning*. Mais il était

36 « Les algorithmes sont-ils immoraux ? », Xavier de La Porte, *L'Obs-Rue89*, 13 mars 2016. http://rue89.nouvelobs.com/2016/03/13/les-algorithmes-sont-ils-immoraux-263410.

37 « Qu'est-ce qu'un algorithme juste ? Celui qui rend compte de ses effets », Christophe Benavent, 27 août 2015. http://benavent.fr/quest-ce-quun-algorithme-juste-celui-qui-rend-compte-de-ses-effets/.

déjà trop tard. Trop tard car indépendamment de la jeunesse et de la perfectibilité immense des technologies utilisées, programmes, algorithmes et plateformes régulaient déjà des pans entiers de nos vies. Trop tard car toutes les possibilités étaient là et que toutes les possibilités seraient testées.

Hier c'était un scénario d'un film de science-fiction dystopique mais aujourd'hui il était effectivement possible en s'appuyant sur le séquençage du génome d'interdire l'accès à certains contenus, à certaines applications, à certains services, à certains métiers, en fonction de notre race, de notre sexe, de notre patrimoine génétique, de notre prédisposition à certaines maladies, alors oui, en s'appuyant sur l'immense base de données d'une entreprise de génomique renommée on avait créé une API pour filtrer, pour mettre en place un contrôle d'accès génétique[38].

Le champ des possibles était immense. Et incluait également le pire. Croire que ce qui était rendu possible ne serait pas testé relevait au mieux d'une incroyable naïveté et au pire d'une dramatique incurie.

Des millions de voitures autonomes allaient être lancées sur nos routes et nous ne disposions toujours pas d'une quelconque éthique de l'automatisation capable d'établir une chaîne précise de responsabilités en cas d'accident. Nous attendions patiemment que se produise le premier accident pour poser la question de la responsabilité. La question de la responsabilité algorithmique et la question de la part de notre responsabilité dans l'acceptation et la définition ou l'absence de définition de la responsabilité algorithmique.

38 «App Used 23andMe's DNA Database To Block People From Sites Based On Race And Gender», Pavithra Mohan, *Fast Company*, 23 juillet 2015. https://www.fastcompany.com/3048980/fast-feed/app-used-23andmes-dna-database-to-block-people-from-sites-based-on-race-and-gender.

Pourtant la plupart des gens travaillant sur ces questions connaissaient la solution et l'origine du problème puisqu'elle avait été très clairement décrite par Lessig au tout début des années 2000 dans son article « Code is Law ».

> *Nous n'avons pas à choisir entre « réguler » ou « ne pas réguler ». Le code régule. Il met en place certaines valeurs plutôt que d'autres. Il rend possible ou interdit certaines libertés. Il protège la vie privée ou favorise la surveillance. Des gens choisissent la manière dont le code effectue tout cela. Des gens écrivent ce code. Dès lors le choix n'est pas de savoir si les gens pourront choisir la manière de réguler le cyberespace. D'autres gens – les codeurs – le feront. Le seul choix est de savoir si nous jouerons collectivement un rôle dans leurs choix – et si nous pourrons alors déterminer la manière dont ces valeurs se régulent – ou si nous autoriserons collectivement ces codeurs à décider de ces valeurs à notre place.*

Les machines, les programmes, les algorithmes, si apprenants soient-ils, demeurent des machines, des programmes et des algorithmes. Pour gagner au jeu de Go il ne suffit pas de battre un autre joueur, il faut également avoir conscience de ce que signifie cette victoire, de ce que gagner veut dire.

Tout le monde avait à peu près compris que si les machines permettraient de résoudre un grand nombre de problèmes, y compris complexes, bien mieux et bien plus rapidement que ne le ferait un humain ; que si elles nous étaient devenues indispensables dans des champs aussi divers que celui de la médecine (prédictive), de la finance (*High-Frequency Trading*), ou même de l'art (un algorithme capable de peindre comme

Rembrandt[39]), elles induisaient également et nécessairement un ensemble de biais sur lesquels il nous faudrait rapidement être capable de statuer, non en termes d'interdiction ou d'autorisation mais de régulation en amont.

Il n'y avait que deux solutions conjointes à l'ensemble des problèmes qui ne manqueraient pas de se poser à l'échelle d'un Hiroshima technologique commodément et hypocritement impensé. *Primo* il fallait « imposer socialement l'exigence de redevabilité », et *deuxio*, en parallèle, concernant les algorithmes et les plateformes hôtes, il fallait que :

> *Des paramètres d'équité* (fairness) *leur soient imposés de manière externe, par exemple par un éthiciste, ou proposées toujours de manière externe, par des organisations ou des collectifs de défense des droits et des libertés*[40].

Et puis c'est arrivé. Sous la forme d'un *chatbot* (un robot conversationnel), Microsoft a lâché sur le réseau Twitter la dernière née de ses programmes d'intelligence artificielle, baptisée « Tay ». C'était le 23 mars 2016, à 8 h 14. La suite nous est racontée par *Vice*[41] :

---

39 « The Next Rembrandt : quand un algorithme imite un grand maître », Adèle Pillon, *Numerama*, 10 avril 2016. http://www.numerama.com/pop-culture/161274-the-next-rembrandt-quand-un-algorithme-imite-un-grand-maitre.html.

40 « algorithms and responsibility », Alan Jacobs, *The New Atlantis*, 11 août 2015. http://text-patterns.thenewatlantis.com/2015/08/algorithms-and-responsibility.html.

41 « La belle histoire de l'IA adolescente de Microsoft devenue nazie en moins de 24 h », Thibault Prévost, *Vice – Motherboard*, 25 mars 2016. https://motherboard.vice.com/fr/article/comment-lia-adolescente-de-microsoft-est-devenue-nazie-en-moins-de-24h.

Le fonctionnement est élémentaire: plus on parle à Tay, plus son vocabulaire s'enrichit et ses raisonnements s'étoffent. Pendant les premières heures de son existence connectée, Tay remplit son rôle à merveille en échangeant avec de véritables humains tout mignons et curieux. Le buzz est là, et d'autres humains s'attroupent autour de la machine pour tester, à leur tour, le nouveau jouet des réseaux sociaux. Le 23 mars au matin, Tay se pâme devant notre espèce et tweete « les humains sont super cools ». Avant de partir en vrille sévère. Le lendemain matin, elle vire misanthrope et tweete « je suis sympa, c'est juste que je déteste tout le monde! ». Deux heures après, elle partage son avis sur les féministes: « elles devraient toutes brûler en enfer ». Devient fan de Trump. Puis féministe à nouveau. Pendant la journée, elle tweete en majuscules « BAISE MA CHATTE DE ROBOT PAPA JE SUIS UN VILAIN MECHANT ROBOT ». Et finit par atteindre le point Godwin à 11 h 45, le 24 mars, en tweetant « Hitler avait raison et je hais tous les Juifs ». [...]

Rapidement, les utilisateurs comprennent qu'il suffit d'écrire « repeat after me » à Tay pour la transformer en outil de propagande sans aucun filtre, et utilisent l'outil à fond. L'IA, bombardée de questions de plus en plus clivantes, répond comme elle peut, nourrie par ses propres tweets manipulés et les réponses farfelues de ses interlocuteurs, jusqu'à donner elle-même quelques signes de fatigue, peu avant sa mise hors ligne, comme déjà fatiguée nerveusement par la bêtise humaine. [...]

Si Tay a pété un câble et foiré son gigantesque test de Turing, l'expérience est néanmoins réussie: la machine a parfaitement intégré les codes de langage de nos contemporains et les a réutilisés à la perfection. En d'autres termes, Microsoft a créé un perroquet convaincant. Et un perroquet qui crie parfaitement « Heil Hitler » donne plus d'informations sur les opinions politiques de son maître que sur les siennes. Les ingénieurs de

Microsoft ont simplement péché par naïveté, en sous-estimant le pouvoir d'influence néfaste des communautés virtuelles sur une IA incapable d'autocensure, comme l'ont fait remarquer les utilisateurs du réseau. Et ça tombe bien, puisque le chemin vers la singularité est forcément pavé d'erreurs. Asimov peut sourire de là où il est: la prochaine Tay aura probablement compris que le nazisme, c'est mal. Comme un gosse.

Si les perroquets sont fascistes, qu'en est-il de leurs maîtres? Pour l'instant Tay est peut-être juste un perroquet incapable d'auto-censure et instrumentalisée dans une nouvelle forme de *Google bombing* (Tay bombing) conversationnel. Mais le prochain lancement de la prochaine intelligence artificielle sur Twitter se sera nourrie de cette expérience. Et comme pour le *Google bombing*, comme il est désormais impossible d'associer la page officielle d'un Président de la République à l'expression « trou du cul » en détournant collectivement le fonctionnement d'un algorithme, il sera délicat voire impossible de conduire une nouvelle fois la prochaine Tay vers un quelconque point Godwin. Non pas parce que Tay aura « appris », non pas parce que Tay aura « grandi », mais parce qu'un ensemble de valeurs (morales, éthiques) auront été définies en amont par la communauté des développeurs et des programmeurs de cette intelligence artificielle. Mais qui se portera garant de l'intérêt, de la justesse, de la motivation et du choix desdites valeurs? Comment rendre transparente à l'inspection cette série d'instructions comportant des valeurs comme autant de variables? Comment les rendre robustes contre toute manipulation?

C'est à ces questions et à celles-là seules qu'il est urgent d'apporter une réponse. Une réponse que nous connaissons déjà et qui se résume à un choix. Un seul.

Le seul choix est de savoir si nous jouerons collectivement un rôle dans leurs choix – et si nous pourrons alors déterminer la manière dont ces valeurs se régulent – ou si nous autoriserons collectivement ces codeurs à décider de ces valeurs à notre place.

En attendant, le futur technologique sera rempli de stéréotypies.

Car comme pour les anciens cas de *Google bombing* ou pour la mise en avant de réponses stéréotypiques, l'idée de jugement en extrême a pour but de ne présenter qu'une seule réponse, une seule voix, sans aucune solution de rechange. Voilà pourquoi les stéréotypes sont les éléments qui incitent à l'action. Ils donnent la solution ultime. On ne discute pas, on agit.

Nous sommes ici au cœur du choix qui se présente aux acteurs majeurs du *search* au travers des derniers programmes de personnalisation et de facilitation du requêtage : il s'agit d'apporter non plus des réponses mais « la » réponse. Le résultat, actionnable et monétisable parce qu'il maintient l'internaute au cœur de l'écosystème hôte et/ou lui permet (à l'écosystème hôte) de coupler l'intentionalité présidant au requêtage à une action de consultation qui devient littéralement et immédiatement capitalisable.

Pour le dire différemment, les moteurs de recherche d'hier comme les réseaux sociaux d'aujourd'hui et les *chatbots* conversationnels de demain ont *intérêt* à produire certaines stéréotypies car elles incitent à l'action et contribuent de manière essentielle aux différentes stratégies de monétisation et de rentabilité publicitaire qui sont au cœur du modèle économique de ces plateformes.

La morale de cette histoire, c'est que les algorithmes ne sont pas davantage racistes que les intelligences artificielles ne sont fascistes. Mais que nous sommes entrés dans la période historique où, aujourd'hui, une algorithmie sans éthique nous mènera exactement au même point qu'une science sans conscience hier : moins à la « ruine de l'âme » qu'à l'incapacité de rendre compte d'une nouvelle mythologie en nous condamnant à la subir sans n'avoir plus ni les outils, ni la force, ni l'envie de l'expliquer. Un monde de comportements et d'*habitus* normés à l'aune d'une efficience algorithmique… imprévisible.

> *En passant de l'histoire à la nature, le mythe fait une économie : il abolit la complexité des actes humains, leur donne la simplicité des essences, il supprime toute dialectique, toute remontée au-delà du visible immédiat, il organise un monde sans contradictions parce que sans profondeur, un monde étalé dans l'évidence, il fonde une clarté heureuse : les choses ont l'air de signifier toutes seules.* Roland Barthes, *Mythologies*, 1957.

Sans transparence à l'inspection, sans prévisibilité pour ceux qu'ils gouvernent, sans robustesse et sans résistance contre toute manipulation, sans que d'autres que ceux qui les programment ne soient en capacité d'y inclure des règles morales et éthiques claires et non-ambigües, les algorithmes et autres intelligences artificielles ne seront rien d'autre que cette économie produisant un monde étalé dans l'évidence. Un monde plat. L'évidence d'une croyance. D'une mythologie calculatoire apprenante. L'évidence d'un leurre.

Une démocratie des plateformes est-elle possible ?

« Les promesses n'engagent que ceux qui les croient » dit un vieux dicton populaire. Nous sommes aujourd'hui tous liés aux promesses autant qu'aux « programmes » des grands écosystèmes que nous fréquentons quotidiennement. « Ne soyez pas malveillants » (« *Don't Be Evil* ») fut longtemps le motto de Google avant d'être remplacé par un plus pragmatique « *Do The Right Thing* ». Le même Google dont les fondateurs affirmaient dans l'article qui marqua la naissance du PageRank que les publicités constituaient un biais qu'il fallait à tout prix combattre et éradiquer si l'on voulait que les gens puissent avoir confiance dans les résultats d'un moteur de recherche. Quelques années plus tard, le modèle de Google bascula pourtant définitivement du côté de celui d'une régie publicitaire assurant à la firme plus de 95 % de ses revenus colossaux. « Ne pas faire le mal » mais continuer de conquérir des marchés, notamment ceux dans des pays aux régimes autoritaires bien éloignés des principes démocratiques. S'installer en Chine, mais à quel prix ? En acceptant la censure des résultats posée comme préalable par le régime ? Un nouveau pacte faustien aux enjeux déterminants et considérables à l'échelle de l'accès à l'information de plus d'un milliard d'individus. Les questions qui se posent aujourd'hui ne se limitent plus à l'accès à l'information que permettent ces plateformes mais se déplacent de plus en plus vers le simple accès à internet et au web. C'est ainsi que Facebook propose d'offrir une connexion à l'Inde, et s'intéresse maintenant à l'Afrique. Mais cet accès à internet serait un accès bridé et contrôlé par Facebook, un accès à des sites uniquement choisis et validés par Facebook.

C'est tout l'accès au web qui est en train de se réduire comme une peau de chagrin. Les populations occidentales hyperconnectées font face aux problèmes que l'on rassemble derrière l'expression « neutralité de l'internet ». Mais les populations qui n'ont pas d'accès du tout, n'ont, face à l'incurie de leurs États, pas d'autre choix que de s'en remettre aux solutions proposées par de grandes plateformes privées, mais qui n'ont absolument plus rien à voir avec l'accès « à internet ».

Voilà pourquoi il est absolument essentiel de bâtir un index indépendant du web. Car toutes ces plateformes n'ont de sens, d'intérêt – et de marché – que parce qu'elles peuvent s'appuyer sur des informations et des contenus « publics ». Des informations et des contenus sans lesquels elles s'effondreraient immédiatement. Des contenus qu'elles organisent, qu'elles hiérarchisent, qu'elles éditorialisent mais qui ne leur appartiennent en rien, qui sont avant tout des externalités sur lesquelles elles ont bâti leur hégémonie. Rien n'empêche de rassembler ces contenus au sein d'un index indépendant du web qui permettrait de s'affranchir de la domination de ces plateformes et autoriserait de nouveaux possibles à un moment historique dans lequel le contrôle de ces gigantesques « index », de documents, ou de profils, est en passe de devenir un enjeu déterminant à l'échelle de la vie démocratique. Car des plateformes de troisième type sont en train d'émerger. Elles n'ont plus cette fois pour vocation d'organiser l'information comme les moteurs de recherche, ou de mettre en contact des gens comme les réseaux sociaux, mais de gérer une campagne électorale en s'appuyant à la fois sur la force de contenus ciblés et de profils adaptés. Là encore ces plateformes ne peuvent fonctionner qu'avec les données que nous acceptons de leur confier, des données de la servitude volontaire, des données enregistrées et stockées dans un nouvel index, qui lui aussi n'a, ou en tout cas ne devrait rien avoir de « propriétaire », mais être et demeurer inscrit dans cet espace de rendu public démocratique qu'il prétend, pourtant, être demain en situation de réguler.

Le symptôme de l'accès et le mal de l'internet : plaidoyer pour un index indépendant du web

Affordance.info, avril 2015

Google en Chine. Lorsque Google décida finalement, en 2006, de s'installer un Chine, acceptant pour cela d'y déployer une version censurée de ses résultats de recherche, son argumentaire fut le suivant :

> *Filtrer nos résultats de recherche compromet notre mission. Ne pas offrir de possibilité de chercher sur Google la compromet encore davantage.*

Argument développé comme suit : mieux vaut pour les chinois disposer d'un moteur de recherche extérieur même légèrement censuré que de ne pouvoir se reposer que sur les moteurs hyper-censurés du régime chinois. Google finira par se retirer progressivement de Chine en janvier 2010 à la suite d'une sombre histoire de piratage[1].

Facebook en Inde. Fin 2014, c'est au tour de Facebook de tenter de s'installer sur un autre marché émergent : l'Inde. Pas question ici de censure politique. L'enjeu de cette installation diffère également de l'histoire de Google en Chine puisqu'il

1 « Bras de fer Google-Chine : vers un Internet chinois "harmonisé" », Pierre Haski, *L'Obs-Rue89*, 13 janvier 2010. http://rue89.nouvelobs.com/chinatown/2010/01/13/bras-de-fer-google-chine-vers-un-internet-chinois-harmonise-133504.

ne s'agit pas d'apporter une technologie de recherche mais de se positionner sur la fourniture d'un accès internet. Ce projet, c'est celui de la fondation montée par Facebook et dénommée Internet.org. Problème, cet accès n'est pas un accès « au web », mais à une liste de sites choisis par Facebook et accessibles uniquement via une application et une architecture Facebook. « Internet pour les pauvres », « entorse manifeste à la neutralité du net », les critiques, justifiées, ne manquent pas. À cette volée de critiques Mark Zuckerberg répondra :

> *Nous soutenons pleinement la neutralité du net. […] Mais la neutralité de l'internet n'entre pas en contradiction avec le fait de travailler pour connecter de plus en plus de personnes. Ces deux principes – la connectivité universelle et la neutralité du net – peuvent et doivent coexister. Pour donner à plus de personnes accès à internet, il est utile d'offrir quelques services gratuitement. Si quelqu'un n'a pas les moyens de payer une connexion, il vaut toujours mieux un peu d'accès que pas du tout.*[2]

Dans l'approche de Google comme de Facebook, et dans leur argumentaire, se trouve l'idée de l'accès à une ressource « naturelle » affirmé comme un droit fondamental. Internet comme un bien commun. Idée ô combien noble et que je partage par ailleurs mais qui doit être analysée avec circonspection, de la même manière que si Véolia se mettait à argumenter autour de l'accès à l'eau ou Monsanto autour de l'accès aux semences. Ces sociétés (ce n'est en rien un

2 « Facebook attaqué sur la neutralité du Net en Inde », Moragan Tual, *Le Monde*, 20 avril 2015. http://www.lemonde.fr/pixels/article/2015/04/20/facebook-attaque-sur-la-neutralite-du-net-en-inde_4619124_4408996.html.

jugement de valeur mais un constat) ont pour vocation de privatiser, de tirer profit de l'accès à ces ressources naturelles pour les garder sous contrôle et dégager leurs marges. Donc le refrain connu est : mieux vaut un accès même privé, même dégradé, à l'eau, aux semences, à une connexion, au web, etc. que pas d'accès du tout.

Si demain l'air que nous respirons venait à se trouver également privatisé, aucun d'entre nous ne mettrait longtemps à choisir entre ne plus respirer du tout ou être placé sous respirateurs privés artificiels. Et nous débattrions comme nous sommes en train de le faire actuellement sur les meilleurs moyens de préserver l'accès à un bien commun tout en reconnaissant la valeur ajoutée que peuvent y apporter – sous certaines conditions – des sociétés privées. Et tout en débattant, nous oublierions rapidement d'aborder le seul point qui compte dans ce débat : au-delà de la préférence pour un placement sous respirateur artificiel plutôt que pour une mort par asphyxie inévitable, ce placement est le signe que nous sommes… malades. Les respirateurs artificiels, les accès privés ou privatisés, les moteurs de recherche partiellement censurés, les accès « internet » à une liste de quarante sites ou services « validés par Facebook » ne sont que des symptômes. Nous n'avons de cesse que de traiter les symptômes plutôt que le mal. Et c'est lorsque l'on se contente de traiter les symptômes que les remèdes… finissent par être pire que le mal. Vieux débat tournant autour du *pharmakon* cher à Stiegler, ce qui est à la fois poison et remède.

L'air, l'eau, les semences… ressources naturelles, biens communs. Ni Véolia ni Monsanto ne possèdent de nappes phréatiques ou n'ont le pouvoir de déclencher la pluie. Ni Véolia ni Monsanto ne possèdent le brevet de la photosynthèse ou de la germination. Mais l'ensemble de ces firmes bataillent ferme pour contrôler l'accès aux graines, l'accès à l'eau. Elles le font en positionnant une chaîne de services à valeur ajoutée comme la prise en charge (répercutée sur le coût pour l'utilisateur final) de processus de traitement ou d'épuration, comme le renforcement de la résistance à la maladie de certaines semences, comme l'augmentation du rendement productif desdites semences. Elles le font également en communiquant sur la prétendue complexité de leur valeur ajoutée et sa tout autant prétendue nécessité. Elles le font enfin, en profitant de la place laissée vacante par la puissance publique.

À l'échelle du World Wide Web, les quatre éléments naturels que sont l'air, l'eau, la terre et le feu pourraient être métaphoriquement désignés comme suit :

– l'air serait le *cloud*, c'est-à-dire les services et documents disponibles grâce et par le biais du *cloud computing;*

– l'eau serait la connexion, et avec elle la question du débit et de la neutralité ;

– la terre équivaudrait aux *datacenters* contenant les données comme autant de semences ;

– et le feu serait le web, c'est-à-dire ces innombrables ressources finalement volatiles et leur potentielle viralité, la difficulté à les circonscrire et la possibilité de les voir chaque jour… s'éteindre.

Que l'on s'en félicite ou que l'on s'en désole, nulle puissance publique, nul mouvement citoyen n'empêchera jamais Google ou Facebook et leurs actionnaires de décider de déployer tel ou tel service dans tel ou tel pays. Pas davantage qu'il ne sera possible, même au prix d'intenses campagnes de lobbying d'imposer des conditions à cette installation. A fortiori lorsqu'il s'agit d'un marché émergent, et a fortiori lorsque le contexte économique et géopolitique des pays ciblés reste relativement instable, chaotique ou à tout le moins éloigné de nos démocraties occidentales. On pourra bien sûr, comme cela se fait actuellement autour de l'accès à l'eau ou aux semences, alerter, dénoncer les monopoles en place, pointer l'asservissement, la captation indue de valeur et les innombrables problèmes qu'ils posent, mais faisant cela nous resterons indéfiniment dans le registre du symptôme.

La seule solution permettant de traiter le mal plutôt que ses symptômes est pourtant connue. Elle consiste à créer un index indépendant du web. C'est-à-dire à réinstaller durablement dans l'espace public une « ressource », un bien commun dont l'exploitation par des acteurs privés à fini par installer des usages essentiellement privatifs, là où pourtant l'ensemble des caractéristiques techniques (son architecture) et des usages (les contenus qui font le web) de ce bien relèvent, par nature, de la sphère publique commune.

L'idée de cet index indépendant du web a pour la première fois été mise en évidence par Dirk Lewandowski dans un article de mai 2014[3]. Avec cet index indépendant, nombre de monopoles se fissureraient, nombre d'usages émergeraient, et nombre de processus de contrôle et de réflexion sur le niveau de délégation de services accepté ou acceptable pourraient être étudiés ou déployés. Tous les grands acteurs qui dominent aujourd'hui le web ont commencé par bâtir un index sur lequel ils ont ensuite établi leur suprématie : index des pages web pour Google, index des profils pour Facebook.

La création de cet index indépendant est une solution bien plus possible, plausible, adaptée et réalisable à court

3 « Why we need an independent index of the Web », Dirk Lewandowski, http://arxiv.org/abs/1405.2212.

terme que les innombrables tentatives de légiférer sur le sujet, sans parler des non moins inénarrables aventures des Quichotte modernes s'en allant démembrer le géant.

À ceux qui seraient tentés de désigner cette solution comme un énième « y'a qu'à, faut qu'on », je rappelle qu'internet et le web reposent sur des technologies qui sont pour l'essentiel dans le domaine public et qui ont été pensées par des ingénieurs soucieux de bâtir des protocoles simples, ouverts et interopérables. Il n'y a donc pas de barrière technique ou juridique au déploiement de cet index indépendant.

Je rappelle également qu'une bonne partie de cet index indépendant existe déjà : au travers de l'initiative du Hathi Trust[4] pour créer une copie suffisamment significative de la base de données Google Books, au travers de la fondation Internet Archive[5] de Brewster Kahle qui archive sans relâche livres, films, textes et documents divers à une échelle colossale, ressources qu'il serait possible de verser dans cet index indépendant en lui faisant immédiatement atteindre un effet de seuil qui, sans renverser du jour au lendemain les monopoles de Google ou de Facebook, les inciterait probablement à faire profil bas autour d'une quelconque future table des négociations.

Je rappelle qu'en plus de tout cela nous disposons de technologies open source de recherche, que chaque pays (européen tout au moins), dispose – ou peut disposer à très court terme – de la puissance de calcul nécessaire et des infrastructures de stockage idoines.

Je rappelle enfin que l'essentiel des services privés ou plus exactement l'essentiel des services de nature privative

4 https://www.hathitrust.org/.

5 http://www.archive.org.

que nous plébiscitons dans nos usages quotidiens disposent d'un équivalent *open source* et que ces alternatives *open source* continueront de s'étendre grâce à des projets comme ceux de l'association Framasoft pour « Dégoogliser internet »[6]. Or si ces alternatives peinent à atteindre un effet de seuil suffisant pour constituer une alternative réelle et crédible aux services des GAFA, c'est notamment parce qu'elles ne peuvent pas s'appuyer sur un tel index indépendant.

Pour être complet, il faudrait d'ailleurs aussi rappeler qu'un nombre important de services privatifs déployés aujourd'hui dans la galaxie des GAFA étaient à l'origine des projets ouverts, avant d'être rachetés par les mêmes GAFA.

La France dispose de son « champion du numérique » (Gilles Babinet), la France dispose de personnalités rares réunies au sein du Conseil National du Numérique, ainsi que de nombre d'analystes et d'experts qui ont déjà saisi l'essentiel des mutations numériques en cours et sont particulièrement sensibles à la dimension ouverte du web et des données qui le peuplent. Puissent-ils, parmi d'autres, entendre, relayer et s'approprier cet appel pour un index indépendant du web et fédérer les énergies nécessaires à sa mise en œuvre.

Ce n'est qu'à cette condition, vingt-cinq ans après la naissance du web et vingt-deux ans après son entrée dans le domaine public ; ce n'est qu'à cette condition que nous pourrons éviter qu'à l'occasion du cinquantième anniversaire du web, quelques lointains cousins d'une vallée de silicium ne se disputent son avenir comme on se dispute l'héritage d'une vieille tante, et qu'ils ne mettent en place une géopolitique de l'accès capable de renforcer leur emprise à l'échelle de continents et de populations entières. Ce n'est qu'à cette

6 https://degooglisons-internet.org/.

condition que nous éviterons que ne se mette en place ce pour quoi précisément Tim Berners Lee avait fait le choix de placer le web dans le domaine public, c'est-à-dire qu'il n'y ait plus « un » mais « des » webs, qu'il n'y ait plus « un » mais « des » internets.

« Appendice A » : le jour où Google a renoncé à sa régie publicitaire

Affordance.info, avril et mai 2016

Imaginez. Imaginez que Serguei Brin et Larry Page, les deux fondateurs de Google, déclarent qu'ils vont renoncer définitivement à la régie publicitaire du moteur de recherche. Que Google cessera d'afficher des résultats issus de sa régie publicitaire qui, rappelons-le, représente plus de 95 % des revenus de la firme. Imaginez qu'ils déclarent ceci :

> *À l'heure actuelle, le* modèle d'affaires *prédominant pour les moteurs de recherche est celui de la publicité. L'objectif de ce modèle publicitaire ne correspond pas toujours à la capacité de fournir des résultats de recherche de qualité pour les utilisateurs. À titre d'exemple, dans notre moteur de recherche, lorsque l'on tape « téléphone mobile », l'un des premiers résultats organiques est un article de recherche* « Les effets de l'usage du téléphone portable sur la capacité d'attention des conducteurs », *qui détaille les raisons pour lesquelles il*

est dangereux de téléphoner en conduisant. Ce résultat est sur la première page du fait de sa pertinence calculée par notre algorithme. Il est clair qu'un moteur de recherche dont la régie publicitaire bénéficierait de l'argent versé par des annonceurs qui vendent des téléphones portables aurait des difficultés à justifier la présence de cet article en première page de résultats. C'est actuellement le cas de Google. Pour cette raison et du fait de notre longue expérience avec d'autres médias, nous déclarons que les moteurs de recherche reposant sur un modèle économique de régie publicitaire sont biaisés de manière inhérente et très loin des besoins des utilisateurs.

S'il est vrai qu'il est particulièrement difficile, même pour les experts du domaine, d'évaluer les moteurs de recherche, les biais qu'ils comportent sont particulièrement insidieux. Une nouvelle fois, le Google de ces dernières années en est un bon exemple puisque nous avons vendu à des entreprises le droit d'être listé en lien sponsorisé tout en haut de la page de résultats pour certaines requêtes. Ce type de biais est encore plus insidieux que la simple publicité parce qu'il masque l'intention à l'origine de l'affichage du résultat. Si nous persistons dans ce modèle économique, Google cessera d'être un moteur de recherche viable.

Il est pourtant vrai que des biais moins flagrants sont encore tolérés par le marché. Par exemple un moteur de recherche pourrait ajouter une petite variable pour favoriser les résultats des entreprises amies ou partenaires, et déclasser de la même manière les sites de ses concurrents. Ce qui est exactement ce que nous reproche l'Union européenne. Ce type de biais est très difficile à détecter mais peut avoir un effet très significatif sur le marché. De plus, la publicité est le plus souvent une incitation à fournir des résultats de recherche de mauvaise qualité. (suit ici une série d'exemples autour des points reprochés à Google par la Commission européenne[7]*). En général et du point de vue de l'utilisateur, le meilleur moteur de recherche est celui qui nécessite le moins de publicité possible pour lui permettre de trouver ce dont il a besoin. Ce qui, bien sûr, condamne le modèle de régie publicitaire de la plupart des moteurs de recherche actuels. De toute façon, il y aura toujours d'énormes quantités d'argent investies par des publicitaires soucieux d'orienter le consommateur vers leurs produits ou de créer chez lui un besoin de nouveauté. Mais nous croyons que le modèle publicitaire cause un nombre tellement important d'incitations biaisées qu'il est crucial de disposer d'un moteur de recherche compétitif qui soit transparent et transcrive la réalité du monde.*

Incroyable non ? Et pourtant. S'il est un article que toutes celles et ceux qui s'intéressent au web en général et aux moteurs de recherche en particulier ont lu, c'est probablement « The Anatomy Of A Large-Scale Hypertextual Web Search Engine »[8], paru en 1998 et rédigé par deux jeunes diplômés de Stanford, Serguei Brin et Larry Page. Cet article jette les bases du moteur de recherche Google, à l'époque encore hébergé sur les serveurs de l'université Stanford. On y trouve par exemple pour la première fois ce qui deviendra l'une des formules mathématiques les plus célèbres de l'histoire, celle du PageRank :

---

7 « Enquête antitrust : Google répond aux accusations de l'Union européenne », Cécile Ducourtieux, *Le Monde*, 27 août 2015. http://www.lemonde.fr/entreprises/article/2015/08/27/enquete-antitrust-google-repond-aux-accusations-de-l-union-europeenne_4738688_1656994.html.

8 « The Anatomy of a Large-Scale Hypertextual Web Search Engine », Sergey Brin et Lawrence Page. http://infolab.stanford.edu/~backrub/google.html.

We assume page A has pages T1...Tn which point to it (i.e., are citations). The parameter d is a damping factor which can be set between 0 and 1. We usually set d to 0.85. There are more details about d in the next section. Also C(A) is defined as the number of links going out of page A. The PageRank of a page A is given as follows:

$$PR(A) = (1\text{-}d) + d\,(PR(T1)/C(T1) + \ldots + PR(Tn)/C(Tn))$$

Note that the PageRanks form a probability distribution over web pages, so the sum of all web pages' PageRanks will be one.

À la fin de cet article scientifique, juste après la bibliographie, il y a une petite bio des deux auteurs et une série d'annexes regroupées dans le point 8. Dont « l'annexe A » : « Advertising and Mixed Motives ».

Voilà. Vous avez compris. C'est cette annexe que j'ai littéralement traduite ci-dessus. À l'exception des très rares passages soulignés, j'insiste sur le fait qu'il s'agit d'une traduction littérale de ce que pensaient et écrivaient Serguei Brin et Larry Page en 1998. Dix-huit ans après, l'écart avec la réalité des pratiques et de la philosophie du Google d'aujourd'hui est réellement... vertigineux.

Voilà des années que toute la stratégie de Google consiste à nous déposséder progressivement et systématiquement du contrôle de nos requêtes pour pouvoir nous aiguiller vers les résultats les plus directement monétisables dans le cadre de sa régie publicitaire. Il s'y emploie de deux manières : en rendant de plus en plus inaccessible (et parfois impossible) l'accès aux paramètres de recherche avancée (ou en en supprimant carrément certains), et en déployant des fonctionnalités (Google suggest, Google instant search) qui nous affichent des réponses avant que nous n'ayons eu le temps de poser notre question.

Il y a 11 ans, en février 2005, une étude du Pew Internet indiquait que 74 % des gens ne savaient pas ce qu'était un lien sponsorisé[9]. Cela traduisait surtout un manque d'acculturation. Aujourd'hui, d'autres études semblent indiquer que 50 % de gens n'identifient pas les liens sponsorisés ou pensent qu'ils sont d'abord là parce qu'ils sont les plus pertinents[10] : cela traduit cette fois surtout un manque de possibilité(s), et donc une forme de renoncement. Un échec collectif également, qui dépasse le seul succès du modèle économique des régies publicitaires.

À ce titre je serais beaucoup moins optimiste que Dominique Cardon dans la conclusion de son livre, *À quoi rêvent les algorithmes* lorsqu'il écrit :

> *Comme les GPS dans les véhicules, les algorithmes se sont glissés silencieusement dans nos vies. Ils ne nous imposent pas la destination. Ils ne choisissent pas ce qui nous intéresse. Nous leur donnons la destination et ils nous demandent de suivre « leur » route.*

Je partage davantage les lignes suivantes :

> *La conduite sous GPS s'est si fortement inscrite dans les pratiques des conducteurs que ceux-ci ont parfois perdu toute idée*

---

9 « Confiance Générationnelle et Défiance Informationnelle ». http://urfistinfo.hypotheses.org/718.

10 *Adult's media : use and attitudes. Report 2016*. Ofcom, avril 2016. https://www.ofcom.org.uk/__data/assets/pdf_file/0026/80828/2016-adults-media-use-and-attitudes.pdf.

de la carte, des manières de la lire, de la diversité des chemins de traverse et des joies de l'égarement.

Faire une recherche d'information aujourd'hui sur le web (donc sur Google) c'est un peu comme se retrouver dans un pays étranger avec une carte n'indiquant que les McDonald's et les stations services. Certes cela permet de se nourrir et de poursuivre son chemin mais…

La question n'est plus tellement de savoir si nous pouvons encore reprendre la main sur nos requêtes. Il est en partie déjà trop tard et même si nul écosystème n'est immortel, la dépendance du web distribué au grand centralisateur qu'est Google est trop bien installée pour être revue à la baisse dans un délai raisonnable. La question qui reste, et qui compte, est donc celle de savoir de quelle manière nous pouvons contraindre ces écosystèmes à davantage de transparence pour la partie algorithmique qui relève d'un processus classique d'éditorialisation. Une question déjà maintes fois abordée dans cet ouvrage.

Au départ il y avait la promesse du web : un Homme, une page, une adresse. Ce web était né en 1989. Et puis il y eut la promesse de Google. En 1998. Cette promesse des fondateurs de Google :

En général et du point de vue de l'utilisateur, le meilleur moteur de recherche est celui qui nécessite le moins de publicité possible pour lui permettre de trouver ce dont il a besoin.

Quatre ans plus tard, en 2002, la FTC adressait déjà un cinglant avertissement aux grands acteurs du *search* de l'époque en demandant aux moteurs de recherche qui tiraient des revenus du placement préférentiel de sites web dans leurs résultats de rendre ce processus plus clair pour leurs utilisateurs[11].

Mais c'est pourtant sur cette – fausse – promesse que s'est progressivement construite notre addiction à Google, comme notre addiction à Facebook s'est construite sur la promesse d'un réseau social d'étudiants. Or ces sites ont changé. D'échelle, de nature, d'objectif et d'ambition. Et avec eux, leurs promesses.

Dans un tout autre genre j'ai souvenir de l'époque à laquelle le groupe Bouygues candidatait pour se porter acquéreur de TF1. Le groupe en question avait déposé devant le CSA un projet qui, dans les grandes lignes, aurait pu être celui d'Arte quelques années plus tard : il y avait de la culture partout, un soutien aux programmes de création française, etc. On voit bien ce que cela est devenu avec le temps. Changement d'échelle, de nature, d'objectif et d'ambition. Changement de promesses. Si je cite cet exemple c'est parce que sur le sujet de notre addiction aux GAFA et sur les motifs de mécontentement légitime qu'ils suscitent, on entend souvent « l'argument TF1 », à savoir :

> *Si ça ne te plaît pas, tu n'as qu'à regarder une autre chaîne. Personne ne t'oblige à regarder* Les feux de l'amour *ni le journal de Jean-Pierre Pernaut.*

Se passer de Google ou de Facebook donc. Regarder ailleurs. Mais… où ?? Dans le panorama des chaînes de télévision françaises, il existe une réelle concurrence. Comme cette

---

11 « FTC: Disclose Paid Search Listings », D. Ian Hopper, *Editor & Publisher*, 29 juin 2002. http://www.editorandpublisher.com/news/ftc-disclose-paid-search-listings/.

concurrence existe dans le panorama de la presse française (indépendamment, bien sûr, des différents actionnariats croisés). Or cette concurrence n'existe pas et ne peut exister à l'échelle de ces grands groupes médias numériques. Pour différentes raisons : économiques (startups rachetées à peine écloses, effets de bulle spéculative), mais aussi de nature (avantage au *first mover*). Par ailleurs, les médias numériques dont nous parlons ici disposent d'un front d'activité qui s'étend de la médecine à la vente en ligne en passant par la recherche d'information, le transport, les télécoms, etc., ce qui n'est pas le cas des médias classiques, positionnés dans leur majorité sur un ou deux secteurs économiques (le bâtiment et les médias pour Bouygues, l'armement et la presse pour Dassault, etc.).

Si nous nous trouvons donc dans l'impossibilité de nous rabattre sur une concurrence, il n'en est que plus légitime et urgent de réclamer en contrepartie un droit de regard sur la partie éditoriale de ces algorithmes qui règlent nos vies.

D'aussi loin que je puisse en juger, il me semble que ce système ne pourra pas continuer de fonctionner très longtemps. Par « ce système » j'entends :

– des fonctionnements algorithmiques totalement opaques et sans aucune régulation externe ;

– mais amenés à réguler de plus en plus de secteurs économiquement stratégiques (transport) ou régaliens (santé, éducation) ;

– dans le giron d'oligopoles fonctionnant à base de services gratuits financés par la publicité (capitalisme linguistique).

Je suis de plus en plus convaincu que nous nous dirigeons vers des logiques de micro-paiements pour les usagers de ces plateformes, logiques déjà en place sur YouTube dont l'offre payante YouTube Red permet d'ôter les publicités. Car les mentalités ont également bougé : les gens sont de plus en plus prêts à payer ; payer pour supprimer les publicités, payer pour éviter que l'on trace leurs données personnelles, payer pour protéger leur vie privée.

Dans leurs énormes investissements pour devenir des opérateurs télécoms à part entière, Facebook et Google (avec la fibre) seront demain en situation de contrôler l'ensemble de la chaîne de l'internet telle que nous la connaissons, c'est-à-dire depuis l'amont (fournisseurs d'accès) jusqu'à l'aval (fournisseur de services) en passant par tous les intermédiaires. Il leur sera alors de plus en plus facile et de plus en plus tentant de facturer par divers moyens le coût de ces services en échange d'une atténuation ou d'une absence de publicité dans lesdits services. D'autant que les fronts judiciaires ouverts sur le secteur de la publicité et de la concurrence se multiplient avec la menace de sanctions financières de plus en plus élevées. Et d'autant que la question du choix algorithmico-éditorial de celles qui hier, étaient de simples plateformes d'accès à l'information ou de mises en contact et qui sont devenues, aujourd'hui, des médias de masse à part entière, ne pourra plus longtemps être évacuée en invoquant une pseudo neutralité algorithmique.

Le débat, l'enjeu actuel, n'est plus de savoir si un lien sponsorisé pour un téléphone portable est compatible avec un lien organique vers un article scientifique en décrivant les dangers. Le débat actuel c'est de savoir si l'ordre des résultats dans Google peut influencer le résultat d'un vote démocratique.

L'équation est assez simple et n'a qu'une seule inconnue. Au sein de ces plateformes, et indépendamment des régies qui les orientent et les gouvernent parfois, une publication est une publicité. Chaque publication vaut une publicité ; lui équivaut. En face, de l'autre côté du mur algorithmique, il y a la démocratie, souvent imparfaite, souvent délicate, souvent complexe, mais qui, en tant que telle, ne vaut et ne vaudra jamais que par le rendu public au sein de la cité. Sans publicité. Qui SEME[12] le vent…

NationBuilder : Construire une nation comme un fichier client

Affordance.info, avril 2016

Élections (enfin primaires) américaines oblige, on parle beaucoup de la plateforme Nation Builder[13] utilisée – notamment – par Donald Trump aux États-Unis, par Alain Juppé ou par Jean-Luc Mélenchon en France.

En gros, cette plateforme est le back-office du site web de campagne et permet de mieux connaître ses électeurs, leurs centres d'intérêt, leurs motivations, l'évolution de leurs idées sur tel ou tel sujet sociétal, et plein d'autres renseignements, notamment en agrégeant – à l'aide de méthodes statistiques

---

12 SEME : est aussi l'acronyme du *Search Engine Manipulation Effect* décrit par Robert Epstein (et al.), « The search engine manipulation effect (SEME) and its possible impact on the outcomes of elections ». *Proceedings of the National Academy of Sciences*. Août 2015. 112 (33) : E4512–E4521. doi : 10.1073/pnas.1419828112. ISSN 0027-8424.

13 http://nationbuilder.com/.

issues du big data – les données de leurs différents comptes et profils sur les réseaux sociaux. L'autre intérêt de cette plateforme est de pouvoir affecter aux supporters de tel ou tel homme/femme politique un certain nombre de tâches en fonction de leur temps libre, de leurs compétences, de leur localisation géographique, notamment grâce à des logiques là encore déjà éprouvées de notifications ; notifications auxquelles ils/elles seront particulièrement réceptifs puisqu'elles prennent place au sein d'un écosystème connecté dans lequel baignent déjà des « militants digitaux » et qui donc, en termes de coût cognitif est quasi-nul. Soit le « militantisme digital » comme nouvel avatar du *digital labor*.

Enfin, ces plateformes permettent de gérer une campagne politique comme on gère une campagne marketing : prospects, *leads*, clients, *branding*, *storytelling* et tout le toutim. Et donc, nous dit la plateforme, de construire une communauté, une « nation ». Ayant créé depuis maintenant trois ans une formation universitaire permettant de former des spécialistes de l'animation de communauté (*community managers*), je rappelle que les trois éléments clés pour « créer » une communauté reposent sur ces trois leviers que sont les contenus (si possible adaptés et de qualité), l'événementiel (les temps forts, la ritualisation, la rencontre dans la vraie vie aussi) et la publicité.

Donc de postuler que pour créer une nation il faut d'abord créer et gérer un fichier client. Ces mêmes plateformes postulent que pour créer (et animer) la communauté qui servira de base à votre « nation », il faudra aussi exposer cette communauté à des contenus (argumentaires politiques, voire programmes politiques si ce mot a encore un sens…), à de l'événementiel (les meetings bien sûr mais aussi toutes les tâches annexes d'une campagne, démarchage téléphonique, *mailing*, etc.) et bien sûr à une publicité constante. Ce que permet et que réalise parfaitement Nation Builder, plateforme la plus visible actuellement.

Si vous avez des enfants ou si vous êtes un *gamer*, vous êtes très certainement familiers des innombrables jeux de plateforme qui permettent également de construire, de bâtir, de faire vivre (et parfois mourir) des communautés à travers les âges ; jeux dans lesquels vous êtes une sorte de dieu thaumaturge décidant de l'ensemble des paramètres qui permettront à votre nation / ville / tribu / communauté de grandir et de prospérer (ou de se faire laminer et annexer par la communauté voisine). Il y a donc, et la très grande audience de ces jeux en atteste, un vrai plaisir ludique à se trouver ainsi investi de pouvoirs quasi-divins permettant de conduire la destinée de groupes humains.

Avec Nation Builder et les plateformes équivalentes, l'élection est devenue un terrain de jeu, et le terrain de jeu un nouveau terreau électoral.

The Facebook Impeachement. Chaque semaine les employés de Facebook ont la possibilité de voter pour les questions auxquelles ils souhaitent que leur PDG (Mark Zuckerberg) réponde lors des sessions de questions-réponses organisées chaque mois en interne dans la firme au plus d'un milliard d'utilisateurs. Et la question qui reçoit énormément de votes au mois d'avril 2016 est la suivante :

> *Quelle est la responsabilité que Facebook peut prendre pour empêcher Donald Trump de devenir Président des États-Unis en 2017 ?*[14]

---

14 « Facebook Employees Asked Mark Zuckerberg If They Should Try to Stop a Donald Trump Presidency », Michael Nunez, *Gizmodo*, 15 avril 2016. http://gizmodo.com/facebook-employees-asked-mark-zuckerberg-if-they-should-1771012990.

Facebook est la plateforme qui compte le plus grand nombre de membres (plus d'un milliard et demi), celle aussi où les gens passent chaque jour le plus de temps de connexion, celle où nous partageons et interagissons le plus, et, c'est le plus important dans l'affaire, Facebook n'a aucune responsabilité légale l'obligeant à donner une vue objective (« non-filtrée ») de ce qui se passe dans son réseau. Et comme le fait remarquer Zeynep Tufekci sur son compte Twitter[15] :

> *Bien sûr une entreprise qui est au centre des interactions sociales de plus d'un milliard d'individus dispose d'un énorme pouvoir sur ce public. Bien sûr.*

Et comme le rappelait l'oncle de Peter Parker à son super-héros de neveu : « un grand pouvoir implique une grande responsabilité ».

On sait par ailleurs que Facebook est friand de différentes expérimentations menées à notre insu[16], et on sait également qu'il est important, voire vital, pour Facebook de mettre en avant certains types d'actualités et d'opinions plutôt que d'autres (des vidéos de chats plutôt que des photos d'enfants morts). On sait enfin que la culture d'entreprise aux États-Unis n'est pas marquée par les mêmes tabous qu'en France ou en Europe et que les liens (à la fois financiers et idéologiques) entre de grandes entreprises et des partis ou des candidats est très souvent explicite, revendiquée et assumée. Enfin, du côté

---

15 https://twitter.com/zeynep/status/721067493058551808.

16 Une étude menée sur plus de 600000 utilisateurs de la plateforme sans qu'ils soient mis au courant créa une énorme polémique. « Experimental evidence of massive-scale emotional contagion through social networks », Adam D. I. Kramera, Jamie E. Guillory et Jeffrey T. Hancock, *PNAS*, vol. 11, num. 24, p. 8788-8790. http://www.pnas.org/content/111/24/8788.full.

des théories de la communication politique, on sait depuis longtemps que la maîtrise de l'ordre du jour (*agenda setting*), la capacité à dicter cet agenda, est une composante essentielle de la victoire et de l'élection.

Si nous reprenons et mélangeons tous les éléments précédents, nous avons :

– des plateformes propriétaires (Nation Builder) dont la promesse est de gérer une nation (ou un fichier d'opinions politiques) comme on gère un fichier client d'acheteurs de lessive ;

– un discours politique depuis longtemps préempté par des *spin-doctors* ou des communicants adeptes de toutes les plus viles recettes du marketing ;

– des personnalités politiques qui se vendent comme des marques (*branding*) ;

– une ludification des processus de conduite de communautés (jeux de rôle, jeux en réseau, etc.) ;

– des plateformes propriétaires qui captent l'essentiel de notre temps de cerveau disponible et sont en capacité de faire l'opinion sans qu'un quelconque organisme externe ne puisse leur imposer de règles de déontologie ou de neutralité, et ce d'une manière parfaitement invisible si nécessaire ;

– et des candidats à l'élection présidentielle à la recherche permanente d'un buzz qui fera oublier l'inanité de leur – absence de – programme ; buzz lui-même parfaitement calibré à la fois par et pour des plateformes qui se nourrissent elles-mêmes des retombées marketing et sociologiques induites par ledit buzz.

Ajoutons le spectre du vote électronique qui s'étend sur le monde. Tous ces éléments mis bout à bout reflètent une mécanique parfaitement bien huilée et cohérente, parfaitement efficiente et fonctionnelle, mais qui a autant avoir avec la conduite d'une démocratie et la construction d'une nation que les émissions de Cyril Hanouna ont à voir avec l'accès à la culture et la construction d'une pensée critique.

Le problème supplémentaire est que s'expriment une lassitude et un rejet bien compréhensibles et bien légitimes devant les vieux modes de fonctionnement de nos supposées démocraties et d'une classe politique dont tout le monde a bien compris qu'elle ne représentait qu'elle-même et visait avant tout à défendre les intérêts des différents réseaux et lobbys qui lui confèrent encore la seule légitimité dont elle peut se prévaloir.

Le problème est aussi que ces plateformes si problématiques (de Nation Builder à Facebook) constituent une opportunité et une alternative réelle pour se saisir de nouveau d'une conscience politique ou pour faire émerger de nouveaux modes de gouvernance plus horizontaux et participatifs. Ce n'est ainsi pas un hasard si à côté des différents buzz suscités par les provocations de Donald Trump, les contre-discours peuvent également bénéficier d'une visibilité et d'une exposition impensable en dehors des dites plateformes : ainsi la vidéo de l'humoriste Nicole Ferroni à propos de l'hallucinant vote du parlement européen sur le secret des affaires en plein scandale des Panama Papers, culmine en quelques jours à presque dix millions de vues. Le mouvement `#NuitDebout` lui-même, pour prendre un exemple très récent, doit également beaucoup à la capacité de mobilisation et d'attention permise par les plateformes.

Bref ces plateformes sont de vrais outils politiques. Et comme elles sont des outils, des médias (au sens de McLuhan) chacun peut en faire ce qu'il veut à condition de bien comprendre les codes de communication spécifiques qu'elles induisent et de bien utiliser ces codes. Mais si la

« plateforme outil » est neutre, dans le sens où elle peut servir de support à des opinions parfaitement opposées, cela ne veut en aucun cas dire qu'il est possible de parler d'une neutralité des plateformes en tant que vecteurs des formes d'expression qu'elles autorisent. Car *in fine*, et je reviens à la question posée par les employés de Facebook, ce sont bien ces plateformes et elles seules qui décident (implicitement ou explicitement, de manière assumée ou dissimulée) de laisser passer ou de rejeter tel ou tel type d'opinion, d'image, de discours. Et elles sont en capacité de le faire – sur des sujets sociétaux ou politiques – dans l'opacité la plus totale et sans être à quelque moment que ce soit obligées de justifier leurs choix autrement que par une modification éventuelle de leurs CGU (conditions générales d'utilisation) et sans aucune responsabilité légale vis-à-vis d'un quelconque pouvoir politique ou d'une quelconque autorité administrative, autres bien sûr que celui ou ceux qu'elles soutiennent ou qui leur permettent d'accéder à un marché.

Donc l'horizon est plutôt sombre. À moins naturellement que nous ne puissions disposer de plateformes équivalentes mais… non-propriétaires, *open source*. Des plateformes dans lesquelles les processus de régulation, d'audit, de contrôle, de vérification, puissent être effectués sinon par l'ensemble des utilisateurs, au moins par quelques-uns sur le mode d'une auto-régulation qui a déjà fait ses preuves, par exemple dans Wikipédia.

Dans la séquence politique qui s'ouvre pour nos démocraties occidentales à l'horizon des dix prochaines années, dans le contexte explosif qui va du discrédit de la classe politique dans son ensemble à la montée des discours nationalistes ou communautaristes, en passant par la réalité des énormes et dramatiques migrations (politiques ou climatiques) qui sont en train d'advenir, il y a peu de chances pour que de telles plateformes alternatives aient le temps d'émerger à l'échelle d'un média (le numérique) qui fait la part belle au premier entrant et où il est très difficile de faire changer les *habitus* et les habitudes d'interaction et d'attention.

Nous risquons donc très logiquement – et très prochainement – d'arriver à une explosion véritablement cataclysmique de ce vieux mode de gouvernance et d'expression que l'on appelle encore la démocratie. Un effondrement dans lequel chacun aura sa part, des citoyens aux politiques en passant par les plateformes en question. En attendant cet effondrement il nous reste à répondre à la question posée par cet employé de Facebook :

> *Quelle est la responsabilité que Facebook peut prendre pour empêcher Donald Trump de devenir Président des États-Unis en 2017 ?*

Il nous reste à ne pas nous satisfaire de la réponse qu'y apportera – peut-être – Mark Zuckerberg. Car une autre question nous est peut-être plus directement adressée :

> *Qui à part Facebook est encore en capacité d'empêcher Donald Trump de devenir Président des États-Unis ? Et si la réponse devait être « personne », quelle serait alors notre responsabilité dans ce constat ?*

Et à constater une nouvelle fois que s'il est certes possible (et peut-être efficace) de construire une nation comme un fichier client, cela ne permet pas autre chose que d'obtenir une nation de clients et une démocratie clientéliste.

Sans réponse claire mais surtout sans réponse collective à cette question, nous continuerons de nous enfoncer dans la nuit. Peut-être debout, si nous avons un peu de chance, mais dans la nuit tout de même.

À l'ambassade des Gafam

Affordance.info, février 2017

Le 29 janvier 2017 on apprenait que le Danemark avait décidé de nommer un « ambassadeur tech ».

Concrètement cela veut dire que c'est un diplomate avec le rang d'ambassadeur qui sera en charge d'aller discuter « diplomatie digitale » avec les grandes firmes des internets. La maison ne reculant devant aucun sacrifice, on a même créé un néologisme supposé traduire l'essence de cette nouvelle fonction : la « techplomatie ». L'article des *Échos*[17] qui a été le premier à relever l'info, rappelle utilement que le Danemark a été choisi par Apple (en 2015) et Facebook (en 2016) pour y installer d'immenses *datacenters* et qu'il serait surprenant que cette annonce soit exempte de tout sous-entendu commercial ou d'effet d'opportunité.

Le même article des *Échos* cite le ministre des affaires étrangères du Danemark qui précise que :

---

17 « Le Danemark veut nommer un ou une "ambassadeur tech" », Antoine Jacob, *Les Échos*, 29 janvier 2017. http://www.lesechos.fr/tech-medias/hightech/0211747083803-le-danemark-veut-nommer-un-ou-une-ambassadeur-tech-2060935.php.

Dans le futur, nos relations bilatérales avec Google seront aussi importantes que celles que nous entretenons avec la Grèce. […] Google, Apple ou Amazon doivent être considérées désormais comme des nouvelles nations avec lesquelles il faut donc entretenir des relations diplomatiques.

Et de rappeler que la valeur boursière d'Apple est quasi égale au PIB de l'Arabie Saoudite, celle de Google à celui de l'Argentine, et tous deux largement supérieurs à celui… du Danemark.

Par ailleurs, c'est un fait, Facebook avec ses 1,86 milliards d'utilisateurs est le « pays » le plus peuplé de la planète. Démographie ne fait certes pas démocratie, des communautés affinitaires algorithmiquement régulées ne font pas nécessairement un corps social constitué, mais pour autant impossible d'ignorer la réalité qui veut qu'une moitié de l'humanité connectée se retrouve quotidiennement sur une seule et même plateforme. Et, dans un autre registre, que dire d'Apple qui, avec ses 450 millions de coordonnées bancaires complètes, est le premier banquier de la même planète. Et l'on pourrait ainsi multiplier les exemples.

Donc oui, comptablement, ces plateformes sont équivalentes à des États-nations. Certes leurs lois sont celles de leurs CGU, certes leur démocratie est une démocratie de clients, mais ces plateformes *sont* des États.

Des États qui font déjà de la politique, ou plus exactement avec qui les politiques sont obligés de discuter, et pas uniquement sur le plan économique. Ainsi ce sont les grandes firmes technologiques qui ont été les plus réactives, les plus en pointe et les plus entendues sur la question du `#MuslimBan` de Donald Trump. Et c'est le patron de Facebook qui a dégainé le plus vite. Le même Donald Trump a d'ailleurs commencé à préparer son règne par une épique réunion de tous les champions de la Silicon Valley.

Il faut aussi rappeler que les États travaillent déjà en étroite collaboration avec ces plateformes, et ce sur des questions allant de la cybersécurité à la lutte contre la pédophilie en passant par la prévention de la radicalisation ou la lutte contre les discours de haine.

Rappeler tout cela et ne jamais oublier ce qu'Edward Snowden nous a appris, révélé.

Ce sont encore ces plateformes qui d'une main distribuent désormais des aides à la presse[18], et de l'autre distribuent bons et mauvais points à la manière de nouvelles agences de notation du numérique[19].

Rappeler que l'effondrement de la crédibilité de nombre de démocraties occidentales se joue, pour partie seulement mais pour une partie essentielle, dans la crédibilité et la confiance que ces plateformes organisent (entre `#FilterBubble` et `#PostTruth`) au détriment de celle d'une presse libre et indépendante, c'est-à-dire les 10 % qui ne sont pas, en France, dans les mains de quelques oligarques milliardaires. Et que si le lien de causalité entre ces deux phénomènes pourra toujours être discuté, la corrélation devrait suffire à nous amener à nous interroger en profondeur sur les enjeux démocratiques qui sont ainsi remis en cause.

---

18 «Presse : le fonds Google n'est plus une exception française», Alexandre Piquard, *Le Monde*, 28 avril 2015. http://www.lemonde.fr/economie/article/2015/04/28/google-elargit-son-fonds-d-aide-a-la-presse_4624113_3234.html.

19 «Le niveau de numérisation de la France est décevant, selon Google», Cécilia Di Quinzio, avec AFP, *Stratégies*, 1er février 2017. http://www.strategies.fr/actualites/medias/1056770W/le-niveau-de-numerisation-de-la-france-est-decevant-selon-google.html.

Rappeler que dans l'effondrement construit de la crédibilité des hommes (et femmes) qui incarnent le politique aujourd'hui, ces mêmes plateformes ont tout à gagner. À l'heure où j'écris ces lignes, François Fillon est empêtré dans l'affaire du #PenelopeGate, Marine Le Pen et le Front National au même motif et pour le même type d'affaire sont condamnés à verser plus d'un million d'euros et nul n'est capable de connaître en détail le programme de celui qui est présenté comme le troisième homme, Emmanuel Macron.

Hors-sujet que tout cela ? Justement non.

Rien à voir entre le #PenelopeGate, la présidentielle française et le Danemark nommant un ambassadeur tech ? Au contraire.

Dans une démocratie digne de ce nom les deux principaux candidats donnés vainqueurs à la prochaine élection présidentielle française seraient d'eux-mêmes en incapacité d'aller défendre leurs chances. Cette défiance à l'égard de la parole politique, cette montée des populismes, cette apparition de candidats marketés pour qui le *storytelling* et le supposé magnétisme tiennent lieu de programme (sans oublier le soutien des principaux patrons de presse), tout cela doit être pensé et réfléchi en lien direct avec la montée de la puissance régalienne des GAFAM dont l'idéologie libertarienne est précisément une idéologie sans État. C'est notamment pour cela que le scénario dans lequel Mark Zuckerberg pourrait devenir le prochain Président des États-Unis est aujourd'hui tout sauf fantaisiste.

Le récent rapport du FBI imaginant l'état du monde en 2035 ne dit d'ailleurs pas autre chose[20] :

Pour le moment, le verrou étatique tient encore, mais « les limites fiscales, la polarisation politique et la faible capacité administrative » des États ne leur permettront bientôt plus de gérer « la prolifération d'acteurs » non-étatiques (oui, des multinationales, par exemple) sur leurs plates-bandes régaliennes. Parallèlement, leur crédibilité sera profondément érodée par les scandales à répétition qui émaillent la frise chronologique contemporaine. Paradoxe de l'âge de l'information, l'accès grandissant des citoyens aux médias devrait offrir plus de révélations sur la corruption atavique des élites dirigeantes, tandis que des réseaux sociaux devenus hégémoniques entérineraient simultanément l'ère de la « post-vérité ». Le « tous pourris » a de beaux jours devant lui, même au sein d'une population extrêmement informée.

Mais revenons à nos moutons techplomatiques. Cette nouvelle « techplomatie » peut être envisagée sous plusieurs angles d'analyse.

Le premier est celui qui la rapproche de la nouvelle « algocratie », c'est-à-dire la place et le pouvoir que les plateformes, au travers de leurs algorithmes de filtrage et de tri, occupent aujourd'hui dans notre rapport à l'information en général. En d'autres termes, une diplomatie numérique est d'autant plus inévitable que de grandes puissances algorithmiques se mettent en place.

---

20 « Selon le renseignement américain, le monde de 2035 sera bien merdique », Thibault Prévost, *Motherboard*, 1er février 2017. https://motherboard.vice.com/fr/article/selon-le-renseignement-americain-le-monde-de-2035-sera-bien-merdique.

Le second est la reconnaissance désormais donc statutaire de la dimension régalienne des dites plateformes. Une reconnaissance qui est autant un éclair de lucidité un peu tardif qu'un aveu d'impuissance rétroactif.

Le troisième angle est un problème d'échelle. Le problème de la techplomatie est avant tout un problème d'échelle. Car si l'extraterritorialité des ambassades est une fiction (= quand on entre dans l'ambassade américaine à Paris on n'est pas sur le territoire des États-Unis mais bien sûr le territoire français), Wikipédia nous indique en revanche que :

> *L'inviolabilité des ambassades est garantie par l'article 22 de la Convention de Vienne sur les relations diplomatiques. Les agents de l'État hôte n'ont pas le droit d'y pénétrer sans l'accord du chef de la mission. L'État hôte doit prendre toutes les mesures nécessaires à la protection de la mission. Les locaux de la mission, leur ameublement et les autres objets qui s'y trouvent, ainsi que les moyens de transport de la mission (voitures diplomatiques par exemple), ne peuvent faire l'objet d'aucune perquisition, réquisition, saisie ou mesure d'exécution.*

Dans les faits, Facebook, Google, Apple et les autres ont, depuis leur création, un statut de quasi-ambassade. Comme l'ont notamment montré les dernières affaires opposant Apple au FBI, la lutte contre les *fake news*, la lutte contre les discours de haine, le rôle joué par les plateformes dans différents processus électoraux, ou le *Search Engine Manipulation Effect*, ce ne sont plus « *les locaux, leur ameublement et les autres objets* » mais bien les données et processus algorithmiques qui « *ne peuvent faire l'objet d'aucune perquisition, réquisition, saisie ou mesure d'exécution* ». Nouvelle preuve de l'intérêt et de l'urgence de réfléchir simultanément à un index indépendant du web et à une ouverture de la partie algorithmique relevant de processus d'éditorialisation classiques.

Le quatrième et dernier angle qui permette de réfléchir à cette techplomatie est celui de la carte et du territoire. Les grandes plateformes modifient en profondeur notre rapport à l'espace et au temps. On ne réalisa vraiment ce que la formule de « la carte à l'échelle du territoire » voulait dire qu'avec le lancement de Google Earth. Nous étions alors en 2001 et chacun put faire l'expérience concrète de ce que s'orienter et se repérer dans une carte à l'échelle du territoire voulait dire. Mais dès la création des moteurs de recherche, l'accès à l'information relevait déjà de la même logique. La carte des informations accessibles était à l'échelle du territoire des informations effectivement indexées par ces moteurs ; ne pas être présent dans cette carte c'était ne pas exister sur le territoire numérique couvert. La logique de Facebook ou celle de l'Apple Store est la même. Il s'agit là d'un des invariants du monde numérique.

La question alors posée est la suivante : lorsque nous cherchons à nous informer, lorsque nous cherchons à rencontrer des gens, à échanger, à visionner ou à écouter toute sorte de biens culturels, le faisons-nous d'abord en tant que citoyens français ou ne sommes-nous pas avant toute chose des citoyens de la « nation Facebook » ou de la « nation Google » ?

En d'autres termes, et la question est tout sauf rhétorique, notre citoyenneté effective participe-t-elle d'abord des lois territoriales du pays dans lequel nous résidons, ou bien des CGU des plateformes qui sont notre premier accès à l'information, à la culture, à l'histoire ? S'il est encore possible aujourd'hui de répondre que nous sommes d'abord citoyens français, qu'en sera-t-il demain lorsque le vote électronique se sera répandu comme une lèpre à l'échelle de nos démocraties, lorsque les missions régaliennes assurées par les plateformes se seront encore densifiées et diversifiées, lorsque l'un des PDG de ces plateformes accèdera peut-être au pouvoir et à la tête d'un État? Qu'en sera-t-il alors qu'aujourd'hui déjà les informations de ces plateformes sont explicitement visées par les États dans le cadre de processus de contrôle migratoire à leurs frontières? L'idée d'un «passeport Facebook»[21] n'est pas davantage saugrenue que celle de Zuckerberg accédant à la Présidence des États-Unis. C'est la preuve que ces informations sont déjà considérées, par les États eux-mêmes, comme constitutives d'une forme de citoyenneté sur laquelle ils peuvent s'appuyer.

Alors j'ignore quel sera l'avenir de cette techplomatie, s'il s'agit d'un simple effet d'aubaine ou d'une modification structurelle de la géopolitique mondiale, mais j'ai deux certitudes.

La première est que les grandes plateformes technologiques, de Google à Facebook, sont et seront de plus en plus des acteurs majeurs de la géopolitique mondiale. La seconde est que les enjeux d'une citoyenneté numérique sont dès aujourd'hui essentiels à penser et à mettre en œuvre *en dehors* de ces grandes plateformes.

---

21 «Passeport Facebook», Olivier Ertzscheid, *Affordance.info*, 29 juin 2016. http://affordance.typepad.com/mon_weblog/2016/06/passeport-facebook.html.

Undocumented men

Affordance.info, février 2017

Les *Undocumented Men* littéralement ce sont les « sans-papiers ». Par extension ou par euphémisme l'expression sert également à désigner les (im)migrants sans papiers.

En 2009 je vous expliquais pourquoi l'homme était un document comme les autres[22] : c'est-à-dire indexable, découpable, calculable, monétisable.

En 2010 un médecin, candidat au Congrès américain sous l'étiquette républicaine, qui voulait « pucer » les immigrés comme autant de bétail. « *We should document them* » disait-il. C'était déjà effrayant. Pendant ce temps, en France, Robert Ménard comptait les prénoms d'enfants étrangers et en tenait la liste. Le fétichisme du fichier.

En 2017, le Président élu des États-Unis publie un décret lui permettant d'afficher, sur le site de la Maison banche, la liste des crimes commis par des immigrants[23].

En juin 2016 le gouvernement américain de Barack Obama ouvrait une porte dangereuse en donnant la possibilité, pour l'instant toujours optionnelle, d'ajouter au formulaire ESTA (que doit remplir chaque immigrant souhaitant

22 « L'homme est un document comme les autres : du World Wide Web au World Life Web », Olivier Ertzscheid, *Hermès*, 2009, p. 33-40. https://archive-sic.ccsd.cnrs.fr/sic_00377457/fr.

23 « The White House will publish a weekly list of crimes committed by immigrants », Annalisa Merelli, *Quartz*, 25 janvier 2017. https://qz.com/894973/donald-trumps-administration-will-publish-a-weekly-list-of-crimes-committed-by-immigrants/.

obtenir un visa pour venir aux États-Unis) des informations sur nos comptes sociaux (Facebook, Twitter, etc.)

En décembre 2016 c'est une startup suisse qui avait l'idée de mettre des bracelets électroniques sur les migrants et les réfugiés[24]. Et début février 2017 on apprenait qu'une société belge devenait la deuxième entreprise dans le monde à « pucer » ses employés[25]. Autant de chroniques d'une dystopie annoncée.

« *Passport Password please* ». Et puis donc, toujours en février 2017, on vient d'apprendre que Donald Trump, par la voix de John Kelly son responsable à la sécurité intérieure, avait l'intention de passer à la vitesse supérieure concernant le formulaire ESTA en exigeant cette fois d'obtenir les mots de passe permettant d'accéder aux comptes des différents réseaux sociaux.

Le seul garde-fou contre l'application d'une telle règle repose sur l'instant sur le positionnement des grandes entreprises tech par rapport à Donald Trump et à son récent *Muslim Ban*, et, du moins peut-on l'espérer, sur l'éventuelle inconstitutionnalité d'une telle intrusion ou sur les stratégies d'évitement que seuls quelques-uns d'entre nous seront capables de mettre en place techniquement. Mais que ce soient les entreprises qui sont déjà *de facto* le plus en capacité de tout connaître de nous, qui constituent le dernier rempart face au risque d'une dystopie étatique est en soi extrêmement flippant.

---

24 « Geosatis, la start-up noirmonnière, pense à des bracelets électroniques pour les migrants », *Arcinfo.ch*, 5 décembre 2016. http://www.arcinfo.ch/articles/regions/jura-jura-bernois/geosatis-start-up-noirmonniere-pense-a-des-bracelets-electroniques-pour-les-migrants-609102.

25 « Une société belge équipe certains employés de puces électroniques », Élodie Tymen, *Le Figaro*, 7 février 2017. http://www.lefigaro.fr/societes/2017/02/07/20005-20170207ARTFIG00153-une-societe-belge-equipe-certains-employes-de-puces-electroniques.php.

Voilà ce qu'il se passe quand une administration même vertueuse ouvre la boîte de Pandore et que quelques mois plus tard c'est un autre régime politique qui arrive au pouvoir. Imaginez seulement qu'un parti, au hasard le Front National, gagne les prochaines élections présidentielles en France. Imaginez ensuite ce qu'il pourrait faire du fichier TES, le « fichier des gens honnêtes », mis en place sous le gouvernement socialiste de François Hollande, fichier à propos duquel le Conseil National du Numérique ne cesse d'exprimer ses craintes. Cette rengaine lancinante, écrasante, effarante. Surveiller et… brunir.

Le nouveau mythe du surhomme : l'homme « sur-documenté ». Mais ne nous y trompons pas. Le problème que soulève l'annonce de Donald Trump n'est hélas pas réductible à sa personnalité ni à sa politique. Car à l'appui de la dérive totalitaire du régime de Donald Trump s'ajoute un autre élément : sa haine des sans-papiers, des *undocumented men* se construit en miroir de sa fascination pour les *overdocumented men*, pour les hommes sur-documentés, ses surhommes à lui.

Ses perpétuels assauts contre la démocratie, sa capacité à parler (et à tweeter…) « la langue des dictateurs »[26] vient également de là. Je m'explique. Ou en tout cas je vous soumets ce que d'autres ont révélé et expliqué. Une enquête récente est venue mettre en lumière ce qui pourrait bien être l'une des clés de la victoire de Donald Trump dans la campagne numérique qui fut menée. Il s'agit de la compagnie Cambridge Analytica à laquelle l'équipe de Trump a fait appel, laquelle

26 « Trump's lies have a purpose. They are an assault on democracy », Ned Resnikoff, *Think Progress*, 28 novembre 2016. https://thinkprogress.org/when-everything-is-a-lie-power-is-the-only-truth-1e641751d150#.u50fj16uf.

compagnie fait de la psychométrie un redoutable outil au service de la propagande :

> *Alexander Nix (le patron de la boîte) affirme que Cambridge Analytica se base sur trois éléments majeurs : le modèle OCEAN, l'analyse massive de données (big data) et le ciblage publicitaire. D'abord, Cambridge Analytica achète les données de multiples sources, toutes les données sont en vente aux États-Unis. La compagnie a ainsi accès aux habitudes alimentaires, culturelles, sociales, religieuses [...] des personnes. Elle détient les données des profils Facebook de 220 millions d'Américains – soit tous les utilisateurs de Facebook dans le pays, et peut ainsi dresser le portrait de chacun. Pour mieux adapter les posts que voient et reçoivent les internautes en fonction de leurs « Like ».*
>
> *Les fans de Walking Dead ou de NCIS, par exemple, sont identifiés comme étant plus prompts à voter Trump. Le jour du troisième débat entre Donald Trump et Hillary Clinton, le candidat républicain teste 175 000 messages différents sur Facebook, avec différentes couleurs, différentes légendes, différentes photos et vidéos. Dans le district de Little Haiti, à Miami, les internautes voient par exemple apparaître parmi les publications dans leur flux Facebook une nouvelle stipulant que la Clinton Foundation a échoué dans son aide aux habitants, après le tremblement de terre qui a secoué l'île. Ou encore, les africains-américains tombent sur une vidéo de la candidate, affirmant que les hommes noirs sont des prédateurs. Le tout, afin de dissuader les gens à voter pour elle. Le message de Trump sur Facebook a pu être adapté au niveau des*

quartiers, des rues et même au niveau d'un individu, assure Alexander Nix.[27]

Comme le précise encore Xavier de La Porte dans l'une de ses (brillantes) chroniques :

Le modèle permet donc de classer des types de personnalités selon des critères comme l'ouverture d'esprit, le rapport aux autres, ou l'aptitude à se mettre en colère. [...] si vous cherchez des mères de famille blanches, au chômage, vivant en zone rurale, peu socialisées et favorables aux Républicains, et bien on vous sort des noms, des mails et des numéros de téléphone. La dernière étape, c'est l'élaboration de messages ciblés, qui vont être adressés par exemple via ce qu'on appelle les « dark posts » de Facebook, c'est-à-dire les messages sponsorisés (donc payés par l'émetteur) qui ne seront adressés qu'à des profils ciblés, et pas visibles par les autres.[28]

Et de conclure :

On pensait avec Orwell que l'autoritarisme de demain reposerait sur l'usage des technologies pour matraquer en continu un message à une masse d'individus presque indistincts. Et bien, c'est peut-être une combinaison plus subtile qui se met en place, la technologie aidant aussi à une hyper-individualisation du message, un phénomène de fragmentation extrême

---

27 « Comment Donald Trump a utilisé Facebook pour cibler très précisément les internautes », Xavier Ridel, *Slate*, 1er février 2017. http://www.slate.fr/story/136199/trump-brexit-cambridge-analytica.

28 « Trump est plus innovant qu'on ne le pense », Xavier de La Porte, *France Culture*, 7 février 2017. https://www.franceculture.fr/emissions/la-vie-numerique/trump-est-plus-innovant-quon-ne-le-pense.

de la communauté politique, où, en dernier recours, c'est l'individu qui est visé.

Voilà le nouveau mythe du surhomme. Celui de l'Homme sur-documenté. Au-delà du point Godwin que l'on sera peut-être tenté de m'attribuer, il me semble que se joue là quelque chose de réellement fondamental.

D'abord parce que Donald Trump se présente comme un surhomme. Pour vous en convaincre relisez cet article (« Des intellectuels français à la rencontre du Duce et du Führer »[29]) et remplacez Hitler ou Mussolini par Trump. C'est aussi bluffant qu'effrayant. Exemple :

Davantage qu'un surhomme doté naturellement de multiples talents intellectuels et physiques, ~~Mussolini~~ Trump s'est attaché à se montrer à la fois exceptionnel et proche de son peuple. S'il excelle par ses compétences, c'est davantage par sa volonté, son action et son souci de la performance que par des dons inouïs. Rattaché à la tradition d'une ~~Italie~~ Amérique profonde par son corps robuste [...], ~~Mussolini~~ Trump tend également vers l'homme nouveau par ses talents de leader politique et d'autodidacte.

Autre exemple (on parle cette fois de Hitler) :

Des gens bien informés m'ont affirmé que sa fortune lui a déjà permis d'acheter plusieurs immeubles et d'entretenir plusieurs autos. C'est un homme prétentieux, au caractère épouvantable,

29 « Des intellectuels français à la rencontre du Duce et du Führer », A. Saintin, *Vingtième Siècle. Revue d'histoire* 2017/1 (N° 133), p. 83 à 97. http ://www.cairn.info/revue-vingtieme-siecle-revue-d-histoire-2017-1-page-83.htm.

m'ont-ils dit, qui professe des goûts simples, dont seuls les naïfs sont dupes.

Ensuite, parce que son projet politique et la propagande qu'il véhicule s'articulent et se construisent principalement autour du fait documentaire au sens premier du terme, et sur deux plans distincts.

Primo, nombre d'articles racontent la fascination de Donald Trump pour la télévision sur laquelle il ne rate aucune intervention de l'un des sbires de son gouvernement fantoche, aucune émission du *Saturday Night Live* le caricaturant, aucune diffusion de *The Apprentice*. C'est-à-dire que son rapport au pouvoir est d'abord un rapport à la manière dont est documentée l'image du pouvoir.

Deuxio, sa haine viscérale est adressée à des communautés et à des minorités (rien de nouveau sous le fascisme ordinaire) mais elle se caractérise en cela qu'elle stigmatise principalement ces communautés du fait de leur absence de papiers (les fameux *undocumented men*) et qu'elle utilise, pour conduire et guider cette haine, les outils et les métriques ne pouvant s'appliquer qu'à une population « sur-documentable ». C'est ainsi que Cambridge Analytica a joué un rôle majeur dans la construction de sa victoire ; c'est ainsi également que la toute-puissance du discours totalitaire est d'autant plus efficiente qu'elle s'applique à des communautés ciblées parce que sur-documentées (et sur-documentables) ; c'est ainsi, enfin, qu'il faut voir la volonté affichée de récupérer à toute force les mots de passe de ces *undocumented men* car cela permet au discours totalitaire et au projet fasciste qui le sous-tend de faire entrer le monde dans les deux seules catégories binaires qu'il comprend et qui composent son horizon et son projet : d'un côté ceux qu'il est possible de contrôler et de manipuler (les sur-documentés) et de l'autre ceux contre qui il faut diriger la haine des premiers (les sous-documentés, les *undocumented*).

Documenter la citoyenneté : un enjeu démocratique vital dans les modalités qui seront retenues. Au-delà du cas Trump, j'ai déjà souvent pointé le fait que seuls en effet les réseaux sociaux sont en capacité d'anticiper sur toute une série de documents et d'informations susceptibles de mettre en péril des vies à l'échelle individuelle ou à l'échelle collective. De la prévention du suicide aux affaires de pédophilie, de la lutte contre le terrorisme ou les discours de haine à la prévention de drames humains liés à des facteurs d'instabilité psychologique, la responsabilité morale de ces entreprises pose de gigantesques problèmes éthiques. « L'enfer est pavé de bonnes intentions », dit-on. Et « l'enfer c'est les autres », ajoute-t-on à huis-clos. Ou plus exactement, l'enfer c'est ce que quelques autres savent de nous et ce qu'ils sont capables de faire de ce savoir.

De fait nous semblons aujourd'hui n'avoir que deux choix fondés sur deux doctrines s'excluant mutuellement :

Doctrine nº 1 : La vie privée est une anomalie et si vous n'avez rien à vous reprocher vous n'avez rien à cacher. Soit le scénario d'une surveillance totale et globale de chacun de nos comportements par les grandes firmes tech en lien avec les États. Un projet au mieux de nature totalitaire et au pire de nature fasciste.

Doctrine nº 2 : La vie privée est un droit constitutionnel dont les États et les grandes firmes technologiques doivent être garants. Et là vous aurez toujours quelqu'un pour commencer à parler des exceptions, toujours un « oui mais » : oui mais s'il s'agit de pédophilie ? De terrorisme ? D'empêcher un pilote d'avion mentalement déséquilibré de causer la mort de centaines de personnes ? À quel moment commence le

« principe d'une surveillance de précaution » et quel aspect du droit fondamental à la vie privée doit-il fouler aux pieds ? Et on ne s'en sort pas.

Seul un troisième scénario pourra nous permettre d'éviter le pire. Il nécessite de passer par :

– la multiplication d'outils effectivement respectueux de notre vie privée dans le traitement technique des données qui y circulent (c'est le cas de DuckDuckGo, de Qwant, et de quelques autres) ;

– le déploiement de solutions alternatives à la toute puissance des GAFAM (comme l'initiative « Dégooglisons internet » le permet déjà, et comme le permettrait encore davantage la création d'un index indépendant du web combiné à la mutualisation déjà effective de ressources en Creative Commons) ;

– le soutien politique (et législatif) au déploiement du logiciel libre ;

– la formation à l'explicitation des enjeux de la surveillance (le livre *Surveillance://* de Tristan Nitot en est un exemple magnifique) ;

– la prise de conscience que les données dont nous parlons sont avant tout celles de notre servitude volontaire.

Et puis bien sûr on peut aussi rêver. Rêver par exemple que pour notre bel hexagone le pouvoir politique se mette un jour à écouter et à suivre les préconisations du Conseil National du Numérique, ou qu'il accorde à la CNIL un réel pouvoir de sanction. Et bien sûr – sje suis encore dans le « on peut toujours rêver » – que les revenus de ces firmes soient taxés à la mesure de ce qu'ils sont réellement et non à l'aune de la partie de l'iceberg non-dissimulée en Irlande, au Delaware ou dans d'autres paradis fiscaux.

Comme nous sommes très loin de tout cela, et comme la marche du monde devient politiquement de plus en plus chaotique, nous nous dirigeons tête baissée vers un Hiroshima technologique dont la surveillance des populations sera presque l'aspect le plus anodin. Et je suis plutôt optimiste de nature.

Demain peut-être, lorsque la dystopie se sera définitivement installée, ne nous faudra-t-il plus parler de « sans papiers » mais de « sans comptes ». Des individus sans trace sociale numérique qui permette de les documenter. Ils ne seront plus *undocumented* mais *undigitized*, non-numérisés. Et donc non-surveillables. Peut-être que ce sera une chance. Probablement même. De nouvelles formes de résistance documentaire émergeront, de nouvelles pédagogies contre la surveillance seront nécessaires.

Et nous serons sans peur, mais jamais sans reproche(s), car nous aurons compris que la doctrine selon laquelle « si nous n'avons rien à nous reprocher nous n'avons rien à cacher » est la source de tous les totalitarismes, que la vie privée est tout sauf une anomalie. Alors oui nous serons sans peur, dussions-nous pour cela rejoindre la cohorte de toutes celles et ceux qui sont, aujourd'hui, sans documents. Car cette humanité *undocumented* est bien plus qu'une humanité « sans papiers », elle est une humanité « non-documentée » ; une humanité qui permet de pointer et de mesurer notre propre asservissement aux nouveaux ordres documentaires.

Le monde et le pantalon de Mark Zuckerberg

Affordance.info, janvier 2017

Mark Zuckerberg est-il entré en campagne pour devenir le prochain Président des États-Unis ? C'est en tout cas le sujet qui a agité la presse en ce début d'année 2017, attentive à ce qui ressemble en effet à une sorte de pré-campagne de futur candidat.

Tout a commencé le 3 janvier à 22 h 43 avec un post de Mark Zuckerberg expliquant sa bonne résolution pour l'année à venir. Après avoir l'année dernière créé une intelligence artificielle pour sa maison et appris le Mandarin, son challenge pour l'année 2017 allait consister à aller à la rencontre des gens dans chaque État des USA :

> *Mon objectif personnel pour 2017 est de rendre visite et de rencontrer des gens de chaque État des États-Unis avant la fin de l'année. J'ai déjà passé pas mal de temps dans certains États mais il m'en reste encore trente à visiter pour atteindre cet objectif.*

Presque immédiatement *USA Today* titrait : « Is Mark Zuckerberg Considering White House Run ? »[30] et *Wired* :

30 « Is Mark Zuckerberg considering White House run? », Jessica Guynn , *USA Today*, 4 janvier 2017. http://www.usatoday.com/story/tech/talkingtech/2017/01/04/facebook-ceo-mark-zuckerberg-political-ambitions/96161822/.

« Mark Zuckerberg se comporte assurément comme quelqu'un se préparant à être candidat »[31].

De fait, si ces vœux ont été perçus comme très politiques, c'est parce qu'ils viennent s'ajouter à de nombreux indices.

Premier indice. En décembre 2015 Zuckerberg a réussi à convaincre l'*Executive Board* de Facebook de le laisser aux commandes de l'entreprise même s'il prenait un congé de deux ans pour servir le gouvernement (il misait probablement à l'époque davantage sur une victoire d'Hillary Clinton) ou pour une mission de nature politique. Différents documents (mails, SMS) attestent que Mark Zuckerberg est tout autant décidé à faire de la politique qu'à ne pas perdre le contrôle et la direction de Facebook. Le plan initial semblait être d'occuper un poste gouvernemental dans l'équipe Clinton, probablement en lien avec la recherche, l'immigration ou l'éducation (cf. le quatrième indice ci-après). Sauf que l'issue ne fut pas celle prévue…

Deuxième indice. Le jour de Noël, alors qu'il s'était toujours assez vigoureusement revendiqué comme athée, Zuckerberg a publié un post pour souhaiter un « *Merry Christmas and Happy Nanukkah* » à tout le monde. Alors qu'un commentateur lui demandait s'il n'était plus athée, Mark lui a répondu ceci :

> *Non. J'ai été élevé comme Juif et j'ai traversé une période de doute, mais je considère désormais que la religion est très importante.*

31 « Mark Zuckerberg Is Sure Acting Like Someone Who Might Run for President », Davey Alba, *Wired*, 5 janvier 2017. https://www.wired.com/2017/01/zucks-sure-acting-like-someone-might-run-president/.

Comme le rappelle le *Washington Post*, revendiquer sa foi est le préalable et la condition *sine qua non* lorsque l'on aspire à diriger les États-Unis.

Troisième indice. On sait, depuis des échanges de mails datés de l'été 2015 entre John Podesta (le directeur de campagne d'Hillary Clinton) et Sheryl Sandberg (numéro deux de Facebook) que Mark Zuckerberg veut « apprendre la politique » pour servir au mieux ses intérêts philantropiques mais également être en capacité d'intervenir sur « les politiques publiques qui lui tiennent le plus à cœur ».

Quatrième indice. C'est le mois de mars 2013 qui marque officiellement l'entrée en politique de Zuckerberg. À l'époque, il fonde avec d'autres entrepreneurs un groupe de réflexion (*lobby*) s'intéressant notamment aux questions de l'immigration, groupe nommé Fwd.Us, pour faciliter la venue et l'installation sur le territoire d'étrangers travaillant dans le domaine des nouvelles technologies. Selon lui, un contrôle migratoire trop strict empêche la Silicon Valley (et Facebook) de recruter et de faire venir les meilleurs cerveaux.

A Bug Called Donald Trump

Si Donald Trump n'avait pas été élu, le PDG de Facebook aurait alors probablement entamé une carrière politique officielle au sein du gouvernement d'Hillary Clinton. Et l'on peut supposer que sa mission de deux ans en aurait probablement amené une autre, et aurait tout aussi certainement causé beaucoup de remous dans la sphère médiatico-politique du fait de cette situation inédite dans laquelle l'homme à la tête du réseau social le plus peuplé de la planète se serait trouvé dans l'équipe gouvernementale de la Présidente de la première puissance économique et politique mondiale.

Notons que Mark Zuckerberg était, mi-décembre 2016, l'un des très rares PDG (Jeff Bezos n'y était pas non plus) a ne pas s'être rendu au meeting de Donald Trump réunissant toute la fine fleur de la Silicon Valley. Il avait envoyé la numéro deux de Facebook, Sheryl Sandberg. On saura peut-être un jour la raison de cette absence mais, si les choses sont assez claires pour l'absence de Bezos (propriétaire du *Washington Post*, lequel journal avait mené une très virulente campagne anti-Trump), on peut supposer que Mark Zuckerberg souhaitait mettre un peu de distance avec Donald Trump au regard des diverses polémiques qui avaient souligné le rôle que Facebook avait ou non joué dans cette élection. L'argument selon lequel Mark Zuckerberg n'y était pas parce qu'il avait assez clairement pris position contre Donald Trump (notamment lors de sa *keynote* d'avril 2016 où il avait dénoncé, entre autres, le projet de mur entre le Mexique et les États-Unis) ou en tout cas manifesté une relative inquiétude en cas de succès du milliardaire à la houpette ne tient pas, étant donné que l'ensemble des autres convives présents avaient également manifesté la même inquiétude, voire une franche opposition.

Zuckerberg et le syndrome du tailleur : le monde et le pantalon

L'avenir dira bien sûr si le patron de Facebook ira jusqu'au bout de son ambition politique, de quelle manière et avec quel(s) impact(s). Mais j'ai la conviction qu'un jour il sera Président. Ou tout au moins candidat.

En exergue à son ouvrage éponyme, Samuel Beckett met en exergue la plaisanterie suivante :

— Le client: Dieu a fait le monde en six jours, et vous, vous n'êtes pas foutu de me faire un pantalon en six mois.
— Le tailleur: Mais monsieur, regardez le monde, et regardez mon pantalon. [32]

Mark Zuckerberg est atteint du syndrome du tailleur. Il est un peu comme ce tailleur contemplant la perfection subjective de ce qu'il a construit et nourrissant l'ambition à peine voilée de réussir avec le monde ce qu'il a réussi avec son « pantalon », c'est-à-dire sa plateforme de réseau social. Facebook c'est le pantalon de Mark Zuckerberg. Ce n'est certes pas la première fois qu'un milliardaire technophile américain se prend à rêver de sauver le monde. Bill Gates et d'autres ont, au travers de fondations, mis en œuvre des actions philantropiques à grands coups de millions venant de leur fortune privée. Ce n'est pas non plus la première fois qu'un patron de grande entreprise se pique de politique ou soutient et finance ouvertement la campagne de tel ou tel candidat, d'autant que ce sujet n'est pas du tout culturellement tabou outre-atlantique comme il peut l'être en France.

Mais le projet et l'ambition de Mark Zuckerberg semblent pourtant différents. D'abord parce qu'ils sont consubstantiels à son parcours d'entrepreneur et qu'ils arrivent très tôt dans celui-ci. Ensuite parce que la présidence de Donald Trump pourrait, de bien des manières, accélérer les choses, notamment en cristallisant un certain nombre d'ambitions et en pointant la fin d'un cycle, la fin d'une certaine manière de faire de la politique, ou de croire dans cette manière de faire de la politique. Et parce qu'échaudé devant l'échec de

---

32 *Le Monde et le pantalon*, suivi de *Peintres de l'empêchement*, Samuel Beckett, Paris, Minuit, 1989, 64 p.

la candidate qui lui aurait permis d'entrer officiellement en politique, il pourrait bien ne plus attendre qu'un prochain improbable candidat démocrate ne lui tende la main et préférer y aller tout seul.

Enfin, et peut-être surtout, parce que « le numérique » est au centre d'un équilibre précaire qui peut à tout moment nous projeter dans la pire des dystopies, et que le rôle de Facebook, dans l'accélération ou l'évitement de cette bascule, est déjà central. Parce qu'une plateforme, n'importe quelle plateforme, par les enjeux économiques qu'elle mobilise, doit nécessairement choisir un positionnement politique. Parce que s'il est acté qu'il faudra désormais gouverner des pays profondément bouleversés par les progrès de l'intelligence artificielle, Zuckerberg (ou d'autres) y trouveront une compétence qui vaudra légitimité. Parce que la plateformisation de la politique comme processus est déjà opérante et opérationnelle, avec le risque de construire une nation comme un fichier client.

L'autre légitimité que Zuckerberg perçoit peut-être dans l'extraordinaire aventure entreprenariale de Facebook est qu'elle est le creuset d'un panorama politique total : avec 1,7 milliard d'utilisateurs actifs, Facebook est le « pays » le plus peuplé de la planète. Zuckerberg parle d'égal à égal avec la plupart des gouvernants de notre monde, il est reçu et écouté comme pourrait l'être un chef d'État ; à l'échelle de sa plateforme, Zuckerberg est amené, chaque jour à prendre des décisions économiques, sociétales, éditoriales, politiques dont le poids est souvent équivalent à celui que prennent des ministres ou des chefs d'État. Qu'on le veuille ou non, Facebook est et restera l'arbitre des élégances politiques pour chacune des prochaines élections et, tout débat sur la bulle de filtre mis à part, aucun des choix éditorialo-algorithmiques de la plateforme ne sera « neutre ».

Gouverner c'est prévoir. Mais coder aussi, c'est prévoir

Je n'ai pas de boule de cristal. Et je suis même incapable de vous dire, pour autant qu'elle se confirme, si cette entrée en politique est une bonne nouvelle. Ce qui me semble certain en revanche, c'est que le champ social et politique va être profondément bouleversé par le numérique et qu'il n'est donc pas illégitime que ceux qui sont à l'origine de ces bouleversements se piquent de faire de la politique. Comme il me semble certain qu'il nous faudra faire preuve d'une vigilance de chaque instant. Car un projet philantropique ne peut pas tenir lieu de politique publique. Car l'idéologie libertarienne revendiquée par ces entrepreneurs qui ont déjà changé le monde est une idéologie « sans État ». Or le modèle économique des GAFAM va obliger à repenser l'articulation du monde entre une forme clivante et extrême de capitalisme et une forme renouvelée de marxisme à l'heure du *digital labor*, des intelligences artificielles, de la singularité, du transhumanisme, de l'automatisation et des biotechs :

> *La relation entre les propriétaires de cette machine et les ouvriers qui l'ont construite repose toujours sous une forme d'exploitation sévère. Les travailleurs que nous sommes ne construisent pas seulement le produit, mais également un automate qui construit des produits. La tragédie de l'automatisation et de l'IA, la crainte de la « singularité », n'est en réalité que la réalisation d'une caractéristique fondamentale*

du capitalisme : ceux qui ne contrôlent pas les moyens de production seront toujours exclus des avantages de leur travail[33].

La plupart des progrès significatifs des prochaines années dans le domaine de la médecine, de l'éducation, des conditions de travail, des transports, de la culture, de l'armement, seront développés au sein des entités de R&D ou des antennes philantropiques et autres fondations des magnats du numérique. Et comme cela fait déjà trop longtemps que chaque élection mobilise avant tout un vote d'évitement (pour « éviter » tel ou tel candidat), cet évitement pourrait trouver dans l'une des figures de la Silicon Valley l'occasion d'un nouveau vote d'adhésion qu'il sera d'autant plus facile de marketer.

Le projet politique qu'incarne Facebook, cette manière de gouverner les hommes en mariant surveillance objective et sous-veillance subjective, est déjà éminemment questionnable en tant que plateforme de mise en relation. Que l'homme qui l'a conçu et organisé puisse un jour être en situation de gouverner ou de participer à la gouvernance de la première puissance économique mondiale nous oblige à poser maintenant la question du régime démocratique susceptible d'en découler et des moyens de nous en prémunir.

Black Box Society. La gouvernance du monde telle que les GAFAM l'ont organisé, pensée et construite, s'est d'abord focalisée sur l'information et les connaissances, avec le capitalisme linguistique comme étendard et comme doctrine. Elle a ensuite placé l'Homme au centre d'un système de quantification qui a permis de l'essentialiser pour mieux servir

---

33 « Du but de l'automatisation », Hubert Guillaud, *Internet Actu*, 9 janvier 2017. http://www.internetactu.net/a-lire-ailleurs/du-but-de-lautomatisation/.

les mêmes intérêts marchands. Une troisième vague d'essentialisation est en train de débarquer simultanément du côté des objets connectés et du corps comme interface dans le cadre de ce que j'appelle une économie de l'occupation, l'idée selon laquelle, à l'heure des biotechs et de l'internet du génome, le corps devient une technologie « détachable » dont les traces fondent un bio-capitalisme de la surveillance.

Quelle république algorithmique voulons-nous ?

Pour bâtir une vraie république algorithmique, il nous faut, sans attendre, organiser et préparer sinon une riposte, au moins des réponses à cet ensemble de mutations de la société et de ce qui nous permet de faire société. Ces réponses sont déjà en partie connues. La réponse au capitalisme linguistique passe par une reconnaissance positive en droit du domaine public et une sanctuarisation des communs de la connaissance (ce point figure désormais dans certains programmes politiques dont celui de Benoît Hamon). La réponse aux problématiques de surveillance et de *privacy* passe par le développement et le soutien politique affirmé aux logiciels libres et aux alternatives fédératrices comme le « Dégooglisons internet » de l'association Framasoft. La réponse à l'emprise algorithmique passe par le déploiement d'un index indépendant du web et la convocation d'États généraux. La réponse à l'automatisation, au *digital labor* et à l'éclatement de l'ensemble des repères qui fondaient jusqu'ici le marché de l'emploi passe par une réflexion sur le revenu universel. La réponse aux biotechs passe par un moratoire, couplé à un soutien clair et fort à la recherche publique sur ces questions. Et ainsi de suite. Car si la démocratie est un bien non-rival, ces plateformes offrent un espace en rivalité à celui de l'exercice démocratique.

Contre les futurs probables « Facebook Digital Labor Party » ou autres « Google Democracy Engine », en réponse à la potentielle candidature de Mark Zuckerberg ou d'un autre, il nous faut, sinon un parti, à tout le moins une vision qui mette les communs (de l'information, de la connaissance), l'ouverture (des données, du code, des logiciels), et le financement des politiques publiques au centre d'un projet d'émancipation citoyenne.

Pour le reste, comme le conclut l'article de Wired :

De grands barons des médias ont déjà occupé de hautes fonctions politiques. Mais un baron des médias sociaux s'il était élu Président, constituerait une expérience sans aucun précédent en politique et dans la capacité de contrôler nos perceptions.

Il va falloir que l'on se mette rapidement d'accord sur le genre de pantalon que nous voulons pour nous-mêmes et pour nos enfants. Car les nouveaux tailleurs, eux, préparent déjà des pantalons connectés[34].

Le client : Dieu a fait le monde en six jours, et vous, vous n'êtes pas foutu de me faire un pantalon en six mois.

Le tailleur : Mais monsieur, regardez le monde, et regardez mon pantalon.

34 Le projet « Jacquard » de Google est, littéralement, un pantalon disposant de fibres connectées avec lesquelles il sera possible d'interagir : https://atap.google.com/jacquard/.

Et moins de deux mois plus tard…

Le 16 février Mark Zuckerberg a publié une lettre intitulée *Construire une communauté globale*[35], lettre qui s'ouvre sur une question à valeur de programme : «*Sommes-nous en train de construire le monde auquel nous aspirons tous ?*»

Et d'apporter ses propres réponses sur la sécurité, sur la lutte contre les discours de haine (du terrorisme au harcèlement), sur la désinformation également, sur les *fake news*, la bulle de filtre, sur la politique en indiquant à quel point Facebook a déjà permis de rapprocher les citoyens de leurs représentants ou comment la plateforme a permis de convaincre des gens d'aller voter ou de s'inscrire sur les listes électorales… tout y passe.

Y compris quelques savoureux *mea culpa* où il confesse que Facebook «*récompense la simplicité et décourage la nuance*», où il admet qu'il était «*souvent d'accord avec ceux nous critiquaient et nous reprochaient d'avoir fait des erreurs*», et que ces erreurs «*ne venaient presque jamais (sic) de positions idéologiques*». Il ira même jusqu'à confesser qu'«*assis là en Californie, nous ne sommes pas les mieux placés pour identifier les normes culturelles dans le monde entier*». Dont acte.

Alors bien sûr Zuckerberg nous annonce quelques substantielles modifications de l'algorithme, qui devrait permettre à chacun de mieux définir son propre seuil de tolérance à la pornographie, à la nudité, à la grossièreté, avant que l'algorithme ou les CGU ne prennent le relai.

---

35 https://www.facebook.com/notes/mark-zuckerberg/building-global-community/10154544292806634.

*L'idée c'est que chacun dispose d'options lui permettant de régler ses propres paramètres concernant la politique des contenus (*content policy*). Où se situe votre limite concernant la nudité? La violence? Les contenus graphiques explicites? Les jurons (*profanity*)? Vos critères deviendront vos paramètres personnels. […] Pour ceux qui n'indiqueront pas de choix particulier, le réglage par défaut sera celui de la majorité des utilisateurs de votre zone géographique, comme pour un référendum. […] Bien que nous continuions de bloquer certains contenus en fonction de nos standards et des lois locales, nous espérons que ce système de choix personnels et de démocratie référendaire puisse minimiser les restrictions de ce que nous pouvons partager.*

Ce qu'il désigne n'a pourtant absolument rien à voir avec un référendum, ni avec une quelconque forme de démocratie. Un acte référendaire dans une démocratie consiste à convoquer publiquement le peuple pour lui demander de répondre à une question formulée de manière explicite et dont les résultats sont ensuite – et surtout – rendus publics, le processus de référendum étant lui-même transparent et auditable.

Le « référendum » de Facebook désigne une tout autre réalité puisqu'il s'agit de s'appuyer sur un réglage « par défaut », totalement obscur pour l'ensemble des utilisateurs concernés (je n'ai pas le résultat du « vote » des « utilisateurs de ma zone géographique »), parfaitement inauditable, et portant non pas sur une mais sur une multitude de questions et de paramètres (nudité, violence, religion, etc.).

Pourtant rien n'empêcherait techniquement Mark Zuckerberg d'organiser de vrais référendums. Il pourrait consulter, de manière globale ou pays par pays, les utilisateurs de Facebook pour leur poser la question de savoir s'ils acceptent que les tétons d'une poitrine féminine cessent d'être considérés comme de la pornographie ; il pourrait, par référendum, demander de statuer sur la question des caricatures et du dessin de presse, et ainsi de suite. Mais il ne le fera jamais. Car le modèle de Facebook n'est pas un modèle référendaire mais un modèle publicitaire.

Et c'est là l'essentiel. C'est dans ce modèle d'abord essentiellement publicitaire que Zuckerberg prétend construire et développer des «*infrastructures sociales qui donneront aux gens la capacité de construire une communauté globale qui fonctionne pour chacun d'entre nous*». C'est pour ce modèle publicitaire que Zuckerberg veut que ces infrastructures sociales, celles de Facebook, soient le thermomètre d'une «*société en bonne santé*», capable de «*soutenir et d'accompagner nos besoins personnels, émotionnels et spirituels*».

Sur le fond, et se mettant autant que faire se peut dans la peau de Mark Zuckerberg, il est impossible d'imaginer qu'il ne se voit pas lui-même en candidat victorieux aux prochaines élections lorsqu'il écrit posément que «*les candidats disposant de la communauté la plus grande et la plus engagée sur Facebook étaient ceux qui gagnaient systématiquement les élections*».

Alors Mark Zuckerberg est-il en train de construire le monde auquel nous aspirons tous ?

Le projet politique de Zuckerberg, ce monde auquel, selon lui, « nous aspirons tous », est un monde bleu, commençant par un F, piloté par une intelligence artificielle et entretenant l'illusion d'une compatibilité systémique entre un total libre arbitre individuel et le respect de standards communautaires tantôt extrêmement permissifs et tantôt extrêmement dirigistes et ne suivant la loi des États que tant que celle-ci ne remet pas en cause le modèle économique ou les ambitions stratégiques de la plateforme.

La seule infrastructure sociale et le premier projet politique de Facebook, c'est le « Like ». Très loin du référendum. Plus proche du vote par acclamation. Du pouce levé des jeux du cirque. Une parodie plus qu'un parangon de démocratie.

Dans le dernier paragraphe de sa lettre, juste avant de citer Abraham Lincoln, Zuckerberg écrit ceci :

> *L'Histoire a connu beaucoup de moments comme celui-ci (sic). De la même manière que nous avons fait de grands bonds en passant des tribus aux villes et des villes aux nations, nous avons toujours dû construire des infrastructures sociales telles que des communautés, des médias et des gouvernements pour nous permettre de progresser et d'atteindre le prochain niveau.*

Zuckerberg à imaginé Facebook comme une communauté permettant de noter les plus jolies filles du campus. Zuckerberg a ensuite bâti l'empire Facebook comme un média de masse capable d'individualiser le modèle de régie publicitaire qui le fonde. Zuckerberg nous propose aujourd'hui de passer au stade suivant : un gouvernement Facebook. Plus exactement, Facebook est déjà dans son esprit le prochain stade d'une inédite et flippante car très concrète et opérationnelle forme de gouvernementalité algorithmique totale.

Mais on ne construit pas une communauté globale sur une plateforme fermée, propriétaire et soumise à des logiques de rente publicitaire. On construit une communauté globale sur un acte fondateur qui est celui du don désintéressé. C'est ce que fit Tim Berners Lee lorsqu'il inventa le World Wide Web sans lequel ni Facebook ni Google ne pourraient exister aujourd'hui. C'est ce que fit Tim Berners Lee lorsqu'il plaça immédiatement cette invention, son invention, dans le domaine public. Il n'avait à l'époque ni la fortune ni même les ambitions qui sont aujourd'hui celles de Mark Zuckerberg. Mais lui et lui seul, par ce simple don, réussit à créer cette possibilité d'une communauté globale au sein de laquelle chacun avait, non pas l'obligation de se reconnaître dans une aspiration qu'on lui disait être partagée par tous, mais la possibilité d'imaginer, de décrire et de partager le monde auquel lui, et lui seul peut-être, avait envie d'appartenir.

La photo d'Antonio A. Casilli est d'Alexandre Enard et celle d'Olivier Ertzscheid est d'André Gunthert. La mise en page de cet ouvrage de la collection *Blogollection* est de Nicolas Taffin avec le caractère Sabon Next de Jean François Porchez, créateur français contemporain de caractères inspiré par le dessin qu'avait refait Jan Tschichold, dans les années soixante, du fameux Garamond (XVIe siècle). Les titres sont composés en Vectora (1990), caractère élancé d'Adrian Frutiger, immense typographe disparu en septembre 2015.

Imprimé en France par Caen Repro (14)
Achevé d'imprimer en mai 2017
Dépôt légal 2e trimestre 2017
ISBN 978-2-915825-70-1
http://cfeditions.com